《中国名人大传》
ZHONGGUO MINGREN DAZHUAN

左宗棠传

黄文莱◎著

北京联合出版公司
Beijing United Publishing Co.,Ltd.

图书在版编目(CIP)数据

左宗棠传/黄文莱编著．—北京：北京联合出版公司，2013.11（2022.1重印）
（中国名人大传/马道宗主编）
ISBN 978-7-5502-2171-0

Ⅰ．①左…　Ⅱ．①黄…　Ⅲ．①左宗棠(1812～1885)－传记
Ⅳ．①K827=52

中国版本图书馆 CIP 数据核字(2013)第 253285 号

左宗棠传

编　　著：黄文莱
版式设计：东方视点

北京联合出版公司出版
（北京市西城区德外大街 83 号楼 9 层　100088）
北京一鑫印务有限责任公司印刷　新华书店经销
字数 230 千字　710 毫米×1000 毫米　1/16　15 印张
2013 年 11 月第 1 版　2022 年 1 月第 3 次印刷
ISBN 978-7-5502-2171-0
定价：49.80 元

前言

左宗棠（1812—1885 年），字季高，一字朴存，号湘上农人。湖南湘阴人。晚清军政重臣，湘军统帅之一，洋务派重要首领。

咸丰二年（1852 年），左宗棠接受湖南巡抚张亮基的礼聘，入张幕为其出谋划策。太平军攻打长沙时，左宗棠在省城内为张亮基调兵遣将顽抗到底，还献“河西合围之策”，试图一举包围、消灭太平军。

因接济曾国藩部军饷而攻占武昌有功，命以兵部郎中用，后又加四品卿衔。咸丰十年（1860 年），太平军攻破江南大营后，左宗棠奉诏命以四品京堂候补，投靠两江总督、钦差大臣曾国藩督办军务。曾在湖南招募 5000 人，组成“楚军”，赴安徽、江西镇压太平军。同治三年（1864 年）攻克杭州，夺取浙江全境。论功行赏，左宗棠被封为一等恪靖伯。不久，他又奉诏带军转战江西、福建，追击太平军汪海洋、李世贤部，至同治五年（1866 年）攻下了广东嘉应州（今梅县）。

在镇压太平天国起义的过程中，他与曾国藩、李鸿章一样，用无数起义者的鲜血染红了顶子，赢得了“中兴名臣”的桂冠。

镇压太平军后，左宗棠上奏建议减兵并饷，加给练兵，尤其认为中国打破了海禁后，应该通过制造船械使国家富强起来。同治三年，在浙江仿造小轮船。同治五年上疏奏请设局监造轮船，得到了准许。之后，左宗棠任命日意格为福州船政局正监督、德克碑为副监督，“一切事务，均责成该两员承办”。船厂的生产指标是：在五年中，应照“外洋兵船样式”，制成 150 匹马力的大轮船 11 艘和 80 匹马力的小轮船 5 艘。一年后，福州船政局正式开工，这是中国第一个新式造船厂。同治六年（1867 年），左宗棠奉命担任钦差大臣，督办陕甘军务，率军入陕西攻剿西捻军和西北反清回民军。次年，追击西捻军至直隶（约今河北）、山东，与李鸿章一起将其全部歼灭。后再返西北，五年间先后攻破宁州（今甘肃宁县）董志原、灵州（今宁夏灵武）金积堡、河州（今甘肃临夏东北）、肃州（今甘肃酒泉）等回军重要据点，残酷镇压了陕甘回民起义。同治十二年（1873年），命以陕甘总督协办大学士，晋东阁大学士。陕甘任间，继续从事洋务，创办兰州制造局、甘肃织呢总局，后者为我国第一个机器纺织厂。

同治、光绪之际，中国面临着严重的边疆危机。当时左宗棠已年过六旬，但他的爱国之心始终不渝，恢复新疆的信念更加坚定了。

光绪元年（1875年）三月，他受命担任督办新疆军务的钦差大臣，得到指挥进军的全权，开始了收复新疆的大业。

光绪二年（1876年）三月，左宗棠从兰州向肃州（酒泉）进军，以此为西征大本营，并督饬刘锦棠率精锐20余营西进出关。五月，刘部到达济木萨。此时，连同从同治十三年（1874年）起陆续出关的金顺、张曜部和整编的新疆原有驻军，将近100营，约五六万人。

7月攻占了乌鲁木齐，次年1月又攻下了和阗（今和田），至此，除伊犁地区还没收复外，新疆的其他地区均已恢复行政权。随即上疏建议新疆改设行省，以收长治久安之效。光绪五年（1879年）中俄伊犁交涉时，左宗棠抨击崇厚一味迁就俄国，签订丧权失地的协议，有失大清国尊严，并提出“先之以议论，决之于战阵”。光绪六年（1880年）春，在新疆部署兵事，出肃州抵哈密。次年初，中俄《伊犁条约》签定，应召至北京任军机大臣兼在总理衙门行走，管理兵部事务。同年夏，调两江总督兼南洋通商大臣。光绪十年（1884年）3月，因目疾辞免两江总督职。6月，奉召入京，再任军机大臣。时值中法战争，法国舰队在福州马尾击溃福建水师，遂奉命以钦差大臣督办福建军务。11月抵福州后，积极设防，并组成“恪靖援台军”东渡台湾。次年左宗棠在福州病逝，赠太傅，谥文襄。著有《楚军营制》（附条规），其奏稿、文牍等辑为《左文襄公全集》。

左宗棠为官时，可以说忠心耿耿，效命于朝廷：他创建了中国第一个造船厂——福州船政局，具有开拓性的意义；在中国面临边疆危机时，他受命收复新疆，并取得了决定性的胜利。但是，由于他对朝廷忠贞不二，完全站在封建统治阶级的立场上，维护封建统治，与人民为敌，参与镇压太平军，故而也暴露了他的阶级局限性。

目录

Contents

第一章　早岁经历 ………………………………………………………… (1)

一、“牵牛星下凡” ………………………………………………… (1)

二、求学求名 ……………………………………………………… (3)

1. 承继儒学 ……………………………………………………… (3)

2. 科举之路 ……………………………………………………… (4)

3. 致力于“经世致用”学 ……………………………………… (10)

4. 对民本主义思想的发展 ……………………………………… (12)

三、关注时局，忧国忧民 ………………………………………… (13)

第二章　初露锋芒 ………………………………………………………… (17)

一、蓄势以待 ……………………………………………………… (17)

二、幸遇伯乐 ……………………………………………………… (19)

三、第一次入幕 …………………………………………………… (24)

1. 机遇来临 ……………………………………………………… (24)

2. 首幕张亮基 …………………………………………………… (26)

3. 初显才能 ……………………………………………………… (28)

四、第二次入幕 …………………………………………………… (31)

1. 再幕骆秉章 …………………………………………………… (31)

2. 尽展抱负 ……………………………………………………… (32)

五、因祸得福 ……………………………………………………… (41)

第三章 剿灭天国 …… (48)
一、预见高人一筹 …… (48)
二、征剿过程 …… (50)
1. 组建楚军 …… (51)
2. 赣皖战事 …… (52)
3. 攻取苏浙 …… (53)
4. 赴闽督战 …… (60)
5. 入粤督师 …… (63)
三、步步高升 …… (65)
四、恢复闽浙经济 …… (69)
第四章 镇压起义 …… (73)
一、歼除捻军 …… (73)
二、镇压回民起义 …… (77)
三、善后措施 …… (79)
1. 屯垦 …… (79)
2. 改革筹运方法 …… (80)
第五章 洋务运动 …… (82)
一、从经世派到洋务派 …… (82)
二、福州船政局 …… (84)
1. 力主创办船政局 …… (84)
2. 雇用洋人 …… (88)
3. 托付沈葆桢 …… (89)
4. 福州船政局成立 …… (92)
5. 走向衰落 …… (99)
三、发展甘肃近代工业 …… (105)
第六章 收复新疆 …… (110)
一、新疆危机 …… (110)
二、关注新疆 …… (113)
三、“海防”与“塞防” …… (115)

四、战前准备 …………………………………………………… (120)
1. 处境艰难 …………………………………………………… (120)
2. 扫除障碍 …………………………………………………… (122)
3. 物质准备 …………………………………………………… (123)
4. 人力准备 …………………………………………………… (128)
5. 战略准备 …………………………………………………… (130)
6. 外交准备 …………………………………………………… (132)
五、收复新疆的过程 …………………………………………… (135)
1. 乌鲁木齐之战 ……………………………………………… (135)
2. 达坂——吐鲁番之役 ……………………………………… (138)
3. 收复南疆 …………………………………………………… (144)
六、彪炳史册 …………………………………………………… (149)
第七章　伊犁回归 …………………………………………… (152)
一、地不可弃 …………………………………………………… (152)
二、《里瓦几亚条约》 ………………………………………… (154)
1. 崇厚出使 …………………………………………………… (154)
2. 崇厚丧权辱国 ……………………………………………… (156)
3. 怒斥卖国行径 ……………………………………………… (157)
三、剿灭残匪 …………………………………………………… (158)
四、力主抗战 …………………………………………………… (160)
1. 沙俄色厉内荏 ……………………………………………… (160)
2. 清廷出尔反尔 ……………………………………………… (163)
五、支持曾纪泽谈判 …………………………………………… (166)
1. 曾纪泽针锋相对 …………………………………………… (166)
2. 失败的胜利者 ……………………………………………… (167)
第八章　经营新疆 …………………………………………… (169)
一、发展新疆经济 ……………………………………………… (169)
1. 发展工商业 ………………………………………………… (169)
2. 重视农业 …………………………………………………… (170)

3. 恢复交通 …… (174)
4. 赈灾禁烟 …… (176)
5. 振兴文教 …… (177)
二、力倡新疆建省 …… (178)
1. 新疆行政制度 …… (178)
2. 建议新疆设省 …… (180)
第九章 宦海沉浮 …… (185)
一、入值军机 …… (185)
二、为官清廉 …… (187)
三、曲高和寡 …… (191)
1. 官场失意 …… (191)
2. 用人上的弱点 …… (193)
3. 人际关系种种 …… (194)
四、外放两江 …… (206)
1. 兴修水利 …… (206)
2. 发展电讯业 …… (208)
3. 航运业和煤矿业 …… (209)
4. 体恤民生 …… (209)
第十章 晚年抗法 …… (212)
一、中法战争前 …… (212)
1. 海防、江防部署 …… (213)
2. 协助“黑旗军” …… (216)
3. “恪靖定边军” …… (216)
二、力主抗法 …… (218)
三、临危受命 …… (220)
1. 开赴福州 …… (220)
2. 誓死援台 …… (222)
3. 镇南关大捷 …… (224)
四、抱憾终生 …… (225)

1. 无力回天 …………………………………………………………… (225)
2. 临终献策 …………………………………………………………… (226)
五、谥号“文襄” …………………………………………………………… (227)

第一章　早岁经历

十九世纪中期，当西方资本主义大力发展走向近代化的时候，长期统治中国的清王朝却将这一世界大潮拒于国门之外，沿着封建旧王朝的老路走向没落，被西方资本主义远远地抛在了身后，从而令中国沦为西方资本主义争相侵略和掠夺的对象。

可是，有着数千年优秀文化传统的中华民族，但凡国家受到外来侵略的生死关头，都会出现许多思想敏锐、忧国忧民、以天下为己任的进步思想家、军事家、政治家、改革家、革命家。而湖南省更以其独特的文化氛围和社会环境，造就了近代众多才华出众、影响深远的人物。左宗棠就是其中的一位。

一、“牵牛星下凡”

清嘉庆十七年壬申十月初七日，也就是公元 1812 年 11 月 10 日，寅时，左宗棠出生在湘阴东乡左家塅。他降生的时候，年迈的祖母杨老夫人梦见一自称是“牵牛星”的神人从天上降落自家院子里，醒来时，就听说家中再添男丁，并见一片白光出现在产妇房中，一时间屋中的灯烛都显得昏暗无光，不久，天就亮了。左宗棠就在“牵牛降世”的神话中诞生了。

湘阴在湖南属于中等县份。它紧邻洞庭湖，周围通益阳、巴陵、沅江、平江、长沙，与省会长沙仅相隔三四十里。湘江自县内贯通，与逶迤而来的资水交汇，在县北注入洞庭湖。境内遍布湖塘，水道纵横，水陆交通都很发达，可称得上是一个鱼米之乡。

但在封建生产关系的制约下，农业生产发展缓慢。土地兼并严重，无地少地的农民不仅得负担沉重的地租，而且还要交纳繁杂的赋税。因此，农民生活十分困苦。

左宗棠为“牵牛星下凡”，对此，左宗棠的儿子左孝同在《先考事略》中云：“时祖考松野公、曾妣杨太夫人年近八旬，均健在，世父瑟卿公，年十三岁。仲父景乔公，年九岁。姑母三人，长年十六岁，馀均数岁。先祖年三十五，祖妣年三十八，始生府君。将生之夕，祖妣梦有神人自空中止于庭，谓‘牵牛星下凡’。惊寤而府君生。室中忽有光如白昼，灯烛皆掩，移时天始曙。”

牵牛星又被称为河鼓，也就是平常说的牛郎星，与织女星隔河相望。传说牵牛星与织女星乃是结发夫妇，却只能于每年七月七相会一次，故而，牵牛星是一苦命之星。

左宗棠的生活自幼就十分困苦，因为他降生之时，母亲已三十八岁，家中人口众多，维持生计非常困难。母亲没有足够的乳水，只好用米汤来喂养他，所以左宗棠幼年时多病，身体瘦弱，肚脐凸出。按《家书·甲子与孝威书》云：“吾家本寒素，尔父生而吮米汁，日夜号声不绝，脐为突出，至今腹大而脐不深。吾母尝言育我之艰，嚼米为汁之苦，至今每一念及，犹如闻其声也。”

青少年时代的左宗棠也过着清苦的生活。他家属于破落地主家庭，祖父和父亲全是秀才，平日教读诗书，有一些收入。也有几十亩田，每年可获租谷四十石。但这些微薄的收益，很难维持一家生计。有一年遭遇天灾，全家人只得以糠屑果腹了。母亲病重时，买不起贵重的药品，仅购买几钱的高丽参、西洋参，才蒸得一羹匙。死后丧葬的花费，也是四处借贷，才凑了二百几十两银子，而且是过了三五年才偿清这笔债。这种深刻的刺激令左宗棠印象很深，在《二十九岁自题画像》诗的第四首，他深切而沉痛地写道：“十数年来一鲜民，孤雏肠断是黄昏。研田终岁营儿哺，糠屑经时当夕飧。五鼎纵能隆墓祭，只鸡终不逮亲存。乾坤忧痛何时毕，忍属儿孙咬菜根。”故而以后他虽飞黄腾达，生活依然十分俭朴。念及父母的艰辛，他不忍过分地享受，也不许子孙纵情恣欲。

道光十年（1830 年），左宗棠的父亲患病不起，家境越发破落。那个时候，湖南巡抚吴荣光创设湘水校经堂“课士”，左宗棠由于成绩优异，“幸得膏火以佐食”。左家原有十口，父母病故，长兄早亡，姊妹同嫁，仅余得他与二哥左宗植两人，生活艰辛。

父亲在世之时，曾为左宗棠订下一门亲事，其岳家是湘潭富户。道光十二年（1832 年），左宗棠二十一岁时，因生活困苦无依，入赘周家。“入赘”，也就是人们常说的倒插门。依照传统习惯，有作为的男人只会娶妻，不会为妻所娶，所以，在那时，当赘婿不是件光彩的事。志向远大的左宗棠，遭此生活境遇，其心情是相当苦闷的。

但是，对自己系“牵牛星下凡”的说法左宗棠好像颇为得意。据传左宗棠成年后十分肥胖，肚子更大，在肃州军营时，时常在无事之时捧着肚子说：“大帅对得起肚子，肚子也对得起大帅。”侍人说他有一个“将军肚”，有福气。一天，他问左右随员：“我肚子里装的是什么东西你们知道吗?”众员众说纷纭，有的说“大帅肚里有兵甲十万”，有的说他“腹中包罗万象”，左宗棠都摇头说：“不是，不是!”当有人说“大帅满腹经纶”时，左宗棠捏着胡须笑而不语。这时忽然有一个亲兵说：“大帅肚子里全都是马绊筋（湖南人称牛吃的草为马绊筋）。”左宗棠这时才面露喜色，拍案大喊：“太对了！太对了!”

不愿肚藏雄兵，不愿满腹经纶，却宁愿满肚子草料，由此可见左宗棠真称得上是“牵牛星下凡”。

二、求学求名

1. 承继儒学

左宗棠的家乡湘阴是湖南省内交通较为方便，文化和经济比较发达的地区。在文化教育方面，尽管著名学者不多，可与别的许多县份相比还是较为先进的。传统的“耕读家风”，一般地主家庭都能保持。

左宗棠的家庭有两个很明显的特点。一是“居贫好施”。其父左观澜（1778—1830年），字晏臣，又字春航，县学廪生。他曾自己捐献钱财倡议修建一所宗祠。祖父左人锦（1738—1817年），字斐中，又字松野，国子监生。他著有《族仓条约》，曾经仿效古代社仓法，提议平时由乡里一道设一座义仓，劝大家拿出一点收割的稻谷，收积起来，名为族仓。他自己带头捐谷，若遇荒年，即开仓赈济，使族人得以温饱。左宗棠的曾祖父左逢圣，字孔时，县学生员（即秀才），是一个品行高洁的书生，以“恭悫”“诚孝”闻名乡里。家境贫困，他却乐善好施，对维护本地区的封建统治秩序非常关心，曾在高华岭给行人提供茶水消渴。乾隆十七年（1752年），家乡遭遇天灾，他典当衣服，与族人一道在袁家铺施粥，救济饥民。虽然生活贫苦，却仍行慷慨义举，这是左家传世的家风。

左宗棠家庭的第二个显著特点是严格遵行朝廷功令，接受以朱嘉《四书传注》为中心内容的封建教育，笃守封建礼法，以“忠、孝、节、义”传家。由左父左观澜算起，祖上七代都是秀才，是农村中并不多见的“书香门第”。在贫困家庭里成长的左宗棠，与一般富家子弟完全不同，对民生疾苦比较了解。就像他后来在奏折中所说：“臣来自田间，素亲穑事，穷檐苦况，知之颇深。”这为他继承儒学民本主义的优良文化传统打下了基础。

左宗棠有两个哥哥，三个姐姐。嘉庆二十一年（1816年），祖父左人锦举家迁到府城长沙贡院东街的左氏祠堂，开馆授徒。依照传统，病不自医，子不自教。可由于无钱延聘塾师，只得由祖父和父亲教左宗棠兄弟三人读书学习。左宗棠禀性聪颖，三岁时就能全文背诵《三字经》《家姓》《千字文》。祖父和父亲对他进行严格的儒学训练，左宗棠五岁就正式开始诵读《论语》《孟子》这两部基本儒书。后来，他接着学习儒家的基本课程，《四书》中的《论语》《孟子》读完后，继续读《大学》和《中庸》，兼读书中的大注，也就是朱熹的《四书集注》。读完《四书》又接着读《五经》。另一方面则是修辞和作文。父亲仿照试卷从《四书》《五经》中命题，让他不停地练习。这样，左宗棠八岁就开始学习写作八股文。父亲每命一题，都要令他先仔细诵读大注，使他认真领会命题的释义，以防在行文时出现偏差。

左宗棠有很强的理解能力，学习时又全神贯注，能始终注意听人家讲话。每当父亲为生徒和两个哥哥授课时，他都静听默记，长久不忘。父亲的督教，兄长的榜样，使小宗棠进步很快。尽管没有名师指点，可在祖父、父亲的谆谆教诲和严格管教下，左宗棠打下了扎实的传统文化基本功，写得一手苍劲俊秀的好字。

2. 科举之路

道光六年（1826年），左宗棠十四岁，首次参加湘阴县试（又叫童子试），名列第一。第二年五月去长沙应府试，仍居首位，知府原来欲列他为头名，但由于被录取者中有一位岁数已大，为照顾老者，发榜时抑左宗棠为第二。为了这个，知府张锡谦专门召见了他，对他加以鼓励。

按例院试是由皇上派遣学政到省里去主持考试。这一考试是以县为单位，只有及格才能算正式秀才。左宗棠由于母亲病重，错过了学政主持的“院试”。左母于这年冬病故。

道光十年（1830年）正月，左宗棠的父亲左观澜病重，于元宵节后三天便去世了，终年五十三岁。左观澜半生教书，给儿女并未留下多少遗产。此时左宗棠的长兄宗棫已病逝于道光三年（1823年），次兄宗植为生计操劳，不得不与宗棠分别，做了三年新化训导，与宗棠相聚的时间很少，因此左宗棠有抒发对二哥的怀念之情的“三年客邵陵，相见时亦稀”的诗句。

依据那时的规定，碰上父母之丧，全都必须丁忧守制二十七个月。在丁忧期间，为官者必须卸任回乡，应试者也不能够参加考试。左宗棠只好在家加倍地读书。左宗棠不仅没被“早岁孤贫”的生活压倒，反而磨炼出了坚韧的意志和倔强的性格。道光十一年（1831年），左宗棠进入长沙城南书院读书。

可由于家境贫寒，没过多久他就不得不离开城南书院，转入长沙的贫民子弟学校，那时称为公资书院，学校提供膳食，以便学生能够接着研读。这时，新任湖南巡抚吴荣光在长沙设立湘水校经堂，亲自教授经学，并且每人每月膏火银八两，与其他书院相比更为优厚，左宗棠于是转而就读于湘水校经堂。一年内，他曾七次名列经学考试第一。

在家书中左宗棠曾教诲子侄说：“读书并非为了追求科名，然而没有科名就不能自养，所以为了科名而读书，也是人之常情也。”

道光十二年（1832年），丁忧期满的左宗棠参加了在长沙举行的乡试，即举人考试。

考试共分三场。第一场在黎明时将依据《四书》命题的四个试题，以及打稿和应用的书写试卷发给应试生，然后加锁封紧小木屋。试卷是密封的，应试生不许在试卷上写自己的名字。没有收回试卷前，禁止应试生出入，任何人也不许走近小屋。直到夜晚有人来将试卷收回，考生才被允许离开小屋。第二天休息。第二场考试，时间两天，发给五个依照《五经》命题的试题，交卷后休息一天。第三场考试，发给五个不用四书五经命题的试题，凡政府法律、历史掌故、国家典制等全都包括其中，而且必须用韵文答写其中的一个。时间定为三天，交卷后考试结束。在二十五天内考官阅卷完毕，从中选出及格的举人四十八名。

以省为单位的乡试，是当时科举制度的第二阶段考试，有资格参加的只有秀才。左宗棠由于在丁忧之前尚未参加院试，并非秀才，而道光十二年（1832年）正好是三年乡试之期，要是中了秀才之后再来考举人，就要再等三年。幸好那时有“捐监”的规定，即未中过秀才而希望参加乡试的读书人，出钱捐一个监生之后，就允许参加考试。这年左宗棠已二十一岁，急需一个维持生活的职业。为了争取时间，左宗棠千方百计，四处拼凑，用一百零八两银子换取了一个监生资历，总算得以参加大约有五千人投考的长沙乡试。

在乡试发榜前左宗棠与周诒端结婚。因为没有钱举办婚事，他不得不入赘周家。周府不但是湘潭辰山大户，而且也是书香门第。岳父周衡是湘潭的财主，家境富足，有两位千金，长女是周诒端；次女叫周诒蘩，字茹馨。周诒端，字筠心，与左宗棠生于同年。她是一位典型的深受中国传统文化熏陶的既贤德温良又自强自立、深明大义的女性。她贞静幽娴，博通史书，还继承家学，擅长吟咏，能咏诗百十首，从秦始皇批评到明代的张居正。左宗棠治学时，她能帮着查询典故；左宗棠制作地图时，她则帮着影绘誊清。她是左宗棠的贤内助，也是左宗棠的知己，非常善解人意。当左宗棠壮志难筹、情绪低落时，她便尽力劝解他，时常作诗来勉励他。在《秋夜偶书寄外》的一首七律中有两句是：“书生报国心常在，未应渔樵了此生。”左宗棠在外教读时，她生恐他客馆凄清，专门做一个枕头，绣着“渔村夕照图”，并题了一首七绝寄给丈夫。当左宗棠尚未有所作为时，作为富家千金的她既没有像常人一样觉得辱没了自己，也没有看不起丈夫；在左宗棠已经功成名就、位高权重之时，她既没有因自己成为一品夫人而自傲，也没有因为家庭琐事去打扰他，更没有由于娘家家道中落而去求丈夫提拔或帮助弟侄辈。她从不过问丈夫的治军施政，最多不过问问粮饷是否足够。自从左宗棠因督师离家，她仅仅在左宗棠担任闽浙总督时前去探视了六个月，别的日子都未随行。

左宗棠四女四子，周诒端育有三女一男：二十二岁时生长女孝瑜，字慎娟，其后来嫁给安化陶桄。“极贤干，有文风，能任家政焉。”著有《小石屋诗》十四首。第二年十二月生次女孝琪，字静斋。她由于多病未曾出嫁，著有《猗兰室诗草》七十九首。左宗棠的副室张氏，名茹，本为周诒端随嫁侍女。张氏生三女孝琳，字湘取，遣嫁湘潭黎家，著《琼华阁诗草》五首。周诒端生四女孝宾，字少华，后嫁给湘潭周氏，著《淡如斋遗诗十三首》。后来，张氏生了三个儿子：孝勋、孝宽、孝同。道光二十六年（1846 年）八月，已满三十岁的周诒端生下身体病弱的长子孝威。孝威出生的时候，左宗棠正寄居安化陶家馆所任教，那个时候安化附近旱情严重，他忽然梦见雷电绕身，下起倾盆大雨，于是为其子起名霖生，家人称之为“霖儿”。周诒端由于身体不好，乳汁不足，养育困难。次年四月，张氏生下次子孝宽，张氏同时将二子乳养，而且总是先乳孝威，再喂孝宽。妻妾感情深厚。有一年，湘阴县城遭遇洪灾，逃荒灾民多达千人，不少人饿死病死。左宗棠让家人拿出家中所有积谷，煮粥赈济，并施以丸药治疗病人。两位夫人亲自监督负责这些事，在家门口办理。为了赈济灾民，她们“典簪珥，减常飧佐之，全活甚众”，将左家“乐善好施”的家风完全继承了下来。

左宗棠婚后尚不足月，就获知中举的消息。

这一年，陕西泾阳人、礼科掌印给事中徐法绩是湖南乡试的主考官，胡鉴为助考官。依照惯例首先由助考官阅卷，决定是否录取，助考官淘汰或剔除的试卷称为遗卷，主考官一般对遗卷并不再次批阅。可是这年恰好道光帝满五十岁，所以专门下达诏令给主考：为纪念万寿恩科，今年的遗卷，主考官必须再次审阅，以防遗漏人才。助考官没有录取左宗棠的试卷，左宗棠的老师贺熙龄曾经将其卷索取观阅，见卷上批道：“文虽佳，情不中程式，帘中人无能辨此者。”幸好有“万寿恩科”的诏命，助考官胡鉴又恰好病逝，主考官徐法绩亲自搜阅遗卷，从近五千份遗卷中又录取六名，左宗棠位列第一。

当时，主考官非常欣赏左宗棠的卷子，请同考官补荐。那位同考官起初并不答应，几经劝说，他才勉强荐了。监考官以下许多人怀疑这是“走后门”、拉关系的“温卷”，加以反对。徐法绩跟他们说，“搜遗”是皇上的旨意，同时他让大家传阅左宗棠的第二场经文试卷。各监考官这才信服主考官，没有异议。榜发，左宗棠的二哥左宗植名列第一，领“解首”，左宗棠也中第十八名举人。这是在科举考试中左宗棠所获的最高功名。

左宗棠的试卷中，徐法绩尤其欣赏一篇题为《选士厉兵，简练杰俊，专在有功》的礼经文，认为它是所有考卷中最出色的一篇。这篇文章以后曾被呈献给皇上览阅。打开这份经文试卷的糊名时，巡抚吴荣光也在场，见是左宗棠所作，马上站起来向徐法绩道贺，庆获良才。因为吴荣光曾在湘水校经堂教过经学，左宗棠是他的考了七次第一名的得意门生。今幸好遗卷中举，他也颇感欣慰。在三十七年之后，当左宗棠在西北路过泾阳之时，徐法绩的墓上早已杂草丛生。左宗棠念及恩师的知遇之恩，特命人把墓道重新修葺一番，立碑纪念。

按照惯例，会被任命得到官职的只有排在榜前的几名举人，而排第十八名的左宗棠没有什么希望，只有待到明年春天到北京去参加第三阶段的“会试”。

科举时代应考进士称为“会试”，每隔三年才进行一次。会试是选拔人才的高等考试，聚集全国的举人，在北京国子监举行。主持人称总裁，不称主考，必须是翰林，官位在尚书以上，由德高望重者充当。会试发榜十天后，再在宫内保和殿举行皇帝亲自主持的殿试。参加殿试的贡士固定为六十人，试卷由读卷大臣分别看过后评定甲、乙等级，选择前十名卷子进呈皇上御览，听候圣裁名次。一甲三名：第一名称“状元”，第二名称“榜眼”，第三名称“探花”，总起来称为“赐进士及第”。一经决定马上授职，状元授翰林院修撰，榜眼和探花授翰林编修。二甲约一百多人，第一名称“传胪”。二甲统称“赐进士出身”。三甲约二百多名，统称“赐同进士出身”。二、三甲还要再经一场朝考，才普遍授予官职。那些不能参加殿试的人，尽管可以“告殿”，将考试资格保留，可要等三年后下科殿试才能补考。补考成绩即使很好，也不能列入前三名。从中可以看出会试与殿试的艰难。

那个时候从湖南到北京，路途遥远，不是坐车就是乘船，花费极大。尽管清廷规定可以提供旅费给贫苦的优良学生，实际上不拉关系和走后门是得不到的。左宗棠尽管困窘，可他并未请求亲友帮忙，申请津贴。而亲戚朋友知道情况后，主动以送行为名凑了一百两银子，他这才得以同二哥宗植共赴北京应试。

道光十三年（1833 年），二十二岁的左宗棠在正月初春之时和二哥宗植一起到达北京，在湖南会馆居住。考前有时外出观光游览，增长见识。会试的气派自然不是乡试可比，试院围墙上棘枝遍布，关防严密，因此试场又被称为棘院或棘围。会试三场定在三月初九、十二和十五。会试之后，不久发榜，左宗棠名落孙山，一是因为考试必须“皓首穷经”，而左宗棠用于钻研经世致用之学的精力更多，他在功名之途上的发展必然受到影响；二是这种腐败的八股取士制度很难将入仕的大门向左宗棠这类真正志大才高的寒士敞开。

第二年，左宗棠返乡之后，仍在湘潭辰山岳母家寄居。那时长兄宗棫的遗孤世延，生活困苦。二哥宗植远在武昌。兄弟俩便将仅有的几十亩土地统统给了侄子世延。这样，左宗棠的生活愈发艰难。在岳家西院他借了所房子，独自一人居住。为了实现自己的理想，他对科举考试仍然抱有希望，他在《燕台杂感》的第八首中写道：

二十男儿那刺促，穷冬走马上燕台。
贾生空有乾坤泪，郑綮无非令仆才。
洛下衣冠人易老，西山猿鹤我重来。
清明台辅无遗策，可是关心独草菜？

三年后，他又一次赴京参加会试。原本已经考取，同考官温葆深推荐了他的试卷，主考总裁也比较欣赏，评语为“立言有体，不蔓不支”，“二场尤为出色”，取中第十五名。可在发榜前，发现湖南省多录一人，而湖北省却少录一人，于是就将左宗棠的试卷撤销，改取湖北一人。左宗棠仅仅被取为“誊录”，即抄写人员。誊录积劳能够被保举为县令，可左宗棠却对任誊写心有不甘，毅然返乡等待时机。

道光十七年（1837 年），左宗棠迫于生计，背井离乡，在湖南巡抚吴荣光的邀请下，到醴陵渌江书院主讲。书院收入很少，“几元以给朝夕”。四十年后，他在回忆录中写道：“每遇岁阑解馆，出纸裹中物，还盐米小债。”尽管书院的生活十分清苦，可他执教仍非常认真。他一到书院，就依照朱熹所著《小学》，从书中择取八条定为学规。发给每位前来就读的学生一个日记本，要他们随时在本子上记载下所授功课的心得。每天日落时锁住大门，检查功课。每月初一、十五两天，还要仔细考核学生半个月的日记，并详加解说所授课业，引导、勉励和督促学生。要是发现有个别学生旷废课业、虚辞掩饰、不守学规，两次以上就要受到处罚，直至开除学籍，加以斥退。如此一来，没几个月，学生都逐渐能够专心向学，不觉得学习是一件苦差事了。他的严格要求以及启发式的教学方法，没过多久就在当地广为传颂。

道光十八年（1838 年），第三次赴京参加会试的左宗棠，再次榜上无名。而和他同时代的只比他大一岁的名人曾国藩，这次却考中了三甲第三十八名进士。这对他有不小的刺激。所以，在他权高位重之后，对清廷中一些具有高学位的官吏的态度十分轻蔑傲慢，而选用人才的时候，更为看重才能而轻视学位。在当时那种社会风气下，学位常常被视作荣耀和威望的资本。以左宗棠的个性和才能，在会试中无法获取高位，这令他的自尊心受到了很深的伤害。现实的严酷使他明白，他这样志大才高的寒士是走不通科举这条道路的，所以他“绝意科场进取”，在这之后在“经世致用之学”上投入了全部精力与心思。他被科场角逐的失败逼到了另一条道路上。

3. 致力于“经世致用”学

“经世致用”原本是古代中国知识分子的一种学用结合的治学传统和优良学风。虽然伴随时代的变化发展，在不同历史时期其有着不完全相同的特征和内涵，但大体上其主旨是匡时济世、关心社会政治、讲求实际，即把社会现实与学术研究紧密地结合起来，使传统儒学有效、直接地服务于现实。它不但是中国传统文化的精华，而且是知识分子的价值取向。

青年时期的左宗棠，在尚未受到名家指点时，就已经选定了“经世”的道路，这令他的学识、思想都进入了一个有别于凡俗士子的新境界。左宗棠的少年时期，完全是以儒家经典为家教内容的，特别是程朱理学的灌输，即使是日常家庭生活也是“肃然翼然，尊卑上下，罔敢稍越”。十四岁时，母亲病故，他不能在丁母忧期间参加考试，八股文自然可以不必多费心思去钻研了。于是，他进入了另一个治学的天地。因为这个时候“经世”的时代潮流已经涌入了这古老封闭的湖南山城。道光九年（1829 年），十七岁的左宗棠在书铺里买到一部顾祖禹的一百三十卷的《读史方舆纪要》，此书是记述我国地理、历史的笔记。书中所描述的战守机宜和山川险要左宗棠非常喜欢，所以细心研读。没过多久，他又读了顾炎武的一百二十卷的《天下郡国利病书》，这部著作是介绍中国分省地理学的。还有齐召南所作的二十八卷的《水道提纲》，是专门记载中国河流的书籍。这几部记述历史地理、军事地理和前代军事、政治、财经、水利的名著，内容不但丰富而且实际，是空洞无物的八股时文不能比拟的，特别是《读史方舆纪要》与《天下郡国利病书》，很有经国济世的实用价值。左宗棠非常感兴趣，如获至宝，就用心攻读起来。

可是他的行为私下里遭到别的士子们的嘲笑，他们认为时间和精力都被他白白浪费了。在那个科举取士的年代，读书人人生之鸿愿是应试中举，仅致力揣摩钻研八股时文，一切与此无关之书都不加理会，也的确没有剩余精力去从事经世实用之学。在这一点上，左宗棠不同于比他只长一岁的湖南老乡曾国藩。曾国藩是科名早达进士，故而他才能够丢开八股时文，集中精力去研读“匡时救世”的有用之书。而此时的左宗棠不仅没有中举，连秀才也不是。但是他居然能够顶住周围的讥议，毅然在这类“实学”上投入大量精力，在当时的社会风气下，实在是与众不同和难能可贵的。

在左宗棠致力于“经世致用”之学，探讨改革社会现实的过程中，具有进步思想的贺长龄，贺熙龄对他影响最深。

道光十一年（1831 年），左宗棠就读于长沙城南书院，南宋朱熹就曾在这所历史悠久、声名远播的书院讲学。当时贺熙龄正主持书院，在湖南他很有声望。他主持城南书院八年，以明辨义利、匡正人心、立志穷经、学以致用为教学宗旨。他曾对当时读书人的学风提出批评说：“读书为学必须经历世事，而现在的读书之人为学不得其法，资质虽佳，却也被词章训诂之学所误，所以能够深通实用之学的人，现在很少见了。”他影响左宗棠很深，也很赏识左宗棠。贺熙龄曾说：“左宗棠年少之时随我学习，我看其气度不凡，卓然自立，就考问其学识，见他果然有些见识；观察他的言谈举止，都循规蹈矩，而不敢放肆懈怠。”贺公还曾作诗夸奖说：“六朝花月毫端扫，万里江山眼底横，开口能谈天下事，读书深抱古人情。”并加注云：“左宗棠最近放弃词章，而转而研习有用之学，现在对天下形势已经了如指掌了。”他多次鼓励左宗棠读汉宋先儒之书，并要学以致用。另外，贺熙龄的兄长贺长龄也深深地影响了左宗棠。

贺长龄是湖南善化人，进士出身，他是清朝最早提倡经世实学的有识之士，先后担任庶吉士、编修、学政、知府、按察使、布政使、巡抚、总督等职。陶澍担任两江总督的时候，林则徐先做江苏布政使，随后又升任江苏巡抚。贺长龄就接任了江苏布政使。陶、林二人十分佩服贺长龄的才学，凡有漕、河、盐等大政，都向他请教。道光六年 1826 年，贺长龄请魏源以他的名义辑成专门收录清代道光以前名臣巨儒有关国计民生的文章的《皇朝经世文编》。

对于贺长龄的才学和人品左宗棠十分钦佩，这一年，贺长龄因丁母忧回到长沙，左宗棠就前往拜谒。交谈之中，贺长龄发现左宗棠十分了解全国的军事地理、山川形势与社会情状，深为左宗棠的远大志向和杰出才智所折服，马上就“以国士见待”。他热诚地勉励左宗棠说：“现在正需要你这样的人才，幸好你没有屈就，从而自己限制自己的发展。”他还向左宗棠敞开自家收藏的官私图籍和史册，任其随意选读，而且每次借阅时，贺长龄都亲自爬梯取书，多次上下，也不厌烦。左宗棠还书之时，贺长龄都要问他有何心得，二人互相映证，十分认真，一点也不烦倦。在这里左宗棠接触到政治实际和历代典章制度，并首次阅读了贺长龄主编的《皇朝经世文编》，开阔了视野，增长了见识。两人常常一道研讨学问，很是默契，成为忘年之交。贺长龄对左宗棠的热诚指导和这种“诱掖末学，与人为善”的精神，使左宗棠深受教益和感动。

三次会试失败，而时事越发艰难，左宗棠越发坚定了走“经世致用”之路的意志。大体上，自道光十三年（1833 年）第一次落第至咸丰三年（1853 年）出山的二十年间，攻读研究“经世之学”占去了他从教以外的其余精力，其主要内容有农学、地理学、经济学。左宗棠有着非常严谨的治学态度。这期间所积累的才干和学识，为他后半生“建功立业”打下了基础。

4. 对民本主义思想的发展

左宗棠的家乡湖南地处偏远，距离全国文化中心很远，又与江浙文化发达地区没有多少往来，所以远远落后于中原及东南地区。湖南的知识分子思想也偏于保守，接受外部思想的影响较为困难。在湖南学术界，居于统治地位的一直是程朱理学。可湖南士子尽管多习理学，却并没有陷于空谈“性命”“义理”的思想牢笼，而是面向现实，注重对社会实际问题和有用学问的研究。理学在他们看来是一种道德的准绳和拯救危机的精神力量，具有强烈的“经世”色彩，明显区别于只限于空谈穷理尽心的传统宋明理学。乾、嘉以后，清王朝走向没落，统治集团越来越昏庸腐败，外国侵略的隐患日益加剧，人民群众的反抗斗争接连不断。一部分敏锐的知识分子被不断深化的社会危机所警醒，他们怀着对国家兴亡的责任感，产生了强烈的忧患意识，首先摆脱汉学、宋学的羁绊，开始注意现实生活，讲求经国济民之术，切实地致力于关乎国计民生的实用之学。这样，在鸦片战争前后，兴起了一股新的经世致用思潮。它不仅承袭着儒学经世的传统，而且新的历史条件还赋予“经世致用”以某些时代内涵。

总体看来，左宗棠出山之前的思想风貌深受程朱理学的影响。他尽管摆脱了程朱理学、陆王心学的空谈心性、理义，可是却以“恪以程朱为宗旨”为他的做人之道。程朱理学在左宗棠身上最高的体现是忠君。这一点，实际上是地主阶级改革派所共有的。在这种忠君思想的背后，还有一种深沉的国家意识，深厚的至尚至诚的地主阶级爱国主义精神蕴含在里面。左宗棠的爱国主义思想，不仅是时代的产物，也是继承和发展中国古代爱国主义思想和优秀文化传统的结果。

左宗棠不仅从中国古代民本主义思想宝库中获益良多，而且也继承了林则徐、魏源等经世派民本主义思想。在这方面，尽管他们并无直接的师承关系，可他和林则徐的确交情深厚。林则徐的崇高人格力量和感人的实践活动，为左宗棠树立了重民、恤民、为民办实事的光辉榜样。他们被忧国忧民的情怀和反侵略斗争的共同意志和信念紧紧连在一起，左宗棠后来还继承了林则徐伟大的反侵略斗争事业。

在民本主义思想上，左宗棠与魏源、林则徐等经世派有很多共同点。首先，同他们一样，作为中国传统文化教育熏陶出来的洋务派重要官员，左宗棠深切地了解和体会了民本主义思想的精髓。其次，他们都有强烈的社会责任感和积极入世的人生态度；他们对民间疾苦十分关心，都以天下为己任，相当了解社会。在观念上，他们都摆脱了“重义轻利”“重本抑末”的封建传统观念的束缚，明确地将便民、富民、善民、利民、教民等思想作为构架理论体系的基础，也作为治国平天下的依据。在实践上，他们都十分重视国计民生，脚踏实地地为民办实事。

十九世纪七八十年代，在历史潮流和趋势的影响下，左宗棠的民本主义思想又有着一些异于传统民本思想和明清以来经世派思想的新内涵，打上了时代的烙印，使过去的民本思想在经济领域得到了进一步发展。可是作为长期充任封疆大吏、军机大臣，拥有显赫政治地位的地主阶级改革派，他深受封建纲常伦理、宋明理学的思想禁锢，令他不可能摆脱长期扎根在心中的“忠君”观念，也就令他的民本思想在十九世纪八十年代还无法达到“君民共主”的新阶段。

三、关注时局，忧国忧民

鸦片战争前后，受西方资本主义的严重撞击和威胁，中华民族进入了一个社会巨变和动荡不安的时代。嘉庆、道光以来，西方资本主义侵略势力逐渐东扩，英国对华鸦片走私越来越猖獗，并在广东沿海武装挑衅。北方的沙皇俄国也不断将势力向东发展。人们已模糊地感到来自外国资本主义的侵略威胁而开始思索对策。

作为十九世纪三四十年代一位身处中国内地的青年士子，左宗棠所以能够义无反顾地走“经世致用”之路，从小饱读儒家经书，深受儒家思想的熏陶和教育是最根本的原因。儒家关于“修身齐家治国平天下”的思想，自然深深地影响了他。这种思想逐步演化为以天下兴亡为己任的中华民族的传统美德，这一高尚的爱国情操也深深地把左宗棠年轻的心田滋润。再加上近代中国特定的历史环境，就使左宗棠十分关心民族的盛衰和国家的命运，并进而演化成为民族的未来全力抗争的现实力量。

道光十三年（1833 年），左宗棠在第一次赴京会试途中，看到大江南北饱受水患，尸横遍野，荒无人烟，白莲教、天理教农民起义的阴影不禁自他脑中掠过，又想到不久前发生的广东的“夷患”和新疆的张格尔叛乱，感慨不已。而在京期间，与师友的交谈令他更多地了解了时政积弊。这样他赋诗言志，以《癸巳燕台杂感》七律八首来抒发自己的感受，从京城的“升平弦管集诸官”，写到“中原生计亦可怜”，“湘春门外水连天……荒村四载断炊烟”；从东南“横海戈船有是非”，“南海明珠望已虚”，写到西北“沙碛千里此石田”，对清廷面临的严重的民族、社会危机给予了深刻的揭示，表达了左宗棠力图报国的雄心和忧国忧民的情怀。

三年后，左宗棠二次会试不第，为了表明自己的志向，同时激励自己，回湘后他曾写下这样一副对联：

身无半亩，心忧天下；
读破万卷，神交古人。

这副对联生动地反映了左宗棠那时的生活境况和对国家局势的忧虑，以及建功立业的渴望。

鸦片战争时期，不满三十岁的左宗棠不过是一个僻处山乡的私塾教师，可是他坚持以天下为己任，集中精力研习古今记载的有关外国的资料，热心为反侵略战争献计献策。他认为英国是当时世界上最强的国家，可是英国殖民者对中国“包藏祸心，为日已久，富强之实，远甲诸藩”，故而对英国不能掉以轻心。眼下最令人忧虑的是敌人派出数十艘战舰四处巡游，飘忽不定，牵制了我们七个省的兵力，使得主客的形势逆转，敌人安逸而我们辛劳，增加军饷征调兵丁，花费巨大，所以不待敌人进攻，我们就已形成困倦之势了。故而要打赢反侵略战争，一定要从长计议，“不能急旦夕之功，求岁月之效”。针对清政府获知警报就远调外地军队到沿海防守，而这些军队并不擅长水战，故而尚未开战就士气低落，士兵到了外地并不适应，巨额的军饷也难以筹措的错误策略，他认为：从今天的情形看来，最紧急的事是，增强各省的兵力，使之能够满足本身防剿的需要，以避免敌攻一处，而牵一发动全身，征饷调兵，疲于奔命。沿海各省应学习火器的应用，坚壁清野，令敌军不能获得给养接济。唯有如此，我国才能守能战，“为固守持久之谋”。为了进一步给反侵略战争提供战策，他写了《定策》《料敌》《器械》《海屯》《用间》《善后》诸篇，并提议发动疍户、水勇趁夜乘坐小艇用水炮袭击敌人。左宗棠的这些战略战术思想，与林则徐、魏源不谋而合。

左宗棠密切注意时局的发展。战争初期，当他得知战争失利后，马上给老师贺熙龄写信，说：“洋事于屡次挫衄之余，忽又失利，愁愤何可言！……此上不能谋，士不能死，公孙禺人所为感叹难已者也！”战局的发展更令他深为愤慨和忧虑。清军毫无战斗力，一路溃败，很少的侵略者居然可以在东南沿海横行霸道！当坚决主战、御敌有功的林则徐、邓廷桢被罢免的消息传来之后，他更是气愤地表示：“是非颠倒到了这种程度，可为太息！”并指出这场战争失败的主要原因在于统治者的“贤奸不辨”，昏庸无能。他的话可谓一语中的。

对投降派的卖国活动左宗棠更是万分痛恨。当他得知琦善自作主张签订《穿鼻草约》的消息后，写下《感事四首》，对投降派进行了无情的鞭挞；义正言辞地指出，祖国神圣领土不容侵犯，永久的安宁是不可能通过妥协投降来获取的。诗中还叙说了投入反侵略战争的迫切愿望，“书生岂有封侯想，为播天威佐太平”。他也明白，作为普通士子的自己在当时是无法实现这种愿望的，而且人微言轻，其建议也得不到采纳。他深恨自己手无斧柄，空有爱国之志却无处报效国家，只能发出无奈的慨叹。

乌涌等炮台被英军攻陷后，义律为了策划大举进犯，加之贸易季节到来，英美商人急于收购中国的茶叶和倾销手中的货物、鸦片，于是提议清廷停战通商。这样从道光二十二年二月二十八日到四月初一日（1841 年 3 月 20 日—5 月 21 日）广州出现了短期停战通商的局面。获知消息后，左宗棠揭露侵略者的阴谋说：“英国人狡诈地寻找借口请求通商，必是由于战事持久，物资匮乏，希望得到喘息之机以获取物资。”并指出当局答应敌人的提议是被敌人欺骗了，一切果然被左宗棠料中，义律不但抓住休战时机自印度引来援兵，而且通过贸易获得大量利润。

在这段时间里，左宗棠日坐山斋，“有所思，无所吐”，随着前线溃败的消息传来，心情愈加沉重。英国舰队向北进发，将侵略战争扩大，道光二十一年七月二十四日（1841 年 8 月 29 日），清政府代表耆英与侵略者签订了丧权辱国的《南京条约》。左宗棠看到“洋事卒成和局”，万分痛心。在给贺熙龄的信中他写道：“时局世事竟发展到这种程度，是做梦也想不到的，也是从古至今从未有过的。虽然有善者，也无能为力矣!”这“善者”就是指以林则徐为代表的爱国官员。他禁不住悲叹道：“市场既然仍存在，交易仍在进行，那么鸦片也就不会被禁绝，那么自此以后，泱泱中华将如何是好!”

第一次鸦片战争后，左宗棠深切感受到局势的险恶，忧虑着国家和民族的前途，很想发挥自己的才干，为国效力，却得不到清廷最高统治集团的赏识。于是他带着“怀才不遇”的惆怅心情，在道光二十四年（1844 年）自湘潭迁到柳庄新居，自号“湘上农人”。

英法发动第二次鸦片战争时，左宗棠正在骆秉章的幕府中。他时刻关注着中外战局，一边集中精力镇压农民起义军，一边表示出坚决抗敌的立场和强烈的民族自尊心。他指出，“英、清之贼，论局势须吾省为两粤一解此急。”占领广州后，英法联军成立了以广东巡抚柏贵为首的地方傀儡政权。为应付紧张的战争形势，在骆秉章的奏折中，左宗棠提出了一个完整的抗敌计划。而清廷早已定下妥协方针，左宗棠代骆秉章拟的“制夷”之策自然不会被采纳了，可在中华民族与外国资本主义侵略者的矛盾面前左宗棠不畏强暴、维护国家主权的精神，在面对两次鸦片战争的态度中已初步显露出来。

第二章　初露锋芒

一、蓄势以待

左宗棠虽然在科举道路上屡遭挫折，但经过刻苦学习和钻研，已成为一个才高八斗、胸怀天下的人物。左宗棠大体上是自学成才的，这种学习经历使他学得了有用的真学问、真本领，没有僵死保守的学究气。他的老师贺熙龄赞叹他道："谈天下形势，了如指掌。"

在秦瀚才先生的《左文襄公在西北》一书中有这样精辟的概括：

在成千上万的读书人都在钻研五言八韵诗和八股文的时候，仅有三五人在讲典章文物的破纸堆中追寻实用之学，怎么会不惊世骇俗呢！可是文襄公便属于这其中的三五人，他在专心致志地对惊世骇俗的学问进行研究。这些惊世骇俗的学问是怎样的呢？我们可以分作三部分来解释。

一部分是地学。文襄公在十八岁的时候，就研读顾祖禹的《读史方舆纪要》、顾炎武的《天下郡国利病书》、齐道南的《水道提纲》，并分别做成札记。他还亲自绘地图。他准备：横的方面，首先绘制一张全国地图，接着绘制各省地图；纵的方面，首先绘制一张清代地图，然后往前再绘明代地图，绘元代、宋代乃至《禹贡》的图。另外他还把道里、山川、疆域沿革和历代兵事的关系详加说明。他又抄录各省通志和西域图志，将关隘、山川、驿道远近分门别类，订成几十大本，取名《余阁钞史部》或《经部》。文襄公并未刊布这些著作。可是后来胡林翼所作的《读史兵略》和仔细注著海疆、水道、都邑、道里、关隘的《大清一统图》，就蕴含有文襄公所想做工作的意味。鸦片战争爆发，文襄公专门查阅了有关海防记载的图书，并写成几篇建设海防的意见书。如此一来文襄公对于地学自然非常精通了。有一位叫作索思诺福齐的俄罗斯人，以后到陕甘总督衙门访问文襄公。这位外宾时常拿一张《康熙舆图》夸称他对中国地理的熟悉，文襄公却拿出《乾隆舆图》来，考问了他一番。这位自以为是中国通的俄人，从此在文襄公前再不敢吹牛了。但这还仅仅是一件有趣的小事，实际上全靠对于地理的精熟，文襄公才取得他一生在军事上的成功。

文襄公的第二部分学问是农学。历代讲农事的著作他都读遍了，也是分类抄起来，准备编成一部《朴存阁农书》。他非常注意“区田”这个问题，画成图样，作出说明，并在柳庄亲自试验这种区田的方法，结果获得令人满意的成功。对于农事，文襄公有特殊的嗜好，所以又养蚕、种桑、种竹、种茶、种其他花木。湘阴原本不种茶，文襄公实乃种茶第一人。他以“湘上农人”自称，在一封给贺瑗（字仲肃，湖南善化人）的信上说：“兄东作甚忙，日与佣人缘陇亩，秧苗初茁，田水琮峥，时鸟变声，草新土润，别有一番乐意。”又在一首《催杨紫卿画梅》的诗中写道：“柳庄一十二梅树，腊后春前花满枝。”这实在有如仙源境界，文襄公的确可以在那儿安然终老吧！可是文襄公却不是桃花源中的陶靖节，而是他常自喻的卧龙岗上的诸葛孔明，这不过是他躬耕陇亩之时罢了。也正是有了这些阅历，出山以后，到处教人民归耕，教兵种田，非常在行。

中国自古就以农业为本，老百姓的命运掌握在水和天的手中。如果天公不作美，就降下灾荒，也就得由官府赈济。田赋和盐是官家主要的财政，而田赋的多少又是由年成的丰歉来决定。这样荒政、水利、盐政、田赋四门，不仅构成了旧中国国民收入的一个重要来源，而且构成了文襄公的第三部分学问。这种图书陶澍收藏最多，在那时可称得上全国第一。文襄公在教读陶澍的儿子期间，便饱读了这些图书，对这一部分的学问也是精熟了，运用这一部分学问成就了以后显赫的政绩。

完成了这三部分学问，文襄公已快四十岁了。可是文襄公就好像是淳于髡口中的大鸟，“不鸣则已，一鸣惊人”，从四十一岁起，文襄公开始作惊人之鸣了，一直持续到七十五岁。这三部分学问就是鸣的资本。文襄公给他的大儿子的家书中说：“古人经济学问，都在萧闲寂寞中练习出来，积之既久，一旦事权到手，随时举而措之，有一二桩大事办得妥当，便足名世。”这就是对诸葛亮“淡泊明志，宁静致远”两句话作的解释，也就是“夫子自道”吧！这样我们可以得出一个小小的结论：文襄公从四十一岁到七十五岁的三十五年中的事业的基础，正是从四十岁回溯到十八岁的二十三年中的积淀！

左宗棠号称“今亮”，常常以隐居隆中的卧龙自居，历史证明左宗棠并非名不副实，他确有过人的才学。左宗棠十分自信，坚信有朝一日自己的满腹学问一定会兼济天下，他默默地等候良机。

二、幸遇伯乐

俗话说，千里马常有而伯乐不常有。历史证明，一个人想在仕途上很快发迹，首先要靠有识之人的赏识与提拔，当左宗棠怀才不遇时，当时的有识之人却早已深为赏识他的才学。经贺氏兄弟及他的同窗好友胡林翼的誉扬推荐，他得以结识了陶澍、林则徐、张亮基等当时的一些重要人物，这几个人深深地影响了左宗棠一生的事业。

胡林翼是湖南益阳人，道光十六年（1836 年）进士，授编修，担任江南副考官。道光三十年（1850 年）署贵州镇远知府，后来调任湖北巡抚。胡林翼的父亲与左宗棠的父亲是同窗好友。对于左宗棠的才学和人品，胡林翼极为看重，故而向朝廷五次推荐左宗棠，他是一位“伯乐”式的人物。

陶澍是在左宗棠所交往的人中，对其一生影响最大的一位。因为左宗棠自从和陶澍相识之后，便声名大震，直接铺平了以后仕途的发展道路。陶澍是湖南省安化县人，道光年间，曾连续十几年担任两江总督。任职期间，他在贺长龄、林则徐、魏源等协助下，试办漕粮海运获得成功；兴办全省河工；对两淮盐政进行整顿，首创改引为票，所以在当时颇有声望。陶澍担任两江总督时，一次返回他故乡的小淹，经过醴陵，知县给陶澍预备公馆，请那时在渌江书院做山长的左宗棠写了几副门联，其中一副是：“春殿语从容，甘载家山，印心石在；大江流日夜，八州子弟，翘首公归。”上联是道仁宗皇帝问起陶澍家中一块印心石，并题给一张“印心石屋”四个字的匾额的故事。陶澍见后非常喜欢，听闻是左宗棠所作，就请来相见，左宗棠的才华一下子就将他折服，两人一见如故，彻夜长谈。左宗棠第三次入京会试落第返乡，专门前往南京拜会陶澍。没过多久，陶澍病故了。由于左宗棠和陶澍曾有这般交往，和陶澍有姻亲关系的贺熙龄就让左宗棠去教读陶澍年幼的儿子，并料理陶澍家事。后来，又让左宗棠将大女儿嫁给了这位陶公子。这样，以前的师生变成如今的翁婿，也成为一段佳话。

《春冰室野乘》关于这段佳话有这样的记述：“左文襄之初举秋试也，礼部训罢回籍，侘傺甚。馆醴陵书院山长，修脯至菲，几无以给朝夕。时安化陶文毅公，方督两江，乞假回籍省墓。是时船舶未通，吴楚往来皆遵陆取道江西。文毅圣眷方隆，奉优诏，驰驿回籍。地方官吏，供张悉有加。醴陵为赣湘两省孔道，县令特假书院为行馆，嘱文襄撰书楹帖。其上房之联曰：‘春殿语从容，廿载家山，印心石在；大江流日夜，八州子弟，翘首公归。’印心者，文毅家有古石一，其形正方，名之曰印心石，故文襄斋名，即以印心石屋命之。召见时，慕陵尝从容询及也。文毅睹楹帖，激赏不已。问县令孰所撰，令具以文襄名字时，即遣舆马迎之至，谈一日夜，大洽。立延人幕府，礼以上宾。文毅得子晚，其公子尚在髫龄。而文襄有一女，年与相若。文毅一日置酒，邀文襄至。酒半，为述求婚意，文襄逊谢不敢当，文毅曰：‘君毋然，君他日功名，必在老夫上。吾老而子幼，不及睹其成立，欲以教诲累君，且将以家事相付托也。’文襄知不可辞，即慨然允诺。未几，文毅骑箕，文襄经纪丧事，挚公子归里，亲为课读。且部署其家事，内外井井，如文毅在时。陶氏族人，欺公子年幼，群谋染指，赖文襄为之御侮，得无事。文毅藏书甚富，文襄暇日，皆遍读之，学力由时日进，一生勋业，盖悉植基于是也。”

左宗棠与陶澍联姻后，与胡林翼的关系变得更加亲密，在胡林翼的推荐下，他的名声更是四处远播，以至于在生死关头转危为安。胡林翼与左宗棠生于同年，胡林翼早中进士，而且早就成为陶澍的女婿，但后来左宗棠却与陶澍成了亲家。后来文襄公的侄子娶了胡林翼的妹妹；再之后来陶澍的孙女，也就是左宗棠的外孙女嫁给了胡林翼的嗣子。陶澍担任两江总督，胡林翼在他任上，遨游于甥馆，就在这个时候，与林则徐相识。后来胡林翼在贵州做知府，而林则徐做云贵总督，这样胡林翼又成了林则徐的属吏。也便在这时，胡林翼把左宗棠引见给林则徐，所以有林则徐邀请左宗棠赞襄幕府一事。左宗棠和胡林翼两人意气相投，只要相见，必彻夜长谈，从古至今，谈个不休。清朝那时正由盛而衰，外有鸦片战争，内有川楚白莲教之乱；虽然在事定之后，还能弥逢于一时，可是政治的腐败、民生的憔悴越来越严重。这样左宗棠和胡林翼谈话时，常得出天下将有大乱的结论，而作为一介书生的左宗棠，常想如何到一个深山去避乱。后来贵州巡抚张亮基调任湖南巡抚，胡林翼又把左宗棠介绍给张亮基。这时，湖南已被太平军攻破，他们两人天下大乱的忧虑最终成为现实，但左宗棠却早就带着家眷亲属，隐居到本乡的白水洞，不愿出来。经胡林翼晓以大义，张亮基竭诚礼聘，左宗棠才挺身而出。没过多久，胡林翼也率军返乡，被破格提拔为湖北巡抚。这样胡林翼在武昌，左宗棠在长沙，胡林翼在阵前，左宗棠在幕后，在之后数年内，稳固了洞庭湖流域的局面。而后来湖广总督官文利用后任湖南巡抚骆秉章检举弹劾晚清一代文人樊樊山的父亲永州镇总兵樊燮的案子，打击左宗棠，迫于无奈，左宗棠不得不退出骆秉章幕府。仗义怜才的胡林翼想方设法营救左宗棠，最后和曾国藩一道全力相助，使左宗棠从运筹帷幄的书生，一下成为驰骋疆场的大将。总而言之，胡林翼对左宗棠最为了解，清楚左宗棠脾气太大，故而从不和他抬杠，遇事争执，总是相让。

咸丰十一年八月二十六日（1861 年 9 月 30 日），胡林翼在武昌吐血而死。左宗棠惊闻噩耗，哀痛不已，他在祭文中说：

> 自公云亡，无与为善。孰拯我穷？孰救我偏？我忧何诉？我喜何告？我苦何怜？我死何吊？

他在挽联中也说：

> 召我我不至，哭公公不闻，生死睽违一知己。

这些都表达了左宗棠与胡林翼的深厚友谊和痛悼至友的情真意切。

左宗棠通过陶澍的关系还得以结交了林则徐。陶澍与林则徐都是清廷汉人官吏中一言九鼎的人物，二人交情深厚。据《左宗棠年谱》云：“道光二十九年冬十一月，侯官林文忠公自云南引疾还闽。道湖上，遣人至柳庄招公。公谒之长沙舟中。一见诧为绝世奇才，宴谈达曙乃别。”

后来林则徐后裔回忆说，左宗棠到后，先将名帖呈上，林马上将其他官员辞退，单独见左一人，随侍在旁的只有他的两个儿子。主客畅谈上下古今，包罗万象。诸如镇中成乱、吐鲁番水利、西域事物以及舆地兵法等等，都是各抒已见。对治理国家的方针大计，尤其是西北的军政事务，两人的观点完全一致。两人越来越投机，不想竟长谈一夜。第二天清晨告别之际，林则徐把自己在新疆整理的包括新疆地理观察数据、战守计划以及俄国边境的军事、政治动态等宝贵资料，统统送给左宗棠，并且说："我已经老了，虽然有抵御俄国的志向，却不会有建功立业的那一天，这几年来，我一直在寻找能担此重任的人才。东南面的洋夷，有人能够抵御；而要平定新疆除了你再没有别人。我把花费数年心血整理的材料都送给你，也许以后你治理新疆时用得上。"

据说左宗棠前去拜会时，仓促间失足落水，衣服鞋子都湿了，登舟叙礼后就对林则徐说："我听说古人接待士人需行三薰三沐的礼节，现在我是已经沐浴了，可是还没有做到三薰。"林则徐笑道："你还是这么文绉绉的呢！赶快换衣服，以免着寒。"

《左宗棠年谱》一书非常详细地记载了两人当时晤谈的情形与内容：

> 是年《与贺仲肃书》云："宫保固天人，乃其嗣君三人者，亦未易及也。江中宴谈达曙，无所不及。"又《庚戌唁林镜帆书》云："十一月二十一日，闻宫保尚书捐馆之耗。忆去年此日谒公湘水舟次。是晚乱流而西，维舟岳麓山下。同贤昆季侍公抗谈今昔。江风吹浪，柁楼竟夕有声，与船窗人语互相响答。曙鼓欲严，始各别去。"《胡文忠公集》卷五十四，《启程晴峰制军》云："左君宗棠，林文忠过湖上时招至舟中，谈论竟夕，称为不凡之材。"《卷五十五》与公书云："先生究心地舆兵法，林翼曾荐于林文忠。文忠一见倾倒，诧为绝世奇才。"按：《奏稿》卷二十八，《王家壁恳以京堂候补片》云："臣与王家璧向未谋面。二十余年前曾闻云贵总督贺长龄、林则徐称其万里寻亲一事，非晚近士夫所有，心窃敬之。"《奏稿》卷五十，《覆陈移屯实边折》云："臣前闻之故云贵总督林则徐当遣戍时，大兴伊拉里克水利。前伊犁将军，曾奏请加新赋二十万两有奇，惜其取之太多。"《奏稿》卷五十七，《请将前云贵总督贺长龄宣付史馆折》云："贺长龄没，臣晤林则徐于长沙舟中，言及滇中回患，贺长龄遗憾未释。林则徐自言知其目必不瞑。已将首祸之沈练头等论拟如律。因叹如贺某者，殆古所称大人君子也。"又《书牍》卷五·庚申《与胡润之书》云："仆于林文忠公处，闻公言滇之张石卿、黔之胡润之、黄惺斋，乃吾左右手。因询石公所长，则固开爽敏干不易

得见者。”《书牍》卷六，癸亥《与周受三书》云：“督兵房之弊索无厌，实为戎政之蠹。林文忠言：总督一官最易溺职者，此也。”《书牍》卷十七，丙子《答刘毅斋书》云：“忆三十年前，弟曾与林文忠公谈及西域时务。文忠言：西域屯政不修，地利未尽，以致沃饶之区，不能富强。言及道光十九年洋务遣戍时，曾于伊拉里克及各城办理屯务，大兴水利，功未告蒇，已经伊犁将军彦泰奏增赋额二十余万两，而已旋蒙恩旨入关。颇以未竟其事为憾。”又《答张朗斋书》云：“吐鲁番产粮素多，辖境伊拉里克水利曾经林文忠修过，记升科有案。文忠谈过南八城如一律照苏松兴修水利，广种稻田，美利不减东南。弟当时微询崖略，未暇致详。”据《与贺仲肃书》云：“舟次宴谈达曙，无所不及。”此皆当日所言之可考也。

在与林则徐的交往中，左宗棠获益良多。一方面是左宗棠由于获得林则徐这种大人物的欣赏，声名更为显赫；另一方面，通过林则徐，左宗棠结交了林则徐手下的三位“异能之士”，这对左宗棠以后的仕途影响很深。这三位异能之士，其中一位是黄冕，是林则徐担任两江总督时的属吏。林则徐贬黜伊犁时，因案被发配伊犁的黄冕便协助林则徐兴办水利。两人获赦后，林则徐被派往甘肃平定番乱，黄冕就协助林则徐造炮。黄冕擅长造炮，是当时的一位专家。太平天国起义爆发后，左宗棠襄助湖南巡抚戎幕，黄冕掌理造炮，左宗棠时常与他一道研究，发明了劈山炮。黄冕有三个儿子都是左宗棠的弟子，其中后来在四川做官的一人，就为左宗棠督办西征军米。第二位是帮助贺长龄编纂《皇朝经世文编》的魏源。林则徐担任两广总督时，魏源是他的幕僚。林则徐曾让人编纂《造炮图说》和《四洲志》，后来魏源应用这些资料和其他的中外记录，于清文宗咸丰二年编成《海国图志》一百卷。这是中国记述外国情形的第一部巨著，总共四部分：一是记述西洋、东洋和南洋各国地理、历史和当时的政治情形；二是记述西洋大炮的铸造和使用方法；三是记述制造水雷和西洋轮船，以及种种西洋实用技艺的方法；四是记录那时朝野人士和魏源本人应付西洋各国的策略。魏源认为：“以夷攻夷，师夷长技以制夷。”又认为：“守外洋不如守海口，守海口不如守内河。”在鸦片战争后几十年中，中国朝野重臣的思想或政策差不多都为魏源以夷制夷和守势海防的议论所支配。魏源又十分熟悉西北掌故，主张新疆建省。左宗棠和魏源交情甚厚，正是在魏源的影响下，他在福建创设船政局，在收复新疆后一意设置行省。而魏源的族孙魏光焘，以后随同左宗棠西征，是建设西北的一个中坚分子。还有一位是先和左宗棠同在张亮基湖广总督幕府，以后曾有一段时间进入林则徐云贵总督幕府的王柏心。他对历代兴亡成败的原因非常了解，并曾周游陕甘各郡县，熟悉蒙、回、藏各族习俗性情。他志向远大，著有阐述他的政事主张的《枢言》。正是在王柏心的鼓励下，左宗棠才决意西征；而左宗棠在西北兴屯等事，也或多或少受王柏心政论的影响。

三、第一次入幕

1. 机遇来临

第一次鸦片战争后，中国社会阶级矛盾因外国资本主义的侵略空前激化。土地兼并越来越严重，许多农民由于被剥夺了土地而流亡各地，形成人数众多的无业流民群和饥民群。部分没有了土地的农民租种地主的土地，地主乘机将地租抬高。为支付庞大的战费开支和巨额赔款，清廷不断增加捐税，使中国人民遭受了深重的苦难。在交纳赋税时，地主阶级自然也由于钱贱银贵而遭受损失。于是他们就利用改收货币地租、增加地租额、隐瞒田产等方法，把自己的损失和负担转嫁到佃户和自耕农身上。广大农民生活困苦，被迫反抗。鸦片战争后的十年间，全国爆发了一百一十多次农民自发的反抗斗争。

由于西方资本主义入侵促使中国社会各种矛盾尖锐化而爆发的太平天国农民起义，提供给左宗棠等汉族地主官僚跃上政治舞台的历史机遇。当时受鸦片战争影响最大的两广和湖南三省，农民暴动最频繁，比其他各省更为动荡不安。身处这个阶级斗争的漩涡中心，左宗棠自然更为深切地感受到这种山雨欲来风满楼的形势。

道光二十六年（1846 年），左宗棠返回湘阴，对县境东南的望塔、白鹤、双狮、梓木诸洞进行了考察，“缘崖涉涧凡三日”，想寻觅一处避难的“世外桃源”。考察后，他认为上述各处“所易得者地利，而难得者人和”。最终，他选中了距左家塅仅仅数里既有平田、又有梯田的廖家坪，认为这里“山场树木成林，亦颇幽险”，虽然位处湘阴、长沙大路，可是离老家很近，“族众一呼可集，又近处廖、吴、刘三姓，皆系历世姻好……人心可恃，百倍于白鹤诸山”。可是由于后来灾害不断，使得他不得不放弃了寻找避难场所的计划。

道光三十年（1850 年）正月，皇子奕詝继承皇位，是为咸丰皇帝。同年，湘阴入翰林院庶吉士郭嵩焘丁忧返乡。左宗棠同他一道周游了东山，选定青山一带作为两家今后避难之所。这里离老家仅十里地，山谷深邃，群峰连绵，洞穴众多，十分理想。这样他二人便有“为山居结邻之约”。

咸丰元年（1851 年）冬，胡林翼给湖广总督程矞采写信，把左宗棠推荐给他，可因为程矞采并未执意相邀，左宗棠态度比较冷漠并不十分情愿。尽管他很想为扭转时局出力，却得不到当局的赏识，便又想退居山林找个避难场所。这样左宗棠便在八月间举家迁移到邑东玉池山的白水洞，郭嵩焘全家也迁居梓木洞，两家结庐以居的约定实现了。当时一道前往白水洞的还有左宗植一家，联襟张声玠的遗孀周茹馨夫人及两个儿子。虽然太平天国召唤“名儒学士”加入起义的行列，可左宗棠却甘心在深山的茅屋中凄惶度日。

这期间时局动荡，入秋后，广西天地会先后将明江、宁明、修仁、荔浦等县攻克，并向桂林逼近。因为太平军起义后广西危急，道光三十年九月十三日（1851 年 10 月 17 日）咸丰皇帝任命林则徐为钦差大臣，前往广西镇压起义军。十月十九日（11 月 22 日），林则徐在广东潮州普宁县病死，清廷又任命前两江总督李星沅为钦差大臣，自湖南前往广西。十月三十日（11 月 4 日）洪秀全领导的太平天国农民起义爆发，在平南县思旺墟与清军首次交战。道光三十年十二月初十日（1851 年 1 月 11 日）即洪秀全 38 岁生日那天，洪秀全在广西省桂平县金田村正式宣布起义，建号“太平天国”，起义军称太平军。之前，清政府并不了解拜上帝会的情况，而全力镇压天地会起义。钦差大臣李星沅进入广西时，金田起义爆发，他只得调集大军，全力攻剿。他派广西提督向荣至桂平前线指挥。太平军奋勇作战，在大湟江口击败围攻的清军，然后转战各地。次年三月，太平军占领武宣县东乡，洪秀全在此地“登极”，正式称天王。五月，李星沅因兵败忧郁而死。清政府派大学士赛尚阿接任钦差大臣，负责广西军务，命广州副都统乌兰泰协助。他们一路追击太平军。九月，向荣指挥的清军被太平军在乎南官村击败。九月二十五日太平军一举攻占了永安州城，这是太平天国金田起义之后夺取的第一座城市。在这里太平军进行了补充休整，初步形成中央政权组织，并颁布了新历法。咸丰二年二月十六日（1852 年 4 月 5 日）深夜，太平军从永安突破包围，重创清军，乘胜北进，包围桂林城，攻城不克，遂于四月初一日（5 月 19 日）撤围北上。四月十六日（6 月 3 日），太平军占领全州。在全州的战役中，南王冯云山阵亡。没过多久，太平军撤离全州，进入湖南，于咸丰二年四月二十五日（1852 年 6 月 12 日）占领道州。在道州，太平军进行整编，铸造大炮和其他武器，扩充队伍，并借东王杨秀清和西王萧朝贵之名发布了《奉天诛妖救世安民谕》、《奉天讨胡檄布四方谕》、《救一切天生天养中国人民谕》等三篇檄文，在当时影响很大，使得各族人民群众积极参加太平军，清朝统治者更加孤立。太平军斗志更旺盛，连克永明、江华，八月十七日占领湖南重镇郴州。

夺取郴州后，萧朝贵率轻兵两千人，以数百郴州地方武装为向导，从小道连克安仁、永兴、攸县、醴陵、茶陵，在咸丰二年七月二十八日（1852 年 9 月 11 日）进攻长沙。太平军占领南门外高地妙高峰，“踞城外高屋发炮弹轰击”。七月二十九日萧朝贵指挥攻城时被清军发炮所伤，延至八月下旬病亡。洪秀全获悉后，于九月初一日亲自统领太平军进攻长沙。左宗棠居住的湘阴距此仅一日的路程。

2. 首幕张亮基

为在湖南遏止太平军，清政府对人事作了重大调动，于咸丰二年五月初四（1852 年 6 月 2 日）命云南巡抚张亮基代骆秉章任湖南巡抚。张亮基，字采臣，江苏铜山（今徐州）人，道光举人。他曾经担任内阁中书、侍读，于道光二十六年（1846 年）担任云南临安知府，后调署永昌，再升云南按察使，于道光三十年（1850 年）迁布政使，擢云南巡抚。次年一月，他又兼署云贵总督。林则徐任云贵总督时，甚为赏识张亮基的才能，曾把张与贵州黎平知府胡林翼比之为自己的左右手，可见林则徐对张亮基的倚信。张亮基为官多年，深切了解清王朝文武官吏的实际能力。那时各省督抚均是以玩笔杆、舞文弄墨而“显达”的，对于行军打仗是一窍不通。所以这次奉调局势严峻的湖南，他深知责任重大，急于搜求能够协助处理军政事务的人才。

幕宾制度在中国封建社会已经存在了一千数百年，实质上是各级统治者网罗地主阶级才智之士，协助主官进行决策和处理军政事务，以更有效地发挥各级军政机构的专政职能，维护和加强地主阶级对劳动人民的统治。这种用人制度一直延续到清代。主官以宾师之礼而不以属吏相待，以充分发挥他们的顾问和参谋作用。左宗棠这个地主阶级的“绝世奇才”，就凭这种特殊的身份走进了官场。

胡林翼和左宗棠不但是姻亲而且是挚友，一向十分钦佩左宗棠的才识，所以获知张亮基抚湘并渴求人才后，就列名推荐乡中有真才实学的人士，在推荐信中对左宗棠赞赏有加。依照《胡文忠公集》记载，他在《上张石卿中丞书》中云：

> 前举衡湘之士七人。左子季高则深知其才品超冠等伦，曾三次荐呈。此人廉介刚方，秉性良实，忠肝义胆，与时俗迥异。其胸罗古今地图兵法，本朝国章，切实讲求，精通时务。访问之余，定蒙赏鉴。即使所谋有成，必不受赏，更无论世俗之利俗矣。

张亮基十分看重胡林翼的推荐，在由云贵进军长沙的途中，就先后三次派专人去湘阴聘请左宗棠。当时避居白水洞的左宗棠对封建官场的积弊十分清楚，一向对那些无能腐朽的大僚十分鄙薄，这个时候他对张亮基也有所疑虑，而且还准备进一步观察一下形势，就复信辞谢。胡林翼获知后，立刻写信敦劝左宗棠出山。他在信中说：

> 张中丞两次专人备礼走请先生一阻于兵，一计已登览，昨得中丞八月廿三日乔口舟次信，言‘思君如饥渴’，中丞肝胆血性，一时无两。林文忠荐于宣宗皇帝，以是大用。先生最敬服林文忠，中丞固文忠一流人物也。去年冬，曾以大名荐于程制军，而不能告之先生，固知志有不屑也。林翼非欲浑公于非地，惟桑梓之祸见之甚明，忍而不言，非林翼所以居心。设先生屈己以救楚人，所补尤大，所失尤小。区区愚诚，未蒙深察，且加诮让，且入山从此日深，异哉！先生之自为计则得矣……先代积累二百年，虚生此独善之身，谅求心所不忍出也。张中丞不世奇人，虚心延访，处宾师之位，运帷幄之谋，又何嫌焉。设楚地尽沦于贼，柳家庄、梓木洞其独免乎？

这封既有劝说又有批评，既是朋友又是亲戚的来信，终于把左宗棠打动了，而且同住山中的郭嵩焘和左宗植也不断地加以劝勉。另外，长沙守备江忠源也来信敦促。左宗棠于是决定应聘出山。八月十九日（10 月 2 日），他与张亮基一同到达长沙城外。廿四日（10 月 7 日），张亮基进入长沙城，左宗棠也接着潜入。二人相见于围城之中，张亮基马上让左宗棠掌管全部军事，左宗棠则以抚署幕宾的身份替张亮基献计献策。

3. 初显才能

长沙被太平军围攻近三个月。在此期间，左宗棠“日夕区画守具”，大多数计策都被采纳。张亮基《年谱》在谈到左宗棠帮助其办理长沙城守一事时说：“调发兵食，在省城设立军需总局支应一切。檄在籍知县黄冕专任南域防。自是稽保甲、清监狱、筑月城、开内壕、制兵械、增守具、诸务毕举。”凭借自己的真实本领，左宗棠一出山，便在长沙之战中显示出人所不及的杰出军事才能，这主要体现在两件事上：

一是他献计张亮基向西渡过湘江，据守龙回潭、土墙头，将太平军粮食补给线及其西进之路切断。应该说，这是一条意欲全歼太平军的毒计。因为龙回潭是长沙西南通湘潭、宝庆，西北通宁乡、常德的咽喉要道。太平军的主力背靠湘江驻扎于长沙城南，而几万清军东北两面又虎视眈眈。要是真能实现此计，太平军很可能全军覆没。张亮基两次传令城外清军依计行事，可清军总兵常存、马龙拒不遵命，龙回潭等地最终被太平军占领了。左宗棠不得不与江忠源等一道，借助炮火优势死守长沙城。连攻 80 多天，太平军也未能攻占长沙。到九月下旬，长沙城外各路援军赶到，城内城外的清军已达五六万人之多。依据“略城堡，舍要害”的原则，太平军于十月十九日主动撤围北上，渡湘江，通过龙回潭，经过宁乡挺进湖北。到了这时，清军各将帅才对没能照左宗棠的计策行事，错失全歼太平军的良机而后悔不已。左宗棠这一计尽管没有实现，可是他那过人的军事才能已经显示出来了。

对此，《左宗棠年谱》有这样的记述：“公日夕区画守具，言于张公曰：‘贼背水面城，援师既扼其东北，已自趋绝地。惟西路之要在土墙头、龙回潭。贼时过江掠食。先以一军西渡，扼其他窜，可一鼓歼也。’江公忠源亦以为言，张公深题之。于时，援师壁城外，十总兵督师未至，莫相统摄。张公先后檄总兵常存、马龙，以所部西渡，皆畏贼不战。已，督师赛尚阿公以内召过长沙。张公乃自遣提督向公荣赴西路督战。向公既渡江，迁延不进。寇益遣其党西屯水陆洲为援应。向公已乃击洲上寇，中伏而败。而攻城寇穿地道益急。公请调邓绍良、瞿腾龙率八百人入助守。丙辰，南城地雷发，邓绍良所部力捍之。十月，丙戌，地雷发金鸡桥，和春公江公忠源自城外堵之。寇专恃地道攻城，既再被创，内谋他窜。会新帅徐公文缙至衡州，遣提督福兴来湘潭。公白张公为书，速福兴督所部疾出河西，扼龙回潭，而先遣知府朱启仁筑垒以待。福兴竟不至。张公愤欲自督兵往，公与江公力赞之。而以寇穿地道尚急，未竺。至乙未，南城地雷裂城至八丈，复为翟腾龙所堵御。寇计穷，越一日，丙申，遂乘风雨暗渡，窜龙回潭而去。”

二是太平军撤围后，浏阳“征义堂”会党聚众四千余人起义。左宗棠制定了镇压计划，建议张亮基运用攻心政策加以分化瓦解，在军事行动上，则强调一个“快”字，张亮基令知府江忠源按照左宗棠的计划行事。

对于此事《左宗棠年谱》这样记述：“‘征义堂’者，乱民周国虞、曾世珍等所立会名也。始假团练为名，阴署徒众，为暴已久。寇围长沙时，廪生王应蘋获其通寇书，国虞等杀之，逆迹大露，浏人赴愬江西。江西巡抚咨请捕治，这吏皆重发难，而知县犹保明其无异志。已，又奉密旨捕反者。会江公忠源平巴陵土寇晏仲武旋师，公乃密缄为方略，驰付江公。江公遂自平江取间道入浏阳，既筑垒，遽张示捕诛巨魁，宥胁从。知县大骇，发急禀，诣省城，请益兵。当筑垒时，国虞等阴觇官军少，以为易与。越日，遽率众数千来扑营，江公遣一营卫县城，而自督两营拒战，大破之。下令良民诣营领牌者，贷死。其夜解散至数千，逐进逼其巢，获寇目曾世珍、朱兴祥等，斩以徇。歼其党七百余人。用兵十二日而事平。”

初次出山左宗棠就凭借两个高明的计策而建立累累战功，声名越发远播。

张亮基礼聘左宗棠入幕，不仅是由于胡林翼的多次推荐和张本人不谙军事，而且因为其欲动员和依靠地主阶级的社会力量，一道拯救危局。那时统治阶级上层已非常腐朽，而湖南各级地主政权早已无力制止社会危机的蔓延发展。这样，在维护旧秩序上，地方封建势力就越发重要。一些地方官吏也越来越倚重新起的封建士子。例如新宁县境举人江忠源组织职业性的地主武装，对境内外“匪寇”进行镇压。正由于湖南有这个特点，故而张亮基刚就任巡抚，胡林翼就明确地建议张亮基用“士”而不任官。而张亮基也看到了这批湖南新起的地主阶级开明士绅的潜在力量，故而明智地作出了倚任“湖南绅士”的决策，才识出众的左宗棠最为他所赏识。这是一个迎合了中下层开明绅士经世济用的政治要求的重大决策。左宗棠也深怀感激和知遇之情，他们主幕齐心协力，终于挽救了清廷在两湖地区的局势。

咸丰二年十月廿二日（1852年12月3日），太平军占领益阳城，几千船户带着船只参加太平军。太平军乘船出临资口，渡过洞庭湖，于十一月初三日（12月13日）夺取两湖咽喉重镇岳州（今岳阳），大量大炮火药被太平军缴获。当地船户率民船3000余艘参加了太平军，太平军为统率水营增设了“典水衙”一职。十一月十二日（12月22日），太平军夺取汉阳，十一月十九日（12月29日），攻克汉口，接着自汉阳晴川阁至武昌府汉阳门之间建造了一座横跨长江的浮桥。十二月初四日（1853年1月12日）黎明，太平军由地道轰城，将文昌门炸毁，城墙倒塌27丈，武昌府城被太平军乘势攻占了。湖北巡抚常大淳被杀。武昌城内爆竹如雷，数万城乡群众、农民、船夫、矿工等参加农民起义队伍，太平军一时声名鹊起。左宗棠得知后，对清军将帅的无能非常愤慨。在给女婿陶桄的信中，他说：“闻信之余，不胜骇叹，孤城被围二十余日，在外救援之师，不能乘机疾进，在内防堵之师，不能严密固守，致蠢兹小丑竟敢猖獗至此，殊为可恨！”

张亮基因“保全湖南”有“功”，于咸丰二年十二月二十六日（1853年2月3日）升任湖广总督。

太平军短期休整之后，于咸丰三年正月初二日（1853年2月9日）撤离武汉，十一日攻占九江，十七日夺取安庆。太平军攻无不克，战无不胜，清军望风而逃。张亮基前往武昌赴任，坚邀左宗棠同往。这样左宗棠随张亮基于正月廿二日到达武昌。武昌官署民房全被焚毁。张亮基到任后，让左宗棠全权处理军政要务。张亮基还奏报朝廷左宗棠防守湖南有功，得旨以知县用，并加同知衔。左宗棠出于对张亮基的知遇感和对农民起义军的仇视，废寝忘食地工作，尽管心力交瘁，却绝不推脱。

六月（7月），左宗棠随张亮基前往黄州，在田家镇设防。在左宗棠的指挥下，八月（9月），三千武昌疲弱兵勇在团风镇设伏，击溃由河南进入湖北的北伐太平军余部，取得“奇捷”。后来张亮基因为得罪了满洲贵族胜保而被免职，九月（10月）调任山东巡抚。当时，两湖官绅都将左宗棠视为诸葛亮式的人物。张亮基前往山东时，仍然坚持邀请左宗棠和他一道前去。可左宗棠不愿离开自己所倚托的三湘士绅，所以在张亮基离鄂之前，于九月初四日（10月6日）与同在幕府的王柏心辞归。返家途中，在王柏心家短暂停留。九月二十二日（10月24日）到达湘阴县城，第二天，回到白水洞家中。

四、第二次入幕

1. 再幕骆秉章

咸丰三年二月十一日（1853 年 3 月 20 日），太平军夺取南京，改南京为天京，宣布建都天京，并于四月初一日（5 月 8 日）从扬州出发，开始北伐。五月初七日（6 月 13 日），太平军攻取河南归得府（今商捕），在巩县、汜水之间渡过黄河，受阻于怀庆，于是从济源进入山西，接连攻陷郡县，再东入河南，由武安人直隶，并于八月廿七日（9 月 29 日）占领临洺关，接着乘胜北上，于九月十一日（10 月 13 日）到达离保定不过六十里的张登镇，使得北京大为震动。北伐军根据洪秀全的战略部署，从藁城东进，于廿七日（11 月 9 日）夺取天津附近的静海县。咸丰四年正月初八日（1854 年 2 月 5 日），北伐军因粮食、棉花不足，自静海撤出，向南返回。

新任湖南巡抚骆秉章得知左宗棠返乡的消息，便屡次诚心诚意去左宗棠家中相邀，左宗棠推脱不允。由于左宗棠坚决推辞，骆秉章不得不连“苦肉计”都用上了。

清代朱孔彰撰《中兴将帅别传》卷十四《骆秉章传》记载：“左文襄公方为举人，公欲罗致之而不肯出。乃假捐输事拘陶文毅公之子入署。文襄遽出争辩，公笑曰：‘正欲公出耳，陶公子岂敢加以非礼?’于是谈笑甚相得，文襄逐出佐戎。知无不言，言无不行，湖南之强自此始。”

《纪左恪靖》也有类似记载：“及骆文忠公秉章为湘抚，屡聘，坚辞不就。文忠知陶公子为公爱婿，乃束约入署，馆于后圃。而使人扬言于外，谓抚军勒使公子捐资钜万，以助军饷，否则将加锓辱矣。公闻大骇，急赴抚署，投刺请谒。文忠倒履迎之。直入后圃，则公子在焉，栋宇辉煌，供张极盛，如礼上宾。公知文忠将为此以饵己也。感其诚意，允佐戎。文忠喜，向公子道歉，以仪仗归第。”

后来左宗棠回忆说：“谐门中丞及司道府县诸公，三遣使币入山，敦促再出。时逆贼披猖，已陷岳州，而南距长沙七十里耳，不得已，勉为一行，四年三月初八日人署。”骆秉章在《自订年谱》中说：“上年（按：指咸丰三年）冬，左季高先生自武昌回湘阴。屡次函请到省帮办军务，不就。四年三月，同伊婿陶桄到省捐输，极力挽留，始允入署襄办，仍不受关聘。”《清史稿·左宗棠传》则比较简约：“骆秉章至湖南，复以计劫之佐军幕。”

在北伐的同时，太平军还开始了西征。咸丰三年四月十二日（1853年5月19日），春官正丞相胡以晃、夏官副丞相赖汉英等率军溯长江西上，接连占领和州、裕溪口、西梁山、芜湖、池州，于五月初四日（6月10日）夺取安庆，直入江西，将南昌围困。八月廿七日（9月29日），西征太平军夺取九江，然后兵分两路，于九月十三日（10月15日）在田家镇大败清军，十八日（10月20日）再次占领汉口、汉阳。没过多久石祥祯等退守蕲州、黄州一带。腊月十六日（1854年1月14日），在皖北战场，西征太平军第二次占领庐州。咸丰四年正月（1854年2月），皖北战场的西征军又进攻湖北，十五日（2月12日）大败清军于黄州，湖广总督吴文镕因兵败自尽。十九日（16日），太平军第三次攻克汉口、汉阳，又于二十日（17日）夺金口，湖北按察使唐树义战死。西征太平军又分兵两路：一路由曾天养统领，进攻湖北西部；一路则渡江进攻武昌，挺进湖南。这路人马在渡江之后再次兵分两路：一路于五月十三日（6月26日）再度占领武昌。石祥祯、林绍章率领另一路进入湖南，从二月初一到十三日（2月27日—3月11日），接连夺取岳州、湘阴、靖港、宁乡，长沙震动。

据说当西征太平军夺取湘阴县城后，曾经到梓木洞捉拿左宗棠，没有成功。左宗棠也感到白水洞并非久居之处，于是带领一百名湘勇，护送家眷前往湘潭，可太平军已经攻取此地。左宗棠不得不举家避难辰山。左宗棠带着女婿陶桄以捐输为名去了长沙，此举正合骆秉章心意，他欣喜万分、全力挽留。这样，三月初八日（4月5日）左宗棠又接受礼聘，进入湘抚幕府。

2. 尽展抱负

左宗棠入幕之后，其才能让骆秉章十分佩服，于是，他将巡抚大权拱手让与左宗棠，让左宗棠全权操办各项事宜，自己不再检校。这样，他不过是虚顶着湖南巡抚的牌子，其对左宗棠依赖程度之重，信任程度之深，成了晚清官场中的一段佳话。许多私家笔记生动地记述了这些事。例如薛福成在《庸庵笔记》中说：“骆公每公暇适幕府，左公与幕宾二、三人慷慨论事，证据古今，谈笑风生，骆公不置可否，静听而已。世传骆公一日闻辕门举炮，顾问何事？左右对曰：‘左师爷发军报折也。’骆公颔之，徐曰：‘盍取折稿来一阅。’此虽或告者之过，然其专任左公可知。惟时楚人皆戏称左公曰‘左都御史’，盖以骆公官衔不过右副都御史，而左公权尚过之也。”王闿运也说：“巡抚专听左宗棠，宗棠以此权重，司、道、州、县承风如不及矣。”又说：“骆秉章委事左宗棠，湖南诸将伺宗棠喜怒为轻重。”清人徐综干所撰的《归庐谈往录》中说：“左宗棠事无大小，专决不顾。文忠日与诸姬晏饮为乐，文襄当面嘲之曰：‘公犹傀儡，无物以牵之，何能耶?’文忠干笑而已。当夜半创一奏草，叩文忠内室大呼。文忠起读叫绝，更命酒对饮而去。监司以下问事，辄报请左三先生可否。”而左宗棠亦本着“其人之当官处事惟争是非，争利害，庶几怀抱进退有据，仕止久速委诸命，可与不可衷诸义”的信念行事，“毅然任劳怨，谤议颇起，然未尝稍自卸”，当仁不让地挑起掌理军政的担子。从咸丰四年三月初八日（1854 年 4 月 5 日）到咸丰九年十二月廿日（1860 年 1 月 19 日）的前后将近六年的时间里，左宗棠威震湖南。据说那个时候湖南全省“文武官员，地方乡绅得不到左的赏识的就不得意；而得到左赏识的，则春风得意”。左宗棠充分利用掌握湖南巡抚职权的千载难逢之机，干脆全力以赴，以实现其经天纬地的抱负。

从太平天国农民战争时期开始，湖南在全国的经济、政治和文化生活中的作用和地位发生了明显的变化。促成这一转变的重要因素是以幕客身份掌理湖南军政的左宗棠在这一时期的“经世”活动。

（一）政治措施

在政治方面，左宗棠不仅加强地方基层政权，使对农民的控制和镇压有效地加强，而且更根本的是动员了地主阶级这股反动的社会力量。封建王朝的支柱是地主阶级地方封建势力的向背，影响着封建王朝的兴衰治乱。尽管二者的根本利益是一致的，可是只要中枢封建政权的统治力量被削弱，趁势崛起的各地的地主豪强或者叛变，或者割据一方，甚至企图争夺全国政权。高明的左宗棠全面推行一条依靠地主士绅的方针路线，破除陈陈相因的“文法”，广泛动员地主阶级的代表人物和才智之士，并在经济、政治等方面尽可能顾全各阶层的利益，由此得到他们的拥护，加强了地主阶级内部的团结，从而使清王朝成为国内战争的“胜利者”。从地主阶级的根本利益出发，他在湖南推行不同于他省的政策方针。其中最根本的就是依靠和动员整个地主阶级的力量来治政、治军、治财，一道挽救封建统治危机。他的基本方针是发动和依靠地主士绅和有能力的中小官吏，委以军事、政治和经济重任，以挽救眼前的危机，并开辟一条新的起用人才的途径，希望能够改变地主阶级国家机器运转不灵的现状。但他的这种做法有违清朝世代相承的官员升贬制度和用人制度。于是他通过巡抚张亮基上奏朝廷，得到“遇有出力绅民，即行破格保奏”的特殊权力，令这条依靠地主士绅的组织和政治路线在湖南最终执行下去。这一路线主要有以下几方面的内容：

举办团练和强化保甲制度

办团练是清王朝在南北各省区共同的“弭乱”方策。可湖南异于各省之处在于：其一，左宗棠在这个问题上的认识与朝廷意见不仅有一致之处，而且有独到见解。他认为，“欲遏贼势”必“先固民心”，而依靠豪强地主，鼓励和配合他们举办团练和强化保甲组织是“固民心”的主要办法之一。在执行清王朝举办团练这一命令方面，他自觉主动，积极配合团练大臣曾国藩，在湖南城乡广办保甲和团练，“妙选廉正绅士”出任团练首领。

其二，别的省区主要是从军事需要上着眼督抚，以“补兵力之不足”，而且所办团练要么虚应故事，要么成为地主豪绅争权夺利的工具，有的甚至抗官抗粮。左宗棠、曾国藩等在湖南办团练，主要着眼于政治，力求扬长避短。他们分开“团”“练”，而着重在“团”，主要是实行保甲制度，清查户口。

这样，密切地把绅权和族权结合起来，除此以外，还强化地主阶级的基层统治，重新组织起以地主士绅为核心的，以严格打击农民为职责的基层政权，这种做法既与其他省区不同，也异于从前单单“为州县传宣教令，供贱役而已”的保甲制，使得道光年间“盗贼太众、良民难安”的局面初步改变了。

整顿吏治

其一，通过张亮基、骆秉章上奏，将一批又一批的贪庸守令和将领参劾和降革，仅咸丰四年（1854 年）一年就“劾奏失守镇道以下十八人，与属吏更始”。其二，对于那些“勤恤民隐，严锄匪类”，“严行团练，待公正绅士以礼”，“勤理词令”，即对能贯彻执行左宗棠制定的方针政策者加以保奏，破格升擢。左宗棠极力主张“广用奇吏填抚府县”，“用人行政，一切破格行之”。这就使社会矛盾在一定程度上得到了缓和。其三，召见、拜访士绅，征求意见以促进官绅之间的沟通。同时，也让他们及时将地方情况上报。这在另一方面也使“官”与“绅”的矛盾得到了调和，地主阶级基层政权的镇压职能得到加强。所以，在“天下大乱”之时，湖南却能保持多年相对的“平静”。其四，充分发挥州县政权的镇压作用。为不致为规避处分而“讳盗”“纵盗”，便令州县官吏无所顾虑地捉拿所有反封建的“盗匪”，通过张亮基奏准，左宗棠为各州县官吏提供各种条件，并减轻处罚，同时又命令各府县，如无力自行查办会匪、盗贼、痞棍，可迅速上报省府，而省府一旦获报，马上派兵“围剿”。

（二）财政改革

在财政方面，对赋税征收办法进行改革，使财政收入大幅度地增加。左宗棠任湘幕期间，湖南境内形势好转，可邻省广东、湖北、广西、江西仍处处告警。当时湖南需要供应出省作战军队的所有军械、粮饷、船舶等。只是，军饷开始几年每年需银一百数十万两，以后增至二百余万两。而内陆的湖南，其财政收入主要是全年不过八十万两左右的田赋，根本满足不了本省和协济外省的军事需要。当时各省各军广泛采用举办厘金、整顿钱漕的搜刮手段，但左宗棠等倡导另具特点的“筹饷”办法，依靠地主士绅是最主要的方针。

第一，抽厘。咸丰五年四月（1855 年 5 月），骆秉章委托左宗棠亲自部署设置厘金局，向商贾征收税款以充军饷，左依照当时财政支出情况，决定按百分之二开征厘金。但湖南创办厘金没有像别的省区那样依靠官员胥吏，而是征召所谓廉洁朴实的士绅来管理。其在省局虽有官员，可只是挂有虚衔，而绅士郭嵩焘等操纵实权；在省境各地，尽管是“用官而兼用绅”，事实上却以绅为主。这种办法，在政治上能够进一步动员地主士绅，选拔和安插了一批遗才，使他们加入到反对农民起义的行列中来；在经济管理上有利于免除“向来衙署、关务一切陋习”，在一定时期内使胥吏的中饱和勒索相对地减少了。这些官绅熟悉本地情形，也没有什么权威，所以地方官吏和豪绅监督较为容易，而且衙署关务的一切旧规章也都废除了。左宗棠办厘金不派私人，给各卡局在事官绅薪水丰厚，使得他们衣食丰足而廉洁奉公，同时加强道德引导使其不侵吞欺诈。同时对各关与厘税收支情况严加考核，按月张榜公告，由省厘金局统计总的收入，专门充实军饷，并由水师船和“民兵”来护卫商旅。可见，与其他省份由官府办厘相比，湖南的办法确实更为有效。咸丰六年四月（1856 年 5 月），湖南在宜州、郴州设局抽取货厘、盐厘，随后又在岳州和各府遍设厘局。厘金的实行，尽管暂时缓和了清廷和地方的财政危机，可这种沉重的经济勒索，令人民负担沉重，并严重阻遏了商品经济的发展。

第二，减漕。湖南的赋税征收相当混乱，地方官吏横征暴敛，人民负担沉重。按照规定，漕米折银，每石为一两三钱。可因为繁重的浮收勒索，湖南漕粮每石竟高达六两之多。中小地主家庭出身的左宗棠对此早有切身的体会。这种情况常常激起城乡人民的抗官、抗粮斗争，激化社会矛盾。因此必须改革旧的钱粮征收办法。这一年，湘潭举人周焕南前往湖南藩司，要求对征收钱粮章程进行核定，目的是想固定法定赋税之外的附加额，以免不断增派。左宗棠知道后，说服骆秉章将周焕南的建议采纳，漕粮征收之数，每石以三两为限。这在一定程度上减轻了农民的负担，并充实了军饷，多少也补充了各县开支，一扫以前那种浮收滥取，漫无标准的弊病。这样，不仅调整了地主阶级内部的紧张关系，也令本已十分尖锐的阶级矛盾暂时缓和了。

此外，清朝统治者从咸丰三年（1853 年）起开始滥发“当千”“当五百”“当百”“当十”“当五”等价值不等的大钱以解决财政危机，造成金融混乱，给社会经济带来严重危害，使百姓尤其是广大农民深受其害。湖南在第二年也随着铸造大钱。根据市场的反映，左宗棠很快就断定大钱不能铸发，骆秉章采纳他的建议，停用大钱并按一定的比例回收境内已发的大钱。以后湖南拒而不用户部发来的八万两面值的钞票，使湖南百姓少受损失。

左宗棠在湖南理财，为湘军在江西战场上的胜利提供了保证。湖南的财政政策相对有利于稳定社会经济，而且战事又少，故而湖南被邻省的地主商人视为乐土，一时间，商业出现畸形的繁荣，出现了一批“刻意经营，顿成殷实”的商业资产者。整顿田赋之后，收数较定额增加四五成，并补征完咸丰初年以来的全部赊欠。如此一来，本省不断增长的军政需费不仅能满足，而且还可以不断地筹解余饷，给湖北、江西、广东、贵州等省以巨额接济（计每年在二百万两以上）。湖北在军事和财饷上也依靠湖南的大力接济和支援。

（三）军事方略

在军事上，左宗棠从一开始就从军事斗争的全局着眼。他规定了“内固疆圉，外救邻封”的战略任务，逐渐地将地主武装扩编，并统领各支军队“内清四境，外援五省”。

第一，扩编地主武装。

左宗棠和湖南新崛起的一批地主阶级代表人物如胡林翼、曾国藩、刘蓉等，决心一边大办团练以加强地主阶级基层统治，一边集中主要力量去建立一支有战斗力的正规军。左宗棠认为，统将是否得人心是军队战斗力强弱的关键。他认为编练新正规军之事，必须由那些与农民起义军仇深似海的地主士绅编领。因为这些大多深受程朱理学熏陶的封建士绅，受官场及旧营勇腐败风气的熏染较少，必能为维护旧秩序竭尽全力。故而左宗棠在鼓励地主士绅组织团练的过程中，就注意寻找合适人选。还在张亮基任湖南巡抚时，清政府就命在籍礼部侍郎曾国藩帮办团练，曾国藩以团练大臣的身份负责编练新军。左宗棠考虑到湖南防守力量不足，一面裁汰老弱残兵，一面力主运用地主士绅选募本地乡民组建地主武装，并选中湘乡团练首领罗泽南和其弟子王鑫，令其编练一千名乡勇开赴长沙，准备在此基础上编练新的地主武装。后来，曾国藩便以这一千名乡勇为基础进行扩编，建立湘军。左宗棠把镇压太平天国的希望主要寄托在湘军身上，他在物力、人力、财力上不遗余力地接济这只部队，使该军由几百人增加到三千余人，成为“清四境”的主力。加上李辅朝、刘长佑、萧启江、蒋益沣等各支湘军，共三万人左右。

由于“筹饷”问题被他比较“成功”地解决，他又在政治上对整个地主阶级进行了动员，尤其得到了中小地主阶级的拥护，甚至一部分自耕农也被诱惑，故而，前后投入湘军的湖南农民达几十万。湖南一边全力支持曾国藩的湘军，一边在本省各地编练了六十多营的军队，以北、中、西三路进攻境内或邻省的农民起义军。

第二，“内清四境，外援五省”。

咸丰四年二月（1854 年 2 月），岳州大捷后，太平军气势大振，湖南境内的各股反清势力再度复兴。这样，太平军决定进取长沙。太平军决定先攻取离长沙五十里的靖港和离长沙九十里的湘潭，为夺取长沙打好基础。

那时，太平军猛烈攻击，绿营兵溃不成军，清廷在湖南唯一可依赖的军事力量是曾国藩所率领的湘军。而岳州一战，湘军死伤七百余人，曾国藩又裁汰了一千余人，只有七八千人可供调动。那时太平军的作战计划是：首先将曾国藩的湘军歼灭，然后夺取长沙城。若要实现计划，关键在于阻止曾国藩入驻长沙城，因为只要曾国藩退守城防坚固的长沙城，那就将是一场持久的攻坚战。

基于这种作战思想，太平军不久又发动了攻打湘潭的战役。湘潭有着极其重要的军事地理位置，物产非常丰富，城内有着充足的粮草，可只有五百守兵。所以一旦太平军进攻湘潭，湖南巡抚骆秉章必然会请求曾国藩率部救援，这样，在湘潭城下彻底将湘军消灭的目的就可达到了。太平军将领林绍璋带着七千人先赶到了湘潭城下。那时守卫湘潭的长沙协右营守备崔宗光毫无准备，得知消息后，他赶紧带着五百守兵赶上城头。可这些守兵斗志全无，被太平军将士的浩大声势吓得惊慌失措。于是，不久太平军夺取湘潭城。

湘潭失守，急坏了骆秉章。他急忙找曾国藩，请求他带兵夺回湘潭。曾国藩认为攻取湘潭是上策，他决定攻打湘潭，于是派蓝翎守备周凤山、补用副将塔齐布带一千三百余人前往湘潭，又派候补知府褚汝航等率五营水师前往，并决定第二天自己亲自领两千多人前去增援。

可是，就在曾国藩决定集中兵力夺取湘潭的当晚，一个长沙县团练的士绅前来报信说，只有几百太平军驻守靖港，并且毫无防备，可轻易歼灭，并且团练还专门修了浮桥，欲借湘军吓走太平军。获悉这一消息，曾国藩心中又重新燃起北进武昌的想法。他想，湘军未必能收复湘潭，但聚歼几百名太平军却不费吹灰之力。何况，进攻靖港也可阻止靖港太平军前往湘潭救援。这样，曾国藩决定改变计划，攻打靖港。

曾国藩此举正好中了太平军的计。太平军算到曾国藩自岳州兵败后非常想打胜仗，因此在靖港设下埋伏。地处沩水入湘江口的靖港，水流湍急，船只难以逆流而上。河的对岸是树林茂密的铜官山，尤其适于设伏。太平军是在岳州之胜后乘势拿下靖港的，这时靖港好像只有几百太平军，而实际上铜官山中还悄悄隐藏着两万人马的太平军，静待曾国藩入套。

4 月 28 日上午，湘军水陆两支人马及部分当地团丁五千余人气势汹汹地到达靖港，可是，进入靖港时，他们却发现街上空无一人。正在纳闷之时，一阵密集的炮火轰来，部队马上乱了阵脚。这时，在铜官山埋伏的两万太平军如下山猛虎般杀奔湘军。同来的团丁一见太平军，马上四散而逃，引得湘军陆师也向后奔逃。正为中计而后悔的曾国藩见部队不战自溃，十分恼怒，便来到浮桥前沿，插下一面旗帜，手拿宝剑，高喊：“有过此旗者斩!”可逃命心切的湘勇们丝毫不理会曾国藩的话，依然不断后退，并争先恐后地抢夺浮桥而过。浮桥桥板因为争抢过于剧烈而毁塌，有人跌落水中。见陆勇溃不成军，水师将士便不等号令，也开始升帆逃窜，还朝岸上胡乱地开炮。

曾国藩眼见无力挽回败局，便慌乱地随着溃船败逃。不曾想，这时又刮起了西南风，逆流而行更是困难万分。眼见湘勇兵败的惨状，耳闻阵阵“活捉曾剃头”的喊声，心中想着此次惨败将会带来的巨大耻辱，曾国藩觉得再无理由苟活下去，便步出船舱，双眼一闭，跳入湘江。后被救起。

太平军尽管取得靖港大捷，可南线却失利，四月初五日（5月2日），湘潭失守。湘潭之役是影响全局的关键战役。太平军失败后，不得不转入退守。而湘军则凭借这次战役的胜利，度过了困境，扭转了整个战局，开始取得主动，并借机东下，把战场转向湖北、江西。

六月初二日（6月26日），西征太平军占领武昌，掌握武汉三镇，如能将武汉守住，西线依然可为。此时曾国藩正全力争取主动，他补充、整顿湘军之后，便派水陆师共两万多人北上，发动第二次攻势，太平军陆战失利，退走武昌。曾国藩也返回长沙，准备出湘作战。在此期间，曾、左二人接触频繁，左宗棠整天忙于补充给养，增造战船，为湘军出境作战提供了后勤保障。八月二十三日（10月14日），湘军占领武昌。接下来太平军连连败退。

十一月中旬，湘军到达九江城外。此时因湘军连战连胜，曾国藩洋洋得意。而当鄂、赣战局不利于太平军之时，翼王石达开率援军急速西进，冬官正丞相罗大纲也自饶州领兵前来汇合。石达开找到湘军的弱点，故意将湖口守兵撤开，欲将湘军水师的一部分从长江诱入鄱阳湖。不出所料，咸丰四年十二月十二日（1855年1月29日），湘军水师从湖口冲入鄱阳湖。石达开、罗大纲等马上在湖口设卡、筑垒，再度将湖口封锁，使得湘军水师被分割为外江、内湖两部分。而留在长江中的都是笨重难行的大船，战斗力大大削弱。石达开趁此良机，于十二月二十五日（2月11日）半夜率领西征军乘夜驾轻舟逆流而上，在九江江面烧毁百余只湘军战船，甚至俘获了曾国藩的“坐船”，并击毙管驾官、监印官。湘军辎重全部丢失，溃不成军，曾国藩逃至南昌。

太平军自湘潭战役以来连败的战局因湖口、九江大捷而扭转了。湘军水师只剩下百余只破船，退回武汉修补。太平军乘势西进，第四次占领汉阳，第三次夺下武昌。为了扭转战局，曾国藩大力充实、修补其水师，使其增加到十个营四百余只战船，并购得二百尊洋炮，调遣陆军，下定决心，准备夺取已被太平军占领的武昌。石达开见曾国藩集中全力夺取武昌，遂乘虚进击江西，于咸丰六年二月十八日（1856年3月24日）攻克战略要地樟树镇，夺取南昌就在眼前。曾国藩就要全军覆没了。

为救曾国藩，左宗棠建议骆秉章采取全线出击的战术，分兵三路，齐头并进，意图投入重兵，将局面迅速打开，并以攻为守，撤湖南东线之防。可那时湖南多线作战，兵力不足，一时无法组织三路人马进攻江西太平军。骆秉章先任命即选道、江西补用知府刘长佑为总领，率兵五千两路进军，前往救援江西。刘长佑部于咸丰六年正月廿三日（1856 年 2 月 28 日）自长沙出发。这时候，左宗棠由于“接济军饷功”被任命为兵部郎中，并赏戴花翎。二月，刘长佑部占领萍乡。四月，萧启江部攻取万载。十一月底，刘长佑经过五个月苦战后，夺取袁州。这时骆秉章采纳左宗棠三路进攻的策略，新辟南线战场。

太平天国发生天京事变后，石达开回京辅政，而这时江西的临江、瑞州、抚州、吉安四座军事重镇仍牢牢控制在太平军手中。临江、瑞安地处江西腹地，被称为江西的根本。左宗棠认为，临、瑞应是湘军的主攻方向。咸丰七年正月（1857 年 2 月），刘长佑从新瑜、萧启江从上高出发，从西南、西北两面合击临江。五月又调王珍率部增援江西。到咸丰七年（1857 年），湖南全境宣告“肃清”。接着刘长佑、蒋益沣等部共一万数千人奉命进入广西。

这时太平天国领导集团再次分裂。由于天王的猜忌，石达开出走安庆，另立门户，并在八、九月间从安庆经建德入江西，顺鄱阳湖及赣江南下，十月到达永吉，声势浩大。对太平军在江西的攻势，左宗棠“以守为战”。当石达开领兵进入湖南时，左宗棠小心谨慎，他传令各郡县，命在籍湘将召集人马予以抗击，并全力拼凑军队，仅仅一月功夫竟调集了四万余人择隘设守，由布政使刘长佑统刘坤一、江忠义各军在湖南布防，刘坤一驻扎祁阳，以衡阳为屏障。湖北巡抚胡林翼以及在江西的曾国藩也都派遣水陆军支援。石达开围攻宝庆（今邵阳）两月余不克，于是退入广西境内。在此之后一直到左宗棠离开湖南之日，湖南全境基本上未有战事。

由于编练了新的精悍武装，加上左宗棠“晓畅兵机”，指挥得法，故而能“内清四境，外援五省”，较顺利地将预定的战略目标完成了。曾国藩的湘军主力也由于有湖南这个巩固的战略后方、战略基地而一意“东征”进剿。左宗棠在剿灭以太平天国为首的农民起义高潮中为清政府建立了独特的“功绩”。

对湘幕中左宗棠所起的作用，《湘军记》的作者王定安评论道：“宗棠刚明有智略，幼读书究心舆地，风以诸葛亮自负。秉章资其赞画，内绥土寇、外协邻军；东征兵源饷源倚之为根本。湖南屹然强国矣！”左宗棠对自己湘幕七年的所作所为也颇感自豪和欣慰。

可是，仔细考察左宗棠在湖南所推行的组织、政治路线和军事方略及财经改革活动等，全都是以如何消弭和镇压人民对封建制度的反抗，维护地主阶级的利益和清王朝的统治为中心而实施的。其谋略和手段“高明”于其他省区，却并未摆脱封建主义的束缚，更未反映中国社会发展方向的新因素，没有什么历史进步性。

五、因祸得福

左宗棠任湘幕，在长达七年的时间里掌握省政，证明他实在是一个地主阶级的“绝世奇才”，由此为朝野所瞩目。一些高级官员争相举荐，希望他能挽救清王朝摇摇欲坠的封建统治。咸丰皇帝因此一直注意左宗棠。这样，当年“自嗟迟暮，世无知者”的左宗棠一下子成为名动公卿、“简在帝心”的“国士”。可是，官场风云变幻，就在左宗棠有望飞黄腾达的时候，却突生变故，爆发了所谓的“樊燮事件”，左宗棠因此险些身败名裂，性命不保。

樊燮是湖南永州镇总兵，声名狼藉，同城员弁兵丁对他多有不满。咸丰八年（1858 年），骆秉章进京面圣时，曾经参劾樊燮“和役兵弁，乘坐肩舆”，同时说樊燮还有多种恶迹，待查清楚后再行奏报。后来，永州知府黄文琛因公前往岳州，正好骆秉章巡视那里。一是为礼节，二是汇报地方上的情况，黄文琛就去拜见了骆秉章。樊燮知道了这件事，以为黄文琛肯定告了他的状。他担心自己恶迹败露，就找文案师爷魏龙怀商议，魏建议，骆巡抚幕府的左宗棠尽管只是一个举人，可曾国藩、胡林翼、郭嵩焘等都与他交情甚厚，两属湖南巡抚对他都格外信任。骆秉章对他更是言听计从，都说他是二巡抚，应先去见他。如果他肯帮忙，一个黄知府根本不足虑！樊燮便采纳他的建议，前去长沙拜谒左宗棠。

那时，在湖南官场左宗棠名声远扬，接见官员已是很平常，并且来见他的官员都对他十分恭敬。樊燮来求左宗棠办事，原本应谦卑有礼，可见面时他仅仅很随意地拱手作揖，而未按礼节屈体请安。左宗棠心中不快，便说道：“来见我的武官，官职无论大小，都要先行请安，你不请安，干嘛来见。”樊燮心胸狭窄，一时性起，就顶撞左宗棠说：“朝廷体制，没有武官见师爷要行请安礼的。我是四品大员，戴上了红顶子，而你仅仅是一个普通的举人，有什么了不起?”这样二人就吵了起来。盛怒的左宗棠忍无可忍，给了樊燮一耳光，并把他骂了出去。

这年八月，樊燮由永州北上，到达武昌，通过湖广总督官文的名叫李锦棠的门丁的介绍，结识了官文。官文保樊燮署理湖南提督，即以云南临元镇部兵栗襄署理永州镇总兵。左宗棠始终痛恨劣吏，马上为骆秉章拟《参劾永州镇樊燮违例乘舆私役弁兵折》上奏清廷。折中指出："永州一镇探制两广交界地方，最为紧要……樊燮北上之时，正广东连州、广西贺县贼势披猖之际……乃当辖境军务紧要，存城标兵不敷派拨之时，犹取擅役弁兵随同出境，似此玩视军务，希便和图，实为军政之蠹。应请旨将永州镇总兵樊燮先行交部严加议处，昭定例而肃戒行!"咸丰帝阅毕此折，马上于十二月一日发出上谕："该总兵以专痼大员玩视军务，希便私图，实属胆玩！樊燮交部严加议处，即行开缺。"

樊燮被革职以后，骆秉章又遣人前往永州调查，查清樊燮擅动九百六十余两军费，三千三百六十余串公项钱，又动用米折银两。咸丰九年二月（1859 年 3 月），左宗棠又为骆秉章撰写《已革樊总兵劣迹有据请提省究办折》上奏。三月十三日，咸丰帝阅览后发出上谕称："已革湖南永州镇总兵樊燮……种种劣迹均有确据，且擅提廉俸数至盈千，悬款无著，署中一切使用复提营中银钱至数千之多，实属装饰品间侵亏，大干功令，亟应彻底研究以儆官邪！樊燮著即行拿问，交骆秉章提问人证，严审究办。并着湖北督抚饬查该革员现在行抵何处，即日委员押解湖南听候查办。"

樊燮为了逃脱罪责，争取主动，在湖广总督官文、湖南布政使文格的支持下，开始反击左宗棠。既在湖广督署将骆秉章告发，又诬告左宗棠把持湘政并受贿，并向都察院控告永州知府黄文琛。官文又很快转奏朝廷，严厉参劾骆秉章、左宗棠。咸丰帝阅奏后很快下旨，命官文与湖北正考官钱宝青将左宗棠逮捕到武昌审判，要是左宗棠真有不法情事可就地正法。官文准备将左宗棠押往武昌问罪，处死。

因此案乃咸丰帝钦定，湖广总督官文和湖北正考官钱宝青直接审办，骆秉章尽管清楚左宗棠冤枉，却也无计可施。左宗棠形势危机，随时可能性命不保。尤其令他痛心的是，此案初起之时，整个湖南官场，竟然没有一个人敢为他申辩。左宗棠在当时的家信中说道："官相因樊燮事欲行构陷之计，其时诸公无一敢言诵其冤者。"于是左宗棠向骆秉章提出辞职以避此横祸。有关此事，骆秉章在自订的年谱中如此记述："永州镇总兵樊燮声名恶劣，同城员弁兵丁无不咨怨。八年赴京陛见，先参其私役兵弁乘坐肩舆。并声明访闻各款劣迹候查实参奏。嗣据委员赴永查该镇署零用皆取之营中，提用银九百余两，公项钱三千三百余串，又动用米折银两。即据实严参。奉上谕拿问审办。嗣有人唆耸樊燮在湖广递票，又在都察院呈控永州府黄文琛商同侯光裕通知在院襄办军务绅士左某，以图陷害。后奉旨交湖广总督官文、湖北正考官钱宝青审办。旋于八月廿五日将樊燮妄控奏明，将查明收簿公禀、樊燮亲供等件咨送军机处。左君因此一案忧谗畏讥，遂定意于十年正月出署，请咨赴京会试。”

纵观此案，永州镇总兵樊燮只是表面上的发难者，而湖广总督兼钦差大臣官文和湖南布政使文格才是实际上的主谋者。官文是一个贪婪而无能的满洲贵族。心高气傲的左宗棠一向十分鄙视他，讥讽官文治下的湖北“政以贿成，群邪森布”，其施政是“无一非酿患之事”。官文对此早已心生怨恨。而且几年前，官文试图将左宗棠一手扶植起来的王鑫部“老湘营”夺走，左宗棠便指斥他“拥数万不能战之众，不能剿贼，乃须南路派兵，真是怪事”；提醒入鄂的湘将王鑫等说，“此公为众所不与”，要是被他节制，就好像“明珠暗投，固已太辱”。这样慢慢的，左宗棠与官文之间“嫌隙已深，伏而未发者数年”。最初官文致函文格，劝左宗棠自湖南幕府退出，可左宗棠毫不理会。这样官文等就借“樊案”发难，想借此一举除掉左宗棠。在这些满族地方大员的策划操纵下，本来十分平常的一件参劾案，居然掀起了一场轩然大波。

事态的逐步发展，令当时两湖地区关键人物把此案借惩办左宗棠，打击汉人势力的真面目看清了。由于当时主要依靠汉人力量来维持长江中下游战局，当时曾有人这样评论时局：“现在朝廷大员能够团结一致的只有两湖之官员，比如掌管湖南的骆秉章，能够信任左宗棠；掌管湖北的胡林翼，能够善待官军和民间武装，并与曾国藩互相尊重，所以能够很好地协调众多将领，培养有能力的吏卒。这几位官员之间的将领、兵马、粮草军饷互相接济，互相救援，将众人的力量集中到一处，将数省的军政事务协调得如同一家，扫除了以前官场的积习，改变了风气，将来一定能对国家作出大的贡献。”而其中湖南政局全赖左宗棠主持，处事有方，为言有道，主要地接济着湘军后勤。因此，如果左宗棠失势，将会沉重地打击汉族官员。在家信中曾国藩就明确表示：“湖南樊镇一案，骆中丞奏明湖南历代保举一秉至公，并将全案卷宗封送军机处。皇上严旨诘责，有‘属员耸恿，劣幕要挟’等语，并将原奏及全案发交湖北，原封未动。从此湖南局面不能无小变矣。”

在这种形势下，在短暂的沉默后，汉人官员纷纷千方百计保救左宗棠。胡林翼给官文写信，为左宗棠说尽了好话："湖南左生季高，性气刚烈矫强，历年与鄂省交涉之事，其失礼处久在山海包容之中。涤帅所谓宰相之度量，亦深服中堂之德大，冠绝中外百寮也。来谕言湖南之案，其案外之左生，实系林翼私亲，自幼相处，其近年脾气不好，林翼无如之何。如此案有牵连左生之处，敬求中堂老兄格外垂念，免提左生之名，此系林翼一人私情，并无道理可说，惟有烧香拜佛一意诚求，必望老兄俯允而已。"但官文却以"不能令罪人幸免"为由，加以拒绝。胡林翼又请曾国藩想法营救，曾国藩请其门生钱宝青设法援解。骆秉章上奏未果，就写信给在京的翰林郭嵩焘，请其向户部尚书肃顺求情。据薛福成《庸庵文集》《肃顺推服楚贤》一节中记载："肃顺告其幕客湖士高心夔，心夔告衡阳王闿运，闿运告翰林院编修郭嵩焘。郭因与左公同县，又素佩其经济，倾倒备至。闻之大惊，遣闿运往求于肃顺。"在朝廷中肃顺算是个颇有胆识、有所作为的人物，深得咸丰帝赏识，把许多军国要事交给他办理。他比较了解当时的案情，清楚镇压全国性的农民大起义，保住清室的江山，必须借助汉族地主阶级代表人物，尤其是湘军及其首领的力量。所以，他愿意救助左宗棠。可他说："只有等到有大臣上奏保荐，我才好向皇上进言。"郭嵩焘马上请侍读学士、和他同值南书房的潘祖荫出面营救。他对潘说："左宗棠如果不在了，湖南无人主持大局，必然倾覆，东南一带的局势就无力挽回了。"潘祖荫遂上疏为左宗棠辩护说："楚南一军立功本省，援应江西、湖北、广西、贵州，所向克捷，由骆秉章调度有方，实由左宗棠运筹决胜，此天下所共见，而久在我圣明洞鉴中也。上年逆酋石达开回窜湖南，号称数十万，以本省之饷用本省之兵，不数月肃清四境。其时贼纵横数千里皆在左宗棠规划之中，设使易地而观，有溃裂不可收拾者。是国家不可一日无湖南，而湖南不可一日无宗棠也。宗棠为人秉性刚直，疾恶如仇，湖南不肖之员不遂其私，思有以中伤之久矣。湖广总督官文惑于浮言，未免有引绳批根之处。宗棠一在籍举人，去留无足轻重，而楚南事势关系尤大，不得不为国家惜此才。"

与此同时骆秉章也反复上奏，说明乃樊燮诬陷左宗棠，并把樊亲供文件和所查明的账册送缴军机处进行辩驳。咸丰问肃顺："现今天下乃多事之秋，如果左宗棠真是擅长军事，自然应该不计其过加以录用。"肃顺奏曰："臣听说左宗棠在湖南巡抚骆秉章幕府中，为其出谋划策，取得了很好的效果，骆秉章的功劳实际都是左的功劳。这样的人才实在难得，应该爱惜。请皇上再下密旨给官文，附录朝廷内外保荐左宗棠的名疏，让他酌情处理。”咸丰帝采纳了肃顺的建议，将左宗棠的罪名免去，并欲重用。于是，专门下旨给曾国藩，称“左宗棠熟悉湖南形势，具有很强的军事才能。眼下反贼气势汹汹，对两湖虎视眈眈，是应令左宗棠仍在湖南操办团练，还是该调到你的手下，使得能够发挥他的才能，达到收揽人才的效果?”咸丰帝向曾国藩征求意见时，曾国藩尽管为保护左宗棠出过力，可由于左宗棠实在不易驾驭，故而不肯在是否任用左宗棠襄办军务问题上表明态度。于是，胡林翼写信给曾国藩说：“左季高为人忠诚，感情深挚专一。他性情可能有偏激之处，可就像朝廷中敢于进谏之臣、家中贞烈之妇，平时可能令人不快，到了危急关头就知道他的可靠了。若是依仗他的话，则大业可成。”胡林翼与曾国藩交情深厚，胡对曾有恩，正是在胡林翼的支持和力荐下，湘军才能够发展，曾国藩才能为朝廷重用，所以曾对胡心存感激；曾也清楚胡左交情深厚，所以对胡的诚请他不能无动于衷，反复考虑后，咸丰十年六月十六日（1860 年 8 月 2 日），曾国藩上奏《请留左宗棠襄办军务片》，复陈：

> 公刚明耐苦，晓畅兵机。当此需才孔亟之计，无论何项差使，惟求明降谕旨，俾得安心任事，必能感激图报，有裨时局。”胡林翼亦奏称：湖南在籍四品卿衔兵部郎中左宗棠，精熟方舆，晓畅兵略，在湖南赞助军事，遂以克复江西、贵州、广西各府州县之地，名满天下，谤亦随之。其刚直激烈，诚不免汲黯大戆宽饶少和之讥。要其筹兵筹饷，专精殚思，过或可宥，心固无他。臣与左宗棠同学又兼姻亲，咸丰六年曾经附征保奏其在湖南情形，久在圣明洞鉴之中，应请天恩酌量器使，并请旨饬下湖南抚臣，令其速在湖南募勇六千人，以救江西、浙江、皖南之疆土，必能补救于万一。

官文等人见事已至此，已无力挽回，只得罢手。在这之后，清廷任命左宗棠为四品京堂候补，效力于曾国藩。到这时，这场飞来横祸才结束。左宗棠虽然对最终结局感到满意，可却已大为震动，感触颇深。此次他的确是遭人诬陷，咸丰帝却是非不分，要不是一批汉人大员纷纷保护，他左宗棠定然性命不保了，回想此事令人心惊胆战。

从骆秉章那里辞幕以后的狼狈不堪对左宗棠打击尤其沉重。临走时，他行装不全，朋友的馈赠也不敢接受，要不是一个同乡送来三百两银子，还无法上路。左宗棠离开抚署后，扫祭祖墓先花了几天时间，然后在咸丰十年正月（1860 年 2 月）从长沙北上，名义是赴京应试，实际上是准备“直之于朝”，由之可想内心的悲愤。他在这年三月的《与郭意城书》中就这样写道：“三月三日始抵襄阳。比岁旱蝗。沿途见妇孺采野菜为食，而青青荞麦，叶多焉萎，恐麦秋又将失望。宛、叶一带，捻匪出没。襄阳、随枣，民气难驯。廿余年磨牛重践，气象迥殊，良可谓也。抵襄阳后，毛寄耘观察出示润公密函，言含沙者意犹未慊，网罗四布，足为寒心。盖二百年来所仅见者。杞人之忧，曷其有极。侧身天地，四顾苍茫，不独蜀道险残，马首靡托已也。帝乡既不可到，而悠悠我里，仍畏寻踪，不得已，由大别沿江而下，入涤老营，暂栖翼羽。”

文中提到的胡林翼的功告是这样的，三月三日左宗棠到了襄阳，他原本打算拜见胡林翼，但胡林翼正是丁母忧期间，闭门谢客。左宗棠只得先将来意去信说明。胡林翼无法不予理会，却被陶夫人所劝阻。她说，众人都知道季高性子偏激，这时遭到飞来横祸，要是胡公直接出面，令人疑心老爷袒护他，相见恐怕惹出事来。胡林翼深以为然，就让襄阳郧荆道毛鸿宾交给左宗棠一封劝其不要北行的密函。信中大意说：“鄂帅（指湖广总督官文）才想方设法对你进行诬陷，现在京城仍充斥流言蜚语。”指出谋害左宗棠的人不会由于他离开湘幕而住手，而是正在安排筹划，必然小心提防。要是冒然去北京，无疑飞蛾扑火。只能静觅时机，以图东山再起。

这时，好友王柏心也来信劝他：“去岁闻贝锦之词，深为执事不平，然此不足以累执事也。功高为人所忌，铄金销骨，自古有之。谤书盈箧，乐羊所以流涕也。然策安三楚，勋赞一匡，有识者心服执事之算略，则固异口风吹草动词矣。度忿游词之相蔑，必拂衣还山，绝口不谈世事，以自明其高蹈。但此乃浅之为丈夫，非所望于达节之士也。若柏心则愿执事行就胡、曾二公军中，为赞画兵谋，以成其灾贼之本怀。俟拔取建康，槛献元凶，然后角巾归里，长揖不受赏，使海内闻之，以为少伯、留侯复见于今，岂非英豪壮志奇杰美谈乎？与夫悻悻去国者，不可同日语矣。”

听了胡林翼和王柏心的劝告，左宗棠最后来到曾国藩的湘军大营。悲愤满怀的左宗棠，很想向曾国藩讨要一支军马，马革裹尸以解心中愤慨，多亏众人劝说，他才罢了此念。在他与李希庵的书信中曾详细道及此事："未至英山以前，窃自忖度，如夫已氏必不相舍。山北山南，网罗密布，即匿影深山，亦将为金丸所拟。士固不可再辱，死于小人未若死于盗贼之快。将就涤老及麾下作一营官自效，战而胜，固稍伸讨贼之志，否则策马冲锋，亦获其所。且八年戎幕啸，未克亲履行间，实为憾事。欲藉此自励，少解白面之嘲。比至润公所，询知近状，尚未如所闻之甚，而馕事颇难区处，此议遂寝。"

"樊燮案"之后，由于清廷统治集团需要利用汉族地主武装镇压太平天国以挽救清廷垂危统治，左宗棠青云直上，代表着清王朝镇压农民起义进入了一个新阶段。

第三章　剿灭天国

民本主义与皇权主义构成了传统政治文化的一体两翼，而民本主义服从于皇权，这令民本主义具有严重的历史局限。历代统治阶级将民分为“顺民”与“乱民”，“良民”与“莠民”。这样，爱护“顺民”、“良民”和镇压造反起义的“乱民”、“莠民”，便成了民本主义的基本特征。左宗棠对民间疾苦的关心和对农民起义的残酷镇压，正是民本主义的积极作用和历史局限渗透交织的集中反映。

一、预见高人一筹

鸦片战争后，由于外国资本主义的侵略和腐朽的清朝封建统治的双重压迫，中国社会的阶级矛盾空前激化，整个社会动荡不安。左宗棠在太平天国农民起义爆发前的四年，就敏锐地预感到一场大规模的农民战争已无可避免。对湘中“天下大乱”后的形势，他作了这样的推测：

> 盖贼由岳州而来者，必水陆分道而进，其志必在省城；自长沙而下者，必争鼎、岳为门户，中间通都大邑可攘夺者多，利在卷甲速趋，中途劫掠，非其所急。我既凭高结寨，不事张皇，显与为敌，是我无害于贼，贼无所忌于我，亦无所利于我也。使贼而不知踪迹之所在，必结队而过，可以幸安。纵其诇而知之，我之惫御甚设，彼之仰攻之难，又得不偿劳，亦且委而去矣！

左宗棠认为农民起义的重要原因是吏治腐败，他在二十一岁时就写出了“国无苛政贫犹赖，民有饥心抚亦难”的诗句，并进而指出，“惟吏治不修，故贼民四起”；“天下之乱，由于吏治不修”；“戡乱之道，在修军政，尤在饬吏治”。他认为，要是不采取措施限制贪官污吏对农民的过度盘剥和压榨，必然会让已十分尖锐的社会矛盾进一步激化，令地主阶级的根本利益受到严重威胁。太平天国爆发之初，左宗棠就不遗余力地为本阶级的利益尽力谋划。他预感到爆发于广西的群众运动很可能蔓延到全国。他的好友胡林翼这时任贵州黎平知府，正在其管辖范围内为镇压农民暴动实行保甲团练。在写给他的信中，左宗棠曾谈论如何对付太平军：

> 闻粤西之寇狡悍异众，兵勇屡次失利，贼反安居巢穴。……今分据永安州亦然，官兵之失利又屡矣。岂兵勇之竟不足用，将领之全不足恃与？贼常为主，而我常为客，故贼暇而我忙，贼逸而我劳，贼设伏、设险以待我，而我辄中其计。兵法曰：“谋定而后战”，又曰：“善用兵者致人，而不致于人”，贼知之，而我不悟此，胜败利钝之机所由分也。果于附近贼巢之处，令乡民尽为碉堡，官给费以倡之。险要之地，官兵营之，亦如碉堡之式。以步步为营之法，同时渐进，逼近贼巢，贼知我将合围，必并力来扑，则贼为客而我为主矣！

后来在镇压太平天国起义的过程中，当左宗棠部下的蒋益沣率领上万兵力围攻杭州，李鸿章率领淮军自苏州进攻常州，曾国荃在南京城外逐步缩小包围圈，太平天国形势困难之时，左宗棠又预料到：各路清军兵马只顾围攻名城大邑，却没有注意防堵太平军突围退却的必经之路。左宗棠认为，杭州、金陵、嘉兴等地尽管在太平军的控制下，但清军终能攻破。但太平军仍有很大一部分兵力在苏浙皖交界处的广德、溧阳等地，要是曾国藩的苏皖之军没能与李鸿章的上海军东西呼应，在南京与苏州之间形成封锁线的话，太平军只要自皖南赣东一带突围，会合李世贤部，那时就算把金陵等大城市攻克，战局也将成为不了之局。他特上一折，提出了防堵太平军的意见：

> 金陵寇势已蹙，句容、溧阳、广德均为贼据，其必由此逃窜，殆无可疑。臣三次函商曾国藩，远防不如近剿，请其注意广德。设寇由广德窜入皖南腹地，昼夜疾驰，不数日即可出险，恐守城各将，来弗击，去

弗追，终成不了之局也。曾国藩所虏，以无大支游击之师。臣窃以为贼势实穷，官军兵力亦未为薄，如权缓急应之，苏州既克，杭州之围正急，海宁、嘉兴之贼，不足为苏州之患也。常州陈坤书，李鸿章言其不甚耐战，暂舍不攻，金陵破，常州必应手而下。惟溧阳守贼李世贤狡悍著闻，贼窜必假道于此。李鸿章如暂缓嘉兴不攻，由无锡移军急攻宜兴、溧阳，西北与曾国藩溧水守军联络，纵未能即拔，较空此一路任贼窜过，自为腾之。曾国藩力持坚守之议，见正布置皖南、江西防兵，固为老成之见。然贼知我以坚守为主，必不攻，各将以坚守为事，必不战。倘贼舍城不攻，从间道疾驰而过，恐调拨尾追亦有所不及。何如厚集兵力，扼广德、建平、东坝，与李鸿章一军联络之为得乎？臣思虑所及，敢毕献其愚。

左宗棠的意见是相当正确的，可尽管他的建议高人一筹，却没有得到清廷的重视。那时曾国藩正全力围攻南京，无兵可派，李鸿章又以没有攻下常州，他的军队无法越过常州而去攻打遥远的溧阳为由按兵不动。后来的事实证明，左宗棠是正确的。天京陷落后，幼天王洪福瑱从城中逃走，的确在广德、溧阳一带得到了汪海洋与李世贤的接应。太平军余部移向赣东，转战在闽、赣、粤三省之间，又形成庞大的农民起义军，使得清政府不得不调派兵马，再进行了一年多的围剿。

二、征剿过程

在应幕张亮基时，左宗棠献了一条全歼太平军的毒计却没有实施。在第二次入幕期间，左宗棠不断地扩编地主武装，并指挥各支军队“内清四境，外援五省”，为清政府镇压太平天国起义建立了特殊的“功绩”。咸丰九年以后，左宗棠由于樊燮案反得曾国藩赏识，获得统兵的权力，他的才能从此得以完全发挥出来。

为了将江北、江南大营对天京的严重威胁除去，李秀成、陈玉成于咸丰八年

（1858 年）率领太平军将江北大营一举摧毁，又于咸丰十年兵分五路强攻江南大营，经过五昼夜激战，击溃江南大营，横扫清军五十余座营垒，清兵溃不成军，统率江南大营的钦差大臣和春缢死于无锡浒墅关，张国梁也淹死河中。李、陈率军乘胜进军江浙，开辟了作为太平天国后期的物资供应基地和东南屏障的苏南根据地。

江北、江南大营的覆灭沉重打击了清王朝满洲贵族。在这种威胁和打击下，清朝满族权贵缓和了对汉族地主官僚的倾轧，又破格重用和提拔汉族地主官僚。咸丰十年四月（1860 年 6 月），清帝在谕令“左宗棠以四品京堂候补襄办曾国藩军务”之后，又赐曾国藩兵部尚书衔，四月十九日（6 月 8 日）署理两江总督，六月二十四日（8 月 10 日）实授并任钦差大臣，督办江南苏、浙、皖、赣四省军务。在短短十二个月内，曾国藩不断晋升，掌握了军政实权。在这样的历史背景下，左宗棠时来运转，成为曾国藩襄办军务的得力助手，为“应付危局”而大显身手。曾国藩深知左宗棠志向远大，不愿久居人下，所以就令左宗棠在湖南招兵买马，自组一军，以待将来独挡一面，这获得了清廷的批准。

左宗棠继入幕七年之后，又与曾国藩、李鸿章等用了六年时间一道镇压了太平天国农民起义，挽救了清王朝垂危的统治。

1. 组建楚军

左宗棠利用被清政府破格起用的难得机遇，在长沙开始组建自己的军队。他首先网罗许多人才，作为可以依靠的骨干。由于他在湘幕期间掌理湖南军政，识拔和擢任了湘军许多将弁，这些人早就视左宗棠为事实上的统帅，故而皆愿效命。接着他到处招募，一个月就募足 5000 余人，称“楚军”。楚军分为两部分：一部分是由左宗棠委任的崔大光等 9 人募集的 3500 多人；另一部分则是招揽王珍的“老湘军”旧部 1400 多人而成，由王珍的弟弟王开琳统领。王珍原本按照张亮基、左宗棠之命与罗泽南最早募练湘勇，后来由于不肯服从曾国藩统一指挥和规定的湘军编制而被其弃用，单独留在湖南省内。咸丰四年（1854 年），王珍部在岳州被太平军击败，左宗棠和巡抚骆秉章没有予以惩处，反而曲意抚慰。所以，王珍对左宗棠心怀感激，愿拼死效力。从派系上说，这支楚军是湘军的一个支系。在组军过程中，左宗棠吸收了湘军的经验教训，从而使楚军别具特色，所以楚军成军的时间尽管很短，但却颇具作战能力；加上将领们与左宗棠关系特殊，因此是左宗棠一笔稳定的资本。

从咸丰十年八月至十一年末（1860 年 9 月至 1862 年 2 月）的一年零三个月时间里，左宗棠率楚军转战在赣皖边境，作为曾国藩祁门大营的后卫。

2. 赣皖战事

如前所述，太平军将江南大营击溃后，进军江浙，建立了苏南根据地，组建了以苏州为中心的苏福省。咸丰皇帝急忙下令曾国藩督军救援苏杭，“保全东南大局”。曾此时对长江中游重镇安庆的战略地位十分看重，认为安庆的得失“关系天下安危”，视争夺安庆为剿灭太平军的关键的一步，认为只有拿下安庆，才能形成自上而下攻打天京的有利形势。所以他牢牢抓住安庆，决定从九江开始用湘军精锐向安庆步步围攻。

咸丰十年（1860 年）八月，齐集天京的太平军各路将领决定进行第二次西征，以解安庆之围，并预定于咸丰十一年（1861 年）三月会师武昌。八月十六日，英王陈玉成统帅的北路太平军从天京渡江北上，二十五日夺取安徽定远炉桥；南路军侍王李世贤部于二十五日占领徽州，十月十二日攻克休宁。十月十九日，石埭的太平军攻取羊栈岭、桐林岭，忠王李秀成的大军离曾国藩的祁门大营仅仅六十里，曾国藩吓得都写好了遗嘱，但李秀成为清军援军所败后，改道进入江西，令已入绝境的曾国藩死里逃生。在此之前的九月初五日，曾国藩令左宗棠领兵东进江西南昌进行援救。九月二十，左军进驻赣北的景德镇。由于当时湘军设总粮台于南昌，只有经过景德镇祁门大营各种军需才能运达。所以，景德镇的得失事关重大。十月，左宗棠派部将王开琳在广信府西北的周坊将广东农民军击败后，十天之内急进三百里，攻下婺源和德兴两城。这时西征太平军中辅王杨辅清和定南主将黄文金等部正各自从宁国、芜湖向西推进。十一月初九，黄文金、李远继攻取彭泽。十一日，黄文金又派李远继攻取浮梁，切断祁门大营的粮道。同时，十一月十七日，李世贤由东面从休宁逼近祁门。十一日右军主将刘官芳及赖文鸿、古隆贤等从东北由黟县向前挺进，南面的李秀成大军已于二十一日到达婺源。三面大军已呈包围祁门大营之势，湘军只剩西南一条补给线，故而在景德镇驻扎的左部楚军就成了关系到湘军存亡的军事力量。

咸丰十一年（1861 年）正月，李秀成领兵攻入江西腹地。正月廿七日，李世贤则从安徽休宁前进，夺取婺源，意图攻入江西，将湘军粮道截断，与左宗棠相持不下。二月，两军交战多次，胜负未分。二月三十日，李世贤攻克景德镇，左宗棠退守乐平，湘军赣北粮道被切断。达到切断湘军粮道的目的后，李世贤即返回皖南，继续进攻祁门大营。曾国藩部三万人候粮三十日不至，军心开始不稳。幕僚们也多为逃避这危急局势寻找各种托辞，曾国藩又写下遗嘱。左宗棠尽管被击退，可并未伤筋动骨，在乐平稍作整顿，几天后就再度杀来，三月初六日大战李尚杨部于乐平桃领塔前。李世贤获悉，遂统十万大军南下，于十三、十四日对乐平进行围攻。左宗棠充分利用该城靠山面河的有利地形，命军士在城外挖筑掩壕，凭借工事进行抵抗，并引水塞堰，使太平军骑兵发挥不了作用。他又命刘典、王开化、丁长胜、王开琳等分三路出击。一番苦战，太平军不敌退走，阵亡四千多人。《左宗棠年谱》记载这次战役说："寇前锋逼外壕，团勇夜悉遁归，乃调一军人城，而部分各军守外壕。辛丑，寇大至。时官军在境内五千人，寇众号十余万，围乐平数十里，分起扑壕，军士寂然，凭壕屹立，竢寇逼近，乃击之。寇屡前，相持至夜深不退，公与王开化益治军。壬寅晌午，寇自东北浙趋西城，仰攻益急，守壕军士伤亡相继，前者僵，蹴后者上。于是王开化率队趋西路，王开琳趋东路，各持短兵，视寇聚散为分合。鼓声起，越壕并出，大呼杀贼。寇大惊扰乱，军士锋刃争下，无不以一当百。游击史聿舟炮穿右胁钦，各路乘势冲击，寇大奔败，僵尸十数里。会天大风雨，畈水骤涨，寇人马相蹈藉，溺钦者尤众。李世贤易服潜遁。是役杀寇凡五千人，寇悉数东窜。"

遭此重创，李世贤不得不领兵东撤。清军再度将鄱河、景德镇、乐平等重要城镇占领，巩固了祁门的后路。曾国藩欣喜异常，将左宗棠所部的"功绩"上奏清廷，并在家信中说："祁门之后路一律肃清，余方欣欣有喜色，以为可安枕而卧。"

3. 攻取苏浙

因曾国藩的盛赞，不久之后清廷把左宗棠改任帮办军务。慈禧太后掌权之后，命曾国藩统辖皖、苏、赣、浙四省军务，提镇以下悉归节制。曾国藩在计划调派湘军直取天京的同时，还考虑到应另外派遣一支部队进入浙江，以牵制太平军。在曾国藩看来，只有左宗棠能胜任此等重任。十月十六日，曾国藩救援浙江，这样清廷派左宗棠"督办浙江军务"。太平军李世贤部在进攻赣北、皖南失败后，转而进取浙江，接连夺取许多名城重镇。接着李秀成的大军也开赴浙江，意图全力经营东南。太平军已遍布浙江境内。十一月二十八日，李秀成率领各路大军攻占杭州。清廷浙江巡抚王有龄自缢身死。十二月廿四日，在曾国藩力荐下，清廷将左宗棠任命为浙江巡抚。这样，左宗棠成了清政府上层统治集团的一员。

（一）借师助剿

楚军刚出湖南的时候，左宗棠就对江南最繁华的浙江备加注意，特建议曾国藩先固浙江再图苏常，欲入浙自创一片天地。现在终于如愿以偿。

在攻剿浙杭的过程中，左宗棠遵照清政府的指示，勉为其难地执行了“借师助剿”的政策。“借师助剿”，是指清政府在第二次鸦片战争后勾结外国侵略者，一同对太平天国农民战争进行镇压的反动策略。

咸丰帝时期，“借师助剿”的方针没有被采纳。咸丰三年（1853 年），当太平军进攻南京时，两江总督杨文定就派苏松太道吴健彰在上海请求英、法、美派海军进入长江，以阻止太平军前进。咸丰四年，美国驻华公使麦莲两次表示，要是清政府答应“修约”，他们愿意出兵帮助镇压太平军，咸丰予以拒绝。后来“小刀会”起义军占领上海，中外反动派开始勾结，法国海军陆战队配合清军，将上海县城攻破，但在接下来的修约谈判中，清政府依然没有同意英国的“助剿”建议。咸丰十年（1860 年）末，第二次鸦片战争结束，可国内战争仍处于未分胜负的紧张阶段，太平天国正不断向东南地区挺进。为稳定中国的半殖民地统治秩序，实现条约上的侵略特权，英法侵略者公然扯下了中立的伪装，中英、中法《北京条约》一签订，法国公使马上向恭亲王奕䜣表示，愿助清廷“攻剿发逆”，共同镇压太平天国。咸丰帝向军机大臣们表示“借师助剿”可以考虑，但仍没有采纳。恭亲王奕䜣和慈禧共同发动宫廷政变之后，于次年，即同治元年正月初十日（1862 年 2 月 8 日）发布了一道上谕，正式批准了“借师助剿”。在此之前，奕䜣对第二次鸦片战争后的总的局势进行了分析，提出了解决清廷忧患的根本方针，认为“就今日之势论之，发捻交乘，心腹之害也；俄国壤地相接，有蚕食上国之志，肘腋之忧也；英国志在通商，暴虐无人理，不为限制则无以自立，肢体之患也。故灭发捻为先，治俄次之，治英又次之”。进而确定了清廷借助外国势力剿灭太平天国的权宜之策，主张积蓄力量，与外国势力齐心协力，以剿灭农民起义为目的。这样，在清政府的邀请下，外国侵略者投入了镇压太平军的战争。

同治元年四月（1862 年 5 月），浙江采用了上海“借师助剿”的两种形式。一种形式是，指挥天津英国驻军的士迪佛立领兵南下到达上海后，组成一支一千七百人的英法干涉军，其中有四百八十名英国陆军、水兵和水手，八百名印度兵，四百名法国陆军和水手。在同治元年，美国人华尔于咸丰十年（1860 年）在上海拼凑的洋枪队也改组为中外混合军，清廷对它十分重视，将它改名为“常胜军”。侵略者最满意这种由外国人训练、指挥，用中国人打中国人的办法。这是上海“借师助剿”的另一种形式。

浙江地区的“借师助剿”在宁波开始，清朝已革宁绍台道张景渠是始作俑者。咸丰十一年（1861），太平军乘胜挺进宁波的时候，张景渠就以五十万两白银的重金雇请英、法兵舰代守宁波，又得到二十门重炮来武装清军，意图顽抗。12 月 9 日太平军将宁波攻占。三月廿八日（4 月 26 日），英舰“争胜”号舰长刁乐克到达宁波阴谋策划。四月初七日（5 月 5 日），张景渠会合已革提督陈世章，反攻宁波太平军，并照会英国驻宁波领事夏福礼，请求英、法一道出兵宁波。四月十一日（5 月 9 日），张景渠跟陈世章到英领事馆与夏福礼和英国舰队司令刁乐克密商攻取宁波的详细措施。同日，英、法侵略头目召开联席会议，决定于第二天攻城。十二日早晨，英舰“会战号”率先发炮攻城。当时英国有四艘战舰，水兵三百五十人，由“争胜号”舰长刁乐克指挥；法舰两艘，水兵七十多人，由“伊台”号舰长耿尼指挥。英法海军炮战六小时攻占了宁波城，太平军首王范汝增、戴王黄呈忠受伤撤退。十六日，英法联军又帮张景渠占领了慈溪。

在宁波一役中，英国舰长克莱吉受伤，法国舰队司令耿尼毙命，由“孔夫子”号舰长勒伯勒东继任统领。另外英国参将科诺华等二十八人也被打死。受到重创的侵略者，感到自身力量薄弱。于是，刁乐克就仿照美国流氓华尔组织常胜军的办法，在原英领事馆通事（翻译）郑阿福招募的“绿头勇”（约三百人）的基础上又募一千华人，配以英国枪械，派英国军官训练，组成中英混合军，分“定胜军”和“常安军”两队，通称“绿头勇”。法国则由宁波海关税务司日意格和勒伯勒东招募四百名华人，再加上余姚绅士谢敬的“黄勇”，组成中法混合军“常捷军”，通称“花头勇”。法国进而提出，令勒伯勒东暂离中国水师参将，暂时担任清朝署理浙江总兵，清政府予以批准。

“绿头勇”和“花头勇”的策划与组建，左宗棠并没有参与。基于对西方列强侵略成性的清醒认识和深厚的自尊自强的民族意识，他对清廷“借师助剿”的方针并不是十分赞同。诚然，在杭州和富阳等重大战役中，左宗棠也曾主动邀请中法混合军——常捷军帮助剿杀太平军，并为浙江的洋将洋兵请赏。这的确是左宗棠犯下的历史罪过。可是，他尽管为了维护清朝封建统治，而效力于国内的阶级斗争，却时刻保持着对外国侵略者应有的戒心和警惕。他十分清楚地认识到清廷借助洋人打“内战”的危害，认为洋人进城后会大肆抢掠，扰民滋事。对外国雇佣军如不加以适当的裁制约禁，给予限制，肯定会造成洋人日益强大，而大清日渐衰弱的积重难返的局面，最终只会耗费国家千辛万苦筹措的军饷而留下海疆防卫力量日益衰弱的忧虑。他不顾自己的利害得失，多次向清廷陈述用洋人的危害。在给同僚的信中，他更一针见血地指出，“夷性贪而无厌，罔知中国礼法”，“洋人唯利是图，其助我并非真意”。可见，执行清廷的“借洋助剿”政策并非左宗棠的本意。

他十分不满宁波“借师助剿”的始作俑者张景渠。李鸿章为张景渠铺叙攻夺绍兴、宁波的战功，左宗棠却有不同意见，他说：“绍兴被收复，洋将德克碑都不敢居功，更何况借洋人之力以求抵偿死罪的张景渠?”“浙江由于张景渠借助洋人的力量的缘故，事情反而更为复杂”，其人“论功未足蔽辜”。此外，他也很恨出巨资供养常胜军的浙籍绅商毛象贤、杨坊、俞斌等人，以“为富不仁”为名弹劾他们，勒令他们筹集巨款，大量购买米石运回浙江办赈。

在“借师助剿”已成事实之后，左宗棠力主限制或早撤。左宗棠开始准备依傍徽郡，取道严州人浙，沿钱塘江而下，直接夺取杭州。但当时他的实力尚无法顾及浙东方面的军事，于是他让江苏巡抚节制浙东地区的军事。然而对浙东地方官和地主绅商推行“借洋兵助剿”方针他并不赞成，新任宁绍台道史致谔是曾国藩、李鸿章与左宗棠商定派去的，左宗棠主要让史致谔经理宁波地方关税和督办宁波防务，他反复告诫史“以洋人统御华兵的弊病”，在给史致谔的信中，强调指出“借师助剿”将产生严重的后果，要他多加警惕，小心行事。

作为清朝封疆大吏的左宗棠，很难坚决违背清廷“借师助剿”的命令。可对外国雇佣军他坚持“为我所用”的原则，如果洋人对清朝剿杀太平天国的确有用，并受制约，必要时他对使用外国雇佣军也不断然拒绝。而且，他还进行了抗争。首先，对洋将洋兵攻城后的抢掠进行了一定的整肃。比如：常捷军抢劫了龛山厘局铺户，左宗棠派蒋益沣严加追查，使德克碑不得不追赔赃款，惩办首恶。其次，他采取强硬态度拒绝洋将提出的有损民族利益的要求。在绍兴一役中，法国常捷军第一、二任统领勒伯勒东、莫得理都被打死，德克碑接任第三任统领。德克碑要求再招募千人以充实中法混合军，左宗棠“严令不准”。德克碑纵容士兵进行抢劫，以向左宗棠施加压力逼索款项。总理衙门与法国公使交涉，准备以实德棱代替德克碑。德克碑获悉后，非常着急，他为将自己的地位稳住，遂求见左宗棠。开始左宗棠予以拒绝，后在浙籍商人胡光墉出面斡旋下，始予会见。左宗棠表示："中国出现叛逆，我们当然自行剿灭，不用洋人助剿。"并让其自行订立条约，不许再行生事。德克碑自呈立条约后，不能补充兵士，也没有更多的军饷招揽士卒，很多人都离散了。这表明左宗棠的措施是有一定作用的。另外，左宗棠对洋人自恃有功而提无理要求进行了斗争。在为洋兵洋将表功时，他基本上是就低不就高。左宗棠在浙江对洋兵洋将的赏恤就比在江苏的李鸿章低得多。李鸿章夺取苏州后，奉旨重赏常胜军银两物件外，还自筹十万两分赏该军。而左宗棠赏给常捷军的银两却不过两万两，摊分到个人仅仅十几两，大体上和一名楚勇三个月的饷银相当。常捷军第二任统领法国副将达尔第福战死绍兴，左宗棠尽管请清廷下谕依照总兵例议恤，但实际是以副将待遇议恤，等于降职。左宗棠并不怎么看重洋兵助剿，他褒扬洋将是以所谓"恭顺"和"肯出力"为前提的。绍兴之役常捷军伤亡较大，左宗棠也褒扬德克碑率军为助剿出力。他明确把德克碑常捷军定位在"助剿"的地位上，强调德克碑是洋将中最恭顺的一位。

总之，左宗棠对"借师助剿"是持保留态度的，他不仅没有把"借师助剿"的事态扩大，反而是想尽办法予以限制，最后慢慢取消。

（二）规复浙江

左宗棠受命安抚浙江后，马上奏调广西臬司、湘军将领蒋益沣率领部队赶赴浙江，又增调处州镇总兵刘培元招募湘勇人浙协助进攻太平军。二月上旬，左宗棠领兵自婺源越过大庾岭，攻取浙江开化、遂安。他按原计划准备先取严州，认为这样一方面能够使徽州后路和江西腹地粮秣取给地巩固，另一方面又能够从西屏障衢州，向东威胁杭州。后由于李世贤率太平军主力进攻衢州，并准备从那里进入江西将左军与曾国藩湘军的饷源切断，左宗棠不得不领兵前往救援。同治元年（1862 年）春、夏，左宗棠与李世贤部在衢州、遂安、龙游之间反复激战，不分胜负。

五月三日（5 月 30 日），湘军自水陆两路逼近天京，曾国荃率领的陆军在雨花台驻扎，彭玉麟率领的水师在护城河口停泊，天京被围。此时，李秀成正领兵二度进攻上海，而清政府已正式批准"借师助剿""中外会防局"在上海正式成立了，清政府决定让外国雇佣军防守上海。

五月十二日（6 月 8 日），左宗棠指挥新任按察使刘典、道员王德榜、屈蟠及总兵李定太、刘培元等九路并进，在龙游附近将李世贤部击败。十五日，李再战失利，遂退守金华府。这时太平军内部矛盾重重，无力组织有效攻势。二十四日（6月20日），天王洪秀全命李世贤回救天京。此时太平军在全局上已处被动地位，而左宗棠的军队已扩编和增调到3万人，而且配备了很多新式枪炮，实力大增。六月初七日（7月3日），左宗棠从南北两路继续东进，连破太平军营垒30余座，迫使太平军退守兰溪、龙游。为摆脱左宗棠纠缠，以回援天京，李世贤于六月中旬调大军分两路奔袭左军遂安后路。这样左宗棠派刘典等九营四千人回援。六月二十日，刘典等部与太平军在遂安东南展开激战。二十七日（7月18日），李世贤退返金华，在金华、龙游、兰溪、武义一线聚集兵力，意欲坚守。

左宗棠领兵入浙之后，遭到太平军将士的顽强抵抗，进展十分缓慢，八个月都未能越过衢州一线。直至同治元年（1862年）八月上旬，战局才有所转变。七月，清军占领处州府，闰八月十三日（10月6日），蒋部高连升一军夺取严州府寿昌。李世贤见无法迅速击溃左宗棠，只得派兵扼守金华、龙游、汤溪一带，阻挡清军东进，自己则于是年闰八月（1862年10月）上旬统领7万精兵驰救天京。如此一来浙江太平军实力大减，重点设防的汤溪、龙游等城，真正能作战的留守士兵仅仅数千人。统帅远去，使得留浙各支太平军缺乏统一指挥，士气低落，将领中甚至出现了变节行为。左宗棠抓住了这一可乘之机。半年时间不到，清军接连攻陷汤溪、龙游、金华、兰溪、永康、武义、东阳、义乌、浦江、诸暨等地。严州西北的军事要地桐庐也攻下了。桐庐失守，太平军在杭州上游的重地仅余富阳一城了，浙西防线全线崩溃。为率军沿江直取杭州，同治二年正月下旬（1863年3月中旬），左宗棠将大本营移至严州府治（在浙江上游），派蒋益沣逼攻杭州。

在浙东方面，同治元年四月十二日（1862年5月10日），英法侵略联军公然袭击宁波的太平军。双方展开了拉锯战。这时，应法国公使之请，清廷将勒伯勒东任命为署浙江总兵，率一千五百“常捷军”防守宁波。宁波是对外贸易的一个主要港口，在军事上居于重要地位，通过宁波既可以输入粮食、军火等重要补给品，又能够取得海关税这笔重要收入。左宗棠很重视宁波，他委派史致谔署理宁绍台道，并明确指出：“浙江的军饷全是来自宁波，这个地方无人主持大局，就无法取得经济上的独立，依靠别人，其结果是有目共睹的。”

同治二年（1863年），浙境太平军的力量更为削弱。正月二十六日（3月15

日）清军夺取绍兴，但太平军击毙“常捷军”头目法人勒伯勒东。地方地主武装和中英、中法混合军又先后夺占镇海、台州等地。二月初，张景渠又攻取萧山，逼近杭州。李秀成的部将归王邓光明、听王陈炳文为保杭州亦增援富阳。二月，左宗棠水师在副将杨政漠率领下在富阳击毁数百艘太平军船只，太平军全局崩溃终难避免。

为牵制左军东进，皖南太平军分两路由皖入赣，以攻左宗棠后方：一路准备由歙县、休宁越过婺源，直取江西的乐平、德县；一路准备由黟县越过祁门进取江西景德镇、浮梁。为巩固后方，左宗棠只得调刘典一军八千余人回建德，转向皖南。这时左宗棠直接指挥的三万兵力分布极不集中，除王开琳、刘典两军一万余人部署在皖南外，还有万人分守下游的桐庐、新城和上游的遂安、淳安以及金华、衢州、严州等地，只有蒋益沣一万多人进攻富阳，加上瘟疫流行（左宗棠军前后病死四千多人），军饷缺乏，故而在富阳与太平军相持五个多月，没有进展，左宗棠也得了疟疾，左军陷入困境。

同治二年七月廿六日（1863 年 9 月 8 日），左宗棠求助于法国人组织的洋枪队，调来浙东德克碑的一千五百人的“常捷军”，配合蒋益沣进攻富阳。八月初七日（9 月 19 日），清军与“常捷军”一道将富阳城外卡垒攻破，第二天夺取富阳城，高连升部也攻取新桥，并开始向杭州进攻。九月初六日（10 月 18 日），太平军归王邓光明、听王陈炳文聚集一万余人分四路反攻，被击败。十月十八日（11 月 28 日）太平军又从杭州反击，被高连升与“常捷军”击退。十一月初十日（12 月 20 日）左宗棠赶至余杭督师，在余杭，双方展开了激战。

夺得安庆重镇之后，曾国藩为了迅速将太平天国剿灭，在同治元年三月（1862 年 4 月），派李鸿章全面进犯苏福省，同年四月又派其弟曾国荃率湘军围攻天京。加上左宗棠领兵进入浙东，夺取富阳、进犯杭州，太平天国被三面夹击，其防线慢慢瓦解。十月廿四日（12 月 15 日）太平军的守将部永宽等刺杀了慕王谭绍光，投降淮军，长江下游的主要城市苏州失守。浙江接着也出现了一系列叛变事件。从同治二年十一月初七日到同治三年正月初八日（1863 年 12 月 17 日到 1864 年 2 月 25 日），由于乍浦、平湖、澉浦、海盐、海宁、嘉善、桐乡等地的守将接连变节，杭州变得孤立无援。

同治三年正月初九日（1864 年 2 月 15 日），为遏止从皖南援浙的太平军，左宗棠将提督黄少春一军从余杭调至严州。这时，皖南太平军已经自绩溪进入昌化，并南下遂安、淳安，对左军后路造成巨大威胁。左宗棠派魏喻义自新城南屯严州，戴奉聘屯衢州，喻得成屯金华，并调王开琳部“老湘军”进逼淳安，稳固后路防务。正月十五日，王开琳会合黄少春部击败遂安之昏口的太平军，太平军分走玉山（赣东）、婺源（皖南）。二月十八日（3 月 25 日），淮军攻陷嘉兴，杭州太平军更为孤立，城内个别将领意欲投降。二十三日后半夜，听王陈炳文放弃城池向北退走。二十五日清晨，左军将杭州攻陷，蒋益沣、高连升等部及德克碑的中法混合军人城为非作歹，烧杀抢夺。同一天，太平军康王汪海洋也放弃余杭北走武康（属浙江湖州府），清军康国器等将余杭城占领。三月初二日（4 月 7 日），左宗棠进驻杭州。

苏杭陷落是太平军苏浙根据地瓦解的标志。太湖地区的太平军再无回旋余地，只得舍弃苏浙，“就食江西”。三月初四日（4 月 9 日），左宗棠遣杨昌浚率军占领武康。初五日，太平军石门守将邓光明献城。同日，李世贤、汪海洋、杨辅清退至昌化。以后，李世贤自皖南进入江西，陈炳文、汪海洋等转战浙皖；杨辅清、黄文金则留守湖州，在湖州一带与清军进行了两个多月的战争。六月十六日（7 月 19 日），天京陷落，幼天王洪福瑱突围后到达安徽广德，再东向入浙，二十六日到达湖州城。七月十二日（8 月 13 日），干王洪仁玕也到达湖州。这时湘军、淮军已合击湖州，二十五日（8 月 26 日），湖州城南门守将陈学明投降蒋益沣。二十六日，洪仁玕、黄文金等决定放弃湖州，直攻江西。二十七日（8 月 28 日），左军将领蒋益沣、高连升以及“常捷军”首领德克碑会同淮军将领郭松林等将湖州府城占领。二十八日，左军又在梅溪将由湖州西走的太平军击败。同一天，杨昌浚经过一个多月的围攻，占领湖州府西境的安吉县城，并将太平军追到孝平。

七月底至八月，太平军在皖浙战场节节败退，纷纷转入江西，从而使浙江一带的战争宣告结束。同治三年（1864 年）九月六日，左宗棠上奏朝廷，称已全部肃清浙江太平军。如此一来，左宗棠又为清王朝“规复浙江”立下“大功”。

4. 赴闽督战

同治三年（1864 年）春夏之交，在清军进逼天京、杭州时，太平军五路大军集中于江西。正月，谭星部自浙江开化进入江西广信、玉山；三月中旬，汪海洋、陈炳文自皖南婺源突进到江西德兴；李世贤、陆顺德自浙江开化进入江西玉山；四月初，朱兴隆、刘肇钧也自苏南经浙西、皖南进入江西；洪仁玕等亦计划由皖南趋江西。可进入江西的太平军又难以组织有效攻势，清军将他们各个击败并不困难。九月初九日（10 月 9 日），湘军将领席宝田在广昌击败俘获洪仁玕、黄文金等。李远继、谭体元等全部前去投靠汪海洋。此间，李世贤在赣粤边境活动，汪海洋则在江西宁都、石城一带驻扎。

九月，太平军余部四路挺进福建。来王陆顺德自广东大埔北上，占领闽南永定县，接着向北进发攻取龙岩府；侍王李世贤领兵进攻南雄，后撤围经镇平、平远、大浦等地，九月十四日（10 月 14 日），向东进攻闽东南的漳州府；九月中旬花旗军天将丁太阳、林正扬等自江西云都、瑞金南下入闽境，十月十六日（11 月 14 日）夺取闽西南的武平，随后向东进逼永定。同时，康王汪海洋、偕王谭体元、佑王李远继、祥王黄隆芸等攻克江西新城县，然后经宁都、瑞金进入福建江州（今长汀）境内的濯田。

闽浙总督左宗棠闻讯十分震惊。他奏请清廷令蒋益沣护理浙江巡抚，令杨昌浚署布政使，自己亲往福建督战。

十月二十八日（11 月 26 日），左宗棠自杭州出发，率清军分三路进入福建：西路饬帮办福建军务刘曲率所部 8000 新军自江西新昌赴汀州府，又奏请清廷令记名臬司王德榜署福建按察使，带所部五营自江西瑞金入汀州协同作战；中路由康国器一军进攻漳州府；东路则以署浙江提督高连升部 4000 人、知府魏光邴部 500 人自杭州东赴宁波，由海道赴福州，出兴化（今浦田）、泉州。

十月上旬，清署福建陆路提督、福宁镇总兵林文察进攻漳州，被太平军击退。十一月初三日（12 月 1 日），在距漳州二十余里的万松关，李世贤又大破清军，将林文察斩杀，并击退了清署福建水师提督曾玉明的援军。十一月十九日（12 月 17 日），汪海洋、谭体元、李远继等击败左军西路刘典部，杀死副将卢华胜、参将刘教廷，夺取杨家坊。第二天，刘典退回连城据守，王德榜、王开琳自汀州赶去救援。二十七日（12 月 25 日），左宗棠进驻延平（今南平县），护理浙江巡抚蒋益沣派署衢州镇总兵刘清亮支援福建。当时太平军在福建，主要分为两大支：李世贤以漳州城为中心，占有云霄、南靖、龙岩、永定，拥兵十余万；汪海洋约有九万人，扎老营于南阳，分军守下车、吉田、南岭一带。这样，一时间太平军控制了闽西南大部地区，具有极大的影响力，开创了一个新的基地。

左宗棠感到十分难对付。为增加福建兵力，清廷于十二月初五日谕令新任福建水师提督吴全美（在粤）、陆路提督郭松林（在苏）、漳州镇总兵李成谋（在鄂)、汀州镇总兵沈俊德(在鄂)、建宁镇总兵张得胜(在皖)、金门镇总兵王东华(在苏),各统本部兵马赴任。

十二月初四日(1865年1月1日),左军中路黄少春到达漳州北溪,与高连升一道进攻李世贤。二十八日,闽粤清军夺取永定县。同治四年一月二十四日(1865年2月19日),清廷建邵道康国器率军攻夺九龙江上下游军事重镇——龙岩,将李世贤与汪海洋两军的联络切断了。二十七日,刘典、王德榜联军在连城新泉大破汪海洋部,杀其精锐过半。二月初四(3月1日),刘典、王德榜等夺取连城、汀州间的南阳乡,太平军退到永定、上杭。初七日(3月4日),刘典、王德榜在上杭白沙再度将汪海洋部击败。

三月初三日(3月29日),李世贤自漳州分路北进,被高连升、黄少春击败。二月初,李鸿章派郭松林、杨鼎勋两军分别于三月初五日、三月十七日到达厦门。为进攻漳州府南,左宗棠令其分道进海澄、漳浦。十六日,郭松林联合高连升、黄少春将李世贤部击败。十八日,左宗棠再调刘明灯五营自福州,由兴的泉赴安溪,增加进攻漳州的兵力。他本人也于四月十五日(5月9日)达福州,就近督战。四月中旬,淮军杨鼎勋、郭松林等,左军王德榜等分别在漳州南面和西北把太平军击败,合围漳州府城。廿一日(5月15日),在太平军坚守了七个月之后,黄少春、王德榜会同郭松林、杨鼎勋占领了漳州府城。李世贤奋力抵抗,无力回天,向西南败走。二十二日,刘典、王德榜等又将府城西北的南靖攻下。

三月下旬,刘典、康国器分路向汪海洋部进攻。四月中旬,汪海洋向南进发到广东大埔,遭到广东清军阻击,又退回闽南。四月廿五日(5月19日),汪海洋、李远继、谭体元兵分七路进攻永定,被在狮龙岭伏击的清军所败,第二天,汪海洋再战再败,损失惨重,向西北撤退,据守上杭、中都一带。

李世贤撤出漳州后,即向粤闽交界的平和县撤退,王德榜、高连升、黄少春等领军穷追不舍,太平军伤亡很大。四月二十七日(5月21日),淮军郭松林、杨鼎勋两部接连进驻漳浦县城。五月初一(5月25日),再夺取云霄厅及福建东南端的诏安。五月初二日(5月26日),在永定县之塔下刘典、康国器又大败李世贤,太平军死伤几万人,李世贤单骑逃生。五月十三日(6月6日),天将丁太阳在永定向刘典投降。闰五月初一日(6月23日),高连升等又在闽西南上杭把汪海洋击败,汪部败走武平。闰五月十一日(7月3日),汪部太平军自福建撤入广东境内，这样清军追剿太平军余部的主要战事转入广东。

同治四年五月初十，左军进抵漳州。汪海洋部撤入广东后，左宗棠一面令部下紧追，一面派康国器率部五千人入粤夹击。同年闰五月二十三日（7月25日），汪海洋被康国器所败，退回镇平。左宗棠命高连升、刘清亮、黄少春等驻扎于距镇平数十里处，汪海洋则在镇平城外分筑三十余垒，屯积粮食，意欲坚守。这样左宗棠在城外部署了四支清军：康国器、关镇邦攻镇平东南；高连升、刘清亮、黄少春严扼闽粤武平边境，防止太平军北上；刘典、王德榜两军分屯福建上杭、武平，作为第二道封锁线，并命令粤军守住镇平西南，准备将汪海洋部太平军一举消灭。

漳州失守后，李世贤逃至镇平县汪海洋处，不想被汪海洋暗杀，太平军也因此熄灭了仅有的一线复兴的希望。李世贤被害后，来王陆顺德也在广东长乐（今五华）被叛徒林政扬抓住送至清营，不肯屈服，英勇牺牲。七月十三日（9月20日），由赣至粤参战的鲍超所部霆军，提督娄云庆在镇平、大招将佑王李远继击败。汪海洋集中两万兵力进高思，康国器在山岭间埋伏精锐，用抬枪向太平军轰击，汪海洋左腕被击伤，全军一片混乱。

5. 入粤督师

清廷于八月十三日（10月2日）派左宗棠入粤督师，节制江西、广东、福建三省各军。八月十四日，汪海洋以伏击战术打死高连升部数千人，其大将关镇邦被杀，数百康军也被击毙。九月初三日（10月22日），汪海洋夺取平和县（属惠州府）。九月廿一日（11月9日），汪海洋、谭体元、李远继攻克广东嘉应州（今梅县），这是太平军占领的最后一座州城。太平军多次击败左宗棠所部清军，并将前来进攻的叛徒钱桂仁击毙。但汪海洋在嘉应城外建望楼、土城，准备死守孤城，犯下致命的错误，使得自己被动挨打、坐以待毙。

在太平军夺取嘉应州并准备据城死守之后，康国器飞速赶到左宗棠大营献计，认为“得三万兵、三月饷，可聚而歼也”。左宗棠采用了康国器的合长围之计，调新任浙江提督鲍超率12000人入闽到上杭、武平，再由广东平远县向嘉应西北进发，作为北路；刘典率军8000人由赣入闽，由大浦、永定向松口（嘉应州境）进发攻其东；左宗棠亲率署浙江提督黄少春之军3000人、福建布政使王德榜之军2500人自饶平攻其东南；又请两广总督衙署派广东布政使李福泰一军驻兴宁（嘉应州城西南），总兵方耀驻兴宁县东，把守嘉应西面；派高连升、康国器部攻汪海洋之西；再以粤军记名提督曾敏行、副将郑绍忠把守南路，江西巡抚刘坤一也派臬司席宝田、总兵刘胜祥两军自平远、镇平进发。这样对嘉应城的包围圈就形成了，左宗棠准备在这里将太平军余部全部歼灭。

十一月廿九日（1866年1月15日），左宗棠将大营移到粤东大埔县（属潮州府）。十二月十二日，汪海洋在黄竹洋、佛子高等地将刘典和王德榜之军击败。可刘、王二人又会合高连升、康国器再度进攻，在激战中汪海洋头部中弹重伤而死。在战斗中李远继不知所踪，偕王谭体元代为统领其余部。十九日（2月4日），霆军、左军、粤军七路对嘉应州城进行夹击。

二十二日（2月7日）夜，谭体元见城难据守，于是打开城西南门，向黄沙嶂撤退。四更时，高连升、黄少春等攻入东门，高连升、王德榜、康国器各军继续追击。二十三日夜，在黄沙嶂左路王德榜部围追招降太平军大部。二十四日（2月9日）黎明，高连升一军在大田追上太平军，招降万余人，何明亮等部太平军亦在北溪白河坝被迫投降鲍超军。同治五年正月廿一日（1866年3月7日），谭体元在黄沙峰督战，在与鲍超军的战斗中，由于力竭坠崖摔成重伤，被黄少春部俘获，后被解到左宗棠松口行营，惨遭杀害。

在这次战役中，太平军余部有近万人阵亡，五万余人投降，这时长江以南太平军余部被肃清。正月下旬左宗棠返回闽浙总督衙署，清廷赏其戴双眼花翎，特赏其长子左孝威主事。

左宗棠奉命出师，镇压太平军，是为了巩固封建统治，出于对清朝皇帝的忠诚，但他对无辜良民的残酷屠杀却难辞其咎。同治三年（1864年），左宗棠与李鸿章一道攻破湖州之后，左宗棠不以收复湖州城居功，而继续进行追击，在威坪、宁国、蜀口等地，擒斩数千太平军大小头目。对起义军他强调不能轻易言“抚”，而一定要重“剿”，而且还要斩草除根。对待俘虏，他的手段非常残忍。咸丰十一年（1861年），左宗棠部湘军在鲇鱼山、金鱼桥、范家村等地大败太平军，左宗棠说：“上饶范家村之战，毙贼三千有余，阵斩贼目多名，极为痛快。只要抓住太平军将领，审讯后就处以磔刑，并株连家属。同治二年（1863年），左部湘军夺取龙游，太平军将领陈廷香在汤溪白龙桥战死。左宗棠获悉陈廷香是湖南湘阴猪婆潭人，即写信命湘阴知县拿其家属问罪。湘军占领汤溪，太平军守将李尚扬遭叛徒出卖被俘，左宗棠亲自审讯，处以磔刑，并写信命湖南安仁知县查拿李尚扬家属。同治五年（1866年），太平军被彻底镇压，在战事已结束的情况下，处理大量太平军被俘战士时，左宗棠下令将面貌狰狞者也予以惩办。他还督令各部，分路捕治嘉、潮、泉、漳、化、兴、永春各邻县“莠民”，诛杀好几千人。

但是，另一方面，左宗棠的“刚明耐苦”是少见的。

自统兵进入浙江以后，身为主帅，每遇大战，他都和僚佐一道头裹布巾，靴中别刀，分路奋勇杀敌，白天指挥作战，夜晚处理公牍文书，都要亲历亲为。身为闽浙总督，他三年内只有十二天住在总督衙署，其余时间都在军帐中度过，生活十分俭仆，与将士同甘共苦，只有在宴客时才吃一些海菜。咸丰十一年（1861年）夏，太平军夺取建德，绕攻景德镇，曾国藩求救。左宗棠自兴安冒雨行军七天，刚一到达乐平，就领军作战。在镇压起义的过程中，左宗棠表现了高度的自觉和“尽瘁”精神。

三、步步高升

随着太平天国的一步步覆灭，左宗棠的政治地位也日渐提高。

咸丰九年的樊燮案件虽然最终并未给左宗棠造成直接恶果，但却深深地刺激了他。在身陷困境的情况下，他觉得投奔曾国藩也许是唯一的办法：“不得已，由大别沿江而下，入涤老营，暂栖羁羽。”

那时，曾国藩正全力攻打安庆，左宗棠的到来令他格外高兴，他连续多次与其攀谈，共商克平安庆之法。恰逢此时，朝廷来谕询问曾国藩应如何安置左宗棠：“左宗棠熟悉湖南形势，战胜攻取，调度有方。目下贼氛甚炽，而湖南亦所必欲甘心，应否令左宗棠仍在湖南本地襄办团练等事，抑或调赴该侍郎军营，俾得尽基所长，以收得人之效？着曾国藩酌情处理。”

曾国藩接谕后，马上上奏说：“查左宗棠刚明耐苦，晓畅兵机。当此需才孔亟之际，或饬令办理湖南团防，或简用藩臬等官，予以地方，俾得安凡任事，必能感激图报，有裨时局。”

朝廷得到曾国藩的奏书后，果依曾国藩所请，命左宗棠以四品京堂候补，随同曾国藩襄办军务。

为照本署部堂于咸丰十年五月二十日，准兵部火票递到咸丰十年四月二十日内阁奉上谕："左宗棠着以四品京堂候补，随同曾国藩襄办军务。"钦此。相应恭录咨会，为此合咨贵京堂，请烦钦遵查照施行。

再，此案早经接准部文，因驿递稽迟，至今始奉到谕旨，合并咨明。须至咨者。右咨钦命襄办军务四品京堂。

没过多久，曾国藩就派左宗棠回湖南招勇，并让他独立领兵。在这之前，左宗棠仅仅作为幕僚参与军事、政治、经济活动，故而任何功劳都归于巡抚，而不属于他。如此一来，在曾国藩的支持下，左宗棠募得五千楚勇，终于有了自己的资本。几个月后，左宗棠的楚勇就开赴前线，并连克江西德兴等城。十一月二十八日曾国藩再次上奏为左宗棠请功：

奏为广东另股逆匪窜扰东平、贵溪地方，迭经官军驰剿，大获胜仗，连复德兴、婺源二城，恭摺具陈，仰祈圣鉴事。

窃另股逆匪自广东韶州而来，窜扰南赣，围逼建昌，占踞河口，均经江西抚臣毓科奏报在案。襄办军务候补四品京堂左宗棠一军，前往乐平，曾经臣附摺奏明。旋因西路有警，移驻景德镇。探报南赣另股由贵溪境内窜过安仁，有直扑饶、景之势。左宗棠派游击王开琳、知府王开来，分带四旗两营，由珠田大桥一带相机迎剿。十月二十日，拔队行抵珠田，贼悉于十九夜窜往贵溪。二十一日，我军行六十里至大田坂，闻大股贼屯踞周坊、丁家坊等处，相距二、三十里。是夜四鼓，派七成队，偃旗息号，乘月急驰，出贼不意，以攻捣之。行抵鹤岭，离周坊三里许，贼尚不知我军之至也。王开琳等遂分三路，翻山而进。该逆惊觉，摇旗迎敌，我军奋勇直前，两面伏兵并起，围贼核心，毙三四百人。贼抛弃旗帜、军械、衣物甚多，我军皆之不顾。正痛剿间，忽三马桥、富村各处大股纷来，势甚凶猛。喻胜荣、丁长胜仍由中路排进，王明辉、陈明南仍由两路抄出，贼即大败。我军乘胜追杀七、八里，斩首四、五百人。该逆败过小河，忽有丁家坊一股与之合并，隔河猛抵。王开琳令各旗哨排整队伍，对施枪炮，另派哨勇，由丁家坊上下小港，冲入中路，正兵过河，直捣贼巢。越胜国右手被枪子伤穿，犹忍痛陷阵。贼见我军势力更大，遂向高山奔窜。是日自周坊追至丁家坊约二十里，自晨至夕，忍饥力战，共毙贼二千数百名，生擒一百八十余名，阵斩贼酋伪检点陈姓，伪元帅黄姓，伪丞相郑姓多名。此二十二日进剿贵溪、周坊等处，大获胜仗之实在情形也。

二十四日，左宗棠接据探禀，周坊败菲，已由弋阳方家墩窜至德兴之黄柏塘地方，当即移饬王开化、杨昌浚督带中营，及前、左、后三营，前往迎剿。二十七日，抵香墩，二十八日，在太白司下河干架造浮桥，二十九日，黎明过河。行至枫树岭，贼始知觉，遂由三路蜂拥而来。游击罗近秋，都司黄省春，副将崔大光各率亲兵数十人，前往觇贼，立斩悍贼数十。各营大队续至，欢呼陷阵。王开化、杨昌浚率中营列队山冈，指挥策应，该逆惊溃，追杀十余里。适老湘各营，亦于是日由弋阳界追贼而来。是夜四鼓，探知贼畏剿思窜，王开化等会督各营进攻，直逼城下。贼见我军旗帜，即由南门窜走。我军乘胜追击，一面入城安抚难民，查点各营受伤者，仅十余名。此十月二十九日，十一月初一日攻克德兴县城之实在情形也。

贼由德兴窜去，旋分两路，一走海口，一走太白司。王开化督诸军横截太白司一路，老湘、桂勇右营，亦蹑踪而至。初二日，探知窜贼已陷婺源。初三日五鼓，诸军整队前进。辰初，行抵高沙，值贼在该村庄掳粮，我军前队驰追，毙贼百余名，生擒十三名。旋督队进攻城北、城西两面，贼出二千余人，负城列阵。我军两路齐扑，贼溃入城，闭门死拒。诸将督勇，奋力登陴，该逆即夺东南门逃走。两门外河水环绕，贼夺桥而过，我军两面抄击，并派队由上游截渡，拦桥逼贼，纷纷堕水。我军乘胜过桥，追剿二十余里，沿途尸骸枕藉，余匪由开化窜去。此初三日，克复婺源县城之实在情形也。

臣查左宗棠一军，自移师景镇，驻扎未久，一闻贵溪警报，分路调拨，或迎头截击，或跟踪追剿，计十日之内，转战三百余里，连克三城。使狼奔豕突之众，喘息不得少定。实属调度神速，将士用命。自此股剿败后，即有池州大股，扑陷建德，直犯浮梁，景德镇，亦惟左宗棠一军独当其冲。左宗棠初立新军，骤当大敌。昼而跃马入阵，暮而治事达旦，实属勤劳异常。惟系襄办京堂大员，应如何优擢奖叙之处，出自圣裁。花翎即选道王开化，请赏加按察使衔。候选训导杨昌浚，请以知县即选，并加知州衔，赏戴花翎。候选训导刘典，请以知县选用，并赏加知州衔。花翎副将崔大光，请赏加总兵衔。暂革花翎游击罗近秋，请开复原官，仍赏加参将衔。从九衔朱明亮、张声恒，均请以州同选用，并赏戴蓝翎。花翎都司黄少春，请以游击归部推补。花翎游击王开林，请以参将归部推补。花翎道衔知府王开来，请以道员即选。花翎参将畦金城，请仍以参将归部遇缺先补。守血衔千总章荣先，请以都司即补。花翎都司张志超，请赏加游击衔。其余出力员弁，可否准臣开单择尤保奖之处，出自圣主鸿施。所有周坊、德兴、婺源三次大获胜仗，连复二城缘由，专摺由六百里驰陈，伏乞皇上圣鉴训示。谨奏。

接到奏疏后，朝廷将左宗棠晋升为三品京堂。

随后，左宗棠又在咸丰十一年（1861 年）春将李世贤部打得大败，为此曾国藩上奏朝廷，说他“以数千新集之众，破十倍凶悍之贼，因地利以审敌情，蓄机势以作士气，实属深明将略，度越时贤”。根据此役断定左宗棠“将来必能为国家开拓疆土，廓清逆氛”。还专门上了《请将左宗棠改为帮办军务片》：

再，候补三品京堂左宗棠，往年在湖南，抚臣幕中佐办军事，肃清本省，援剿邻省，如江西、湖北、贵州、两广，常由湖南重兵往援，屡奏大功，久在圣明洞鉴之中。上处奉旨襄办臣处军务，募勇五千余人，驰赴江、皖之交。方虑其新军难收速效，乃去冬堵剿黄文金大股，今春击退李世贤大股。以数千新集之众，破十倍凶悍之贼，因地利以审敌情，蓄机势以作士气，实属深明将略，度越时贤。可否吁恳天恩，将左宗棠襄办军务改为帮办军务，俾事权渐属，储为大用之处？出自圣主鸿裁。理合附片具陈，伏乞皇上训示。谨奏。

接到奏疏后，朝廷又照曾国藩所请，把左宗棠的襄办军务改为帮办军务，尽管仅一字之差，可改动后左即是曾的副手了。同时，清廷厚赏左宗棠：

为照本部堂于咸丰十一年四月初二日，由驿附奏，请将左宗棠襄办军务改为帮办军务一片。当经咨送片稿在案。兹于五月初三日准兵部火票递回原片，奉朱批：“另有旨。”钦此。同日并准递到咸丰十一年四月十七日内阁上谕：“候补三品京堂左宗棠，着帮办曾国藩军务。”钦此。

接着又将左宗棠晋升为太常寺卿。这是左宗棠出山后近十年首次被授官职。

朝廷在咸丰十一年（1861 年）十月十八日的上谕中令曾国藩主持浙江省的军务，曾国藩则以路途遥远为由，请求让左宗棠督办浙江军务。十一月，曾国藩给朝廷上奏，请求批准左宗棠前往浙江，并让左宗棠就近调度江西广丰、广信、饶州、玉山和安徽徽州等地的内河水师和陆军，准许左宗棠自行奏报朝廷。

十一月二十八日，太平军围攻杭州。消息传到北京后，刑部给事中高延祐等马上向清廷上奏，称应改任左宗棠为浙江巡抚，尚有挽回浙江败局的一线希望。浙江巡抚王有龄和杭州将军瑞昌也自知无力回天，曾主动上奏请求左宗棠督办军务。湖南巡抚毛鸿宾等一同呼吁，认为左宗棠的才能为其现在的职务所限，应该令其担当封疆重任。曾国藩也密奏清廷，认为王有龄无法胜任浙抚一职，建议改任左宗棠主持浙江军务。此事在他十二月十二日给左宗棠的信中有所反映：“浙江竟于十一月二十八日失守，六十万生灵同遭浩劫。天乎酷哉！弟于二十五复奏统辖浙江军务，已附片密请简阁下为浙江巡抚。无论是否俞允，目下经营浙事，全仗大力，责无旁贷。”

在曾国藩的大力举荐下，左宗棠平步青云，至咸丰十一年（1861 年）担任浙江巡抚，而到了同治二年（1863 年），再被提拔为闽浙总督，兼署浙江巡抚，已与曾国藩平起平坐。

四、恢复闽浙经济

左宗棠生在清朝末年，尽管他无法扭转其颓败腐朽的大趋势，并且从政的时间较短，可是他却力图有所作为。在能力所及的范围内，他总是关注国家和民族的长远利益，为官一处就注意安顿民众的生活，竭尽全力减少人民的负担和痛苦，切实地为民族的生存和发展做一些有益的工作，也尽力遏制了一些腐败现象的发展。在晚清统治集团中，就是在四大“中兴名臣”中，他在这方面也是别具一格的。可左宗棠生活的时代经历两次鸦片战争和十几年国内战争，社会经济一片萧条，人民难以为继，不管是兴修水利，屯田垦荒，还是救济灾民，都得花费一番心思。

太平天国运动以后，农业生产破坏严重。据统计，同治五年（1866 年），浙江全省土地有三分之一都荒芜了，有的府县更是“田土十荒七八”。浙江的北部和西部，更是河渠淤塞，海塘坍废，农民颠沛流离。为了缓解社会矛盾，恢复社会经济，左宗棠采取了这些措施：

第一，恢复和发展生产。其一，鼓励农民和兵勇开垦荒地。同治元年（1862 年）冬，战乱未休，左宗棠便刊发救荒十二条办法，在军饷十分匮乏的情况下，“匀拨钱米，赈济灾民”，并筹资采买稻种、豆种和耕牛，令那些不参加作战的兵勇耕垦驻地的荒地，并招徕邻省农民耕垦浙江。浙江省内的战事完结后，他派裁撤的丁勇前去开垦荒地，使战争造成的人口锐减、劳动力缺乏的困难得到解决。其二，命令浙省各州县清理河道，整修水利设施，并命地方富绅捐筹二十万两经费，购米办赈，对“关系吴越两省农田”的海塘进行治理。他又用以商代赈的办法下令收锡、铜、铁、铅和茶叶，用米作为拣茶的工资，雇妇女拣茶。其三，在福州设“蚕棉馆”，向各府县推广种植棉花和养蚕栽桑，以“广布帛之利”。

第二，整顿钱漕。浙江在全国算得上富庶，同时赋税也比较沉重。漕政是清廷四大政之一，备受瞩目。而地主阶级出身又深受“经世”思想熏陶的左宗棠，不仅对道光、咸丰以来中、小土地占有者负担沉重有着深切的体验，而且非常清楚清廷漕政的弊端，到浙江后，他马上采取了一些可行的措施：其一，同治二年（1863 年）冬，首先上奏清廷裁减温州府属各厅县所有不合理的规定，减去浮收米 300 余石，钱 4 万余千。其二，同治三年（1864 年）春奏减宁波、绍兴两府各属县浮收米 1000 多石，钱 33 万余千。其三，夺取杭州后，设立“清赋局”，核减杭嘉湖五属漕粮 26 万石，并于同年十月奏准减征原定额三分之一，革除各种陋规、浮收。其四，在福建亦清厘赋额，将各该厅县丁、米按照向章连耗余征收若干，出示勒石。在实际执行中，左宗棠的这些规定虽然受到各州县官吏的抵制而无法全部兑现，可它毕竟减轻和缓解了一些土地占有者的负担。

第三，改革盐法。左宗棠还取消杭、湖、嘉、松四所获清廷特许的盐商收购运销的专利特权，统统改行票盐法。道光二十年（1840 年）前后，两江总督陶澍在魏源的协助下在两淮大力进行盐法改革。左宗棠继承了他们的做法，杜绝盐吏的贪污，降低成本，让老百姓能够吃到便宜的食盐，同时使清廷的税收也增加了。他还一面开市招商，一面对杭州中河、余杭南湖进行修浚，同时准备修浚西湖，以“通商惠工”。左宗棠还制定厘税规约促进商业流通。他在浙江实行自行制定的“两起两验”之制。虽然两起两验，一共要经四处停待盘查，税额高到值百抽九，可与江苏的“节节抽取”相比，至少有了明确的定额和限制。

第四，整饬吏治。自在湖南作幕僚以来，左宗棠一直十分注意吏治的整顿。他深深感到，吏治的好坏决定着封建统治的兴衰。

左宗棠是在对浙、闽两省吏治情况有了深入了解的基础上进行吏治整顿的。他每到一地，每天都会见当地乡绅，通过接触城乡地主士绅考察地方吏治情况。这两个沿海省份与内地省份相比，有两个特点：其一，经济情况比内地各省都略好，到咸丰前期和中期，都属“平靖”省份；其二，官场十分腐朽，地方大吏和州县官吏竭尽全力进行搜刮，用钱捐官的也更多，所以他着手在浙闽整顿吏治，其具体措施为：“察吏”“训吏”“恤吏”。“察吏必先惩贪。”只要是劣迹昭彰的贪官，一经发现属实，就进行严厉的参奏，决不拖延。“训吏”是指在义理上使之恪守为官之道，“训之使不至为恶”。“恤吏”是指在经济上裁减州县浮收钱粮的同时，又对地方官吏的实际需要予以照顾，使其略有余财。故而他通令各属，将上司强取于州县的各种摊捐、各种陋规免除，并发给“养廉”银，使其不致巧立名目进行搜刮。贪污腐化是封建政治的顽症，几次举劾和几道通令尽管无法将其杜绝，可还是起到了一些限制和震慑的作用，从而使州县政权的统治职能能够有效地发挥，并在一定程度上减轻了人民的负担。在这一点上，与那些庸贪大吏相比，左宗棠还是要清明得多。

第五，广设书局。在浙江征剿太平军期间，左宗棠发觉经过太平军扫荡后，儒家经书大都毁灭，农民战争很大地冲击了儒学权威。为此他力图振兴儒学，以消除太平天国的影响，重新确立儒家思想在意识形态领域内的绝对权威。所以左宗棠先在宁波设置书局，刊刻四书五经。夺取杭州后，又在城内设立翻刻儒家经典的书局。左宗棠是当时最先从事这项工作的。在福州他还设“正谊堂书局”，刊刻河南理学家张伯行的《儒先遗书》55种，在各府县书院散发，力图将这作为培养士人、劝导向学的关键，并将“扫异学之氛雾，入守儒之堂奥”与“练兵遣勇”“治匪安民”“积贮备荒”“教种桑棉”并列，合称为他在浙、闽施政的五条纲领。

总的说来，正是在左宗棠的努力下，浙江成了在经历国内战争的各省中农业生产恢复最快的省份。

以上这些措施，尽管对恢复封建统治秩序有利，可是对缓解社会矛盾、恢复惨遭破坏的社会经济，起到了一定的积极作用，所以是值得肯定的。

第四章　镇压起义

一、歼除捻军

太平天国农民战争失败后，北方捻军领袖梁王张宗禹、鲁王任化邦与太平军余部遵王赖文光联合起来。同治三年十一月（1864 年 12 月），这两股义军在豫南会合，组成以重振太平天国抗清事业为目标的新捻军。新捻军改步兵为骑兵，使作战的机动性大大提高。他们在华北平原驰骋，屡败清军，使其疲于奔命。

同治五年九月十五日（1866 年 10 月 23 日），在河南许州（今许昌市）新捻军兵分两支：赖文光、任化邦率一部活动于中原地区，是为“东捻”；张宗禹、张禹爵、邱远才等率军入陕，准备与西北回民起义军联合，共掀抗清高潮，以呼应中原地区的“东捻”斗争，是为“西捻”。十月，西捻军自许州西上，越过秦岭，直扑华阴，陕西巡抚刘蓉急忙率湘军从邠州、陇州一带东下，被西捻军击败于华州城东，伤亡七八百人。万分惊惶的清王朝急下三道诏谕，令左宗棠直接赶赴陕西应对这一严峻局势。于是左宗棠肩负着镇压回民起义和西北捻军的双重使命，赶忙调集、招募湘军赶往陕西。当行军路过黄州时，他专门写信给居住在监利的老朋友王柏心，邀其在汉口会面，共商对付捻军、回民军的有效方法。王柏心认为应先灭捻军。左宗棠采纳王柏心的建议，制订了自己在西北的作战方针。

三月二十七日（2 月 22 日），清廷授左宗棠为钦差大臣，督办陕甘军务。

同治五年十二月十八日（1867 年 1 月 23 日），六万西捻军在西安东灞桥十里坡将陕西巡抚刘蓉的湘军一举消灭，斩刘蓉部湘军大将杨德胜和萧德扬等，趁势包围西安，四面环攻。可此时东捻军正作战湖北，将左宗棠阻于汉口，使其无法北上。清廷获悉，急命两江总督派兵增援。曾国藩急派大将刘松山率十七营骑兵、步兵自南京西上，在这年旧历年关到达西安。同治六年正月（1867 年 2 月），西捻军与刘松山部在西安郊外展开激战，西捻军失败，于是渡过渭水向北撤退。西捻军原欲和西北回民军共同抗清，可却没有很好地联合起来。

这时东捻军为实现其联合西捻军建立川陕根据地的战略目标，在江汉纵横驰骋，不但屡屡挫败湖北巡抚曾国荃的新军，而且使“剿捻”主将李鸿章的淮军接连失利。一直等到东捻军自枣阳北入河南，左宗棠分兵三路入陕的计划才敢于实行。左宗棠派刘典率本部和“恪靖”前路五营于六月十六日（7 月 17 日）到达陕西蓝田。左宗棠自率七千人，从樊城大路进潼关，六月十四日过函谷关时遭遇山洪，大半辎重损失，十八日到潼关，营中时疫流行，死二百多人，病者数以千计，只得暂驻潼关休整。高连升率“果勇”九营约四千多人，于四月底抵达长沙，五月初自长沙出发，经武昌、樊城，沿着汉水西上，出均州、郧阳，进入陕西。在潼关左宗棠又策划了一个应对西捻军流动战术的计谋：派兵紧守渡口，将渭河封锁起来，接着派兵分别渡过渭河，联合刘松山的老湘军、黄鼎的蜀军、郭宝昌的“卓胜军”，在渭水以北，泾、洛两河以东，北口以南，黄河以西的狭长区域内将西捻军围困起来，然后歼灭。在潼关左宗棠还与担任河防的山西按察使陈堤共同商议了河防部署，防止西捻军东渡黄河，决定在秦、晋、豫交界的一段黄河设立三个防区。

可是九月二十七日（10 月 24 日），西捻军突然自蒲城东南向北渡过白水，突出包围圈，进入北山。十月初八日（11 月 3 日），西捻军一部北过鄜州，复折东南，走宜州；另一部西趋联合陇东回军，猛扑同官、耀州，左宗棠派高连升率 5000 人西进醴泉、乾州。派刘典率 5000 人分驻同官、耀州、三水。加上黄鼎一军，专职防守西线；另外派郭宝昌、刘松山、刘厚基三军共 16000 余人深入陕北，进行追击。

但是，西捻军和回军互相配合，协同作战，令左宗棠疲于奔命，难以招架。

同治五年（1867 年）11 月，西捻军首领张宗禹收到东捻军首领赖文光的求援信，获悉东捻军被清军重重围困于山东运河东岸，为实现“誓同生死，万苦不辞”的诺言，张宗禹毅然领兵东进，深入北京畿辅地区，欲将山东战场的所有清军引向自己，以救东捻军之急。12 月 5 日西捻军自绥德撤出。18 日凌晨，张宗禹率领突击队击败了山西巡抚赵长龄和山西按察使、河防守将陈堤的守军，自陕西宜川壶口踏冰桥夜渡黄河，越过太行山、王屋山，沿小路进入豫北冀南，再自河北中部星夜北上，十分迅速地经顺德、保定和易州，直抵北京近郊的卢沟桥。

左宗棠的“神机妙算”完全被西捻军此举打破了。左宗棠尤其对西捻军闯进京畿地区，直接对清廷“中心”构成威胁有不可推卸的责任。这时的左宗棠才意识到遇到了真正的强敌，这对他的自信有着致命的打击。

左宗棠赶紧随郭宝昌、刘松山等自怀庆东北趋彰德尾追西捻军以立功赎罪。同治七年（1868年）初，左宗棠进入山西寿阳，获知西捻军北上多月，十分惊慌，督军冒雪日夜赶路。华北各省的军政大员也惊恐不定，他们日夜奔驰，领兵保卫京师。崇厚守天津，官文守保定，左宗棠领楚军、皖军、老湘军在捻军后面穷追不舍。才镇压了东捻的李鸿章也率困倦不堪的三万淮军北上，这时率军从各地赶来的还有河南巡抚李鹤年、山东巡抚丁宝桢、嵩武军统领张曜。

西捻军抵达豫北之时，东捻军已被歼灭在扬州附近。可张宗禹没有获得消息，仍然北上，西捻军变成了孤军深入。当西捻军抵达卢沟桥时，为大雾所阻，决定改日围攻北京。两三天后，京师内外已云集各路清军，西捻军不仅错失战机，且被敌人四面包围，尽管捻军勇猛作战，但终因寡不敌众，无法长期抗敌，只得南返，在冀中地区辗转活动。

同治七年正月二十九日（1868年2月22日），左宗棠抵达保定，率领各军从西北、东北三路向南进攻，可他仍然觉得和同捻军作战困难重重。这年3月，西捻军自深州（今探县）向北进军祁州（今安国县），3月6日到达博野（原保定府）。左宗棠令各部清军分道南下，在安平、深泽击败西捻军。3月16日，西捻军被豫军、淮军在饶阳县境击败，怀王邱德才、幼沃王张禹爵战死。这支大军在冀中连番苦战，才将清军防线冲破，越过滹沱河，于3月24日渡漳河，进入河南，又从山东东昌李海务渡口抢渡运河而向东，进入直隶和山东交界地区。左宗棠移驻开往（今山东濮阳县）。清廷命李鸿章总领各军，令左宗棠专心防守直隶和运河。4月26日，左宗棠到达德州。而张宗禹已领捻军北上静海，27日，威胁天津外围。清廷闻讯，再次戒严北京。西捻军见天津防守坚固，于是重返山东。28日，左宗棠率军沿运河向北进发。5月6日，左宗棠渡过运河，在吴桥驻扎。当时，共有十余万清军集中在直隶、山东、河南，却对西捻军无计可施，万分恼怒的清廷严令左宗棠、李鸿章在一个月之内将捻军完全消灭。

可是，一个月之后，剿捻行动仍成效不大，于是清廷下旨将左宗棠“交部严加议处”，并命满员都兴阿为钦差大臣，指挥豫军张曜、宋庆部和陈国瑞等军。对于这种情况左宗棠格外不满，在致杨昌浚的信中他说：“捻军本可早藏，而数百里之内，大臣三，总督一，巡抚三，侍郎一，将军一，而又邸营加之，禀命专命均有不可，束缚驰骤奚以为功?”对于清廷将他的兵权削减一事，他在写给崇厚的信中说：“见以逆捻急图窜越运西，遂由吴桥移驻连镇，然仅所部马步五千，其所带之秦军如刘、郭、喜，皆视贼所向，昼夜追剿，未尝一日休息。前此总统之张、宋、程三提军及春副都护之吉江马队，已遵旨交李少荃宫保矣。计敝军人马合计不过一万九千余，仅足当一大统领之数。”

因西捻军之事被朝廷严斥的李鸿章也迁怒于左宗棠，认为是左宗棠无能，把西捻军“放出”了西北，才导致了这种让人无计可施的局面。西捻军坚持运动战，使得十万清军疲于奔命。为扭转这种被动的局面，李鸿章多次上疏清廷，主张继续采用镇压东捻军的伎俩，即“设长围以困之”的“围剿”政策。左宗棠却认为采用“运河长围”之法，会由于战线太长而导致兵力分散，并不适合当前情况，不采纳李鸿章的提议。在安徽巡抚英桂、山东巡抚丁宝桢的支持下，李鸿章不顾醇亲王奕𫍽和左宗棠的反对，执意采用长围之策。双方激烈争执互不相让，最终清廷采纳了李鸿章的计策，令左宗棠十分失望。李鸿章的长围之策是：西面以运河为防线，在运河西岸修建长墙工事，派清军和民团把守，并将黄河之水引入运河，派水师炮船巡逻，防止西捻军渡运河向西而行；北面以天津以南的减河为防线，同样在北岸构筑长墙工事，并将运河之水引入减河，由崇厚率天津洋枪队及民团把守，以阻止西捻军北上；南面以黄河为屏障，将所有渡口封锁，把黄河所有船只调至南岸，令山东地方官吏带兵把守，以防止西捻军向西南进发；东面为大海，禁止渔船下海，以防西捻军渡海而去。又派出部队在直东地区与西捻军周旋。8 月，清军河防工事完成，西捻军就被困在运河、黄河和徒骇河之间，其活动范围越来越小，加上大雨不断，黄河、运河水位上涨，而这一地区地势低洼，遍布河流，变成泽国一片，西捻军的马队由此寸步难行。西捻军再无机动性可言，差不多身陷绝境。在济阳玉林镇之战、滨州商河大战中，捻军将士伤亡惨重。张宗禹意图抢渡运河，可在淮军大炮猛烈轰击下，没有成功，只得向东撤退到茌平县广平镇。8 月 16 日，张宗禹指挥的西捻军在向东北方向转移时，被淮军四面围困，全军覆没，张宗禹只带领十余骑突出重围，下落不明。

张宗禹的失踪和西捻军的覆没，意味着从咸丰初年以来转战中国各省的捻军最终被镇压。清政府“论功行赏”，左宗棠“晋太子太保衔”。他以自己追剿过程中并无功劳，请求收回这一封命，清政府没有答应。

二、镇压回民起义

同治七年七月十三日（1868 年 8 月 30 日），清廷下诏，派左宗棠带原部自山西渡河进入陕西镇压回民起义。

清朝同治年间大规模的回民起义在西北地区爆发，持续十三年之久。陕西是这次回民起义的发源地。同治元年（1862 年）四月，渭南仓渡镇、大荔王阁村、羌白镇首先爆发了回民起义，自东向西很快波及到泾阳、凤翔、同州、三源、朝邑、鄜州和延安等处。甘肃回民很快响应陕西回民起义，先后攻克约三十个郡县城池，将甘肃大半地区控制在手中。起义军两度攻打与河州三面接壤的兰州省城，令其时常处于戒严状态。起义军几乎控制了甘肃省三个重要地带：由河州而西至西宁，东至狄道；由平凉而北至宁夏，南至秦安；肃州以东的河西走廊。

那时陕甘回军势力庞大，以靠近陕甘交界的甘肃宁州境内的董志原为基地。这里的回军号称十八营，有马步近二十万人，占领了庆阳府城。其活动范围北接庆阳，东北直达鄜州、延安府，南连邠州、凤翔府，并威胁泾州和平凉，控制纵一百五十里、横二百八十里的广阔地域。

陕甘回民起义后，清廷难以应付。因为太平天国起义后，清廷从陕甘调派了大量军队前去镇压，使得陕甘两省缺兵少将。而甘肃是靠各省协饷维持，太平天国起义后，各省无力再协济甘肃，甘肃财政困难，只得裁兵。所以陕甘两省回军起义后，清廷地方当局既无兵士，又无粮饷。不得已，统治当局从外省和当地招募了许多兵勇以镇压回民起义和捻军，兵多饷少，只好欠饷不发，各军除普遍吃空军饷之外，就是对贫民进行巧取豪夺，这样陕甘起义者反而不断增多。统治当局又利用一些由于民族仇杀而集结起来的汉民团练或其他民间武装，改编为官勇，使得陕甘地区形势更为混乱。

在西北回军起义发生后，清朝统治者速调荆州将军多隆阿补西安将军，督办陕西军务；派直隶提督成明带京兵自山西前去救援。成明刚渡过黄河就被击败，多隆阿部受阻难以迅速西进。清廷又派胜保督办陕西军务，胜保到了陕西为非作歹，人民十分怨恨。

多隆阿带了十八个营，自潼关西进，大肆剿杀起义军，对回军据点羌白村、王阁村进行了一番洗劫。同治三年（1864 年）四月，多隆阿被起义军击毙。穆图善接统部队。穆图善补了宁夏将军，都兴阿补了西安将军，督办甘肃军务，雷正绾为帮办。但各路清军入甘后兵败如山倒。清廷又沼命乌鲁木齐提督成禄过河西出关“平乱”，他却不愿从命。清廷在无计可施之时，自然而然地想到了湘军。于是先就近提升四川布政使刘蓉为陕西巡抚，命他带川军和湘军入陕。在灞桥，刘蓉的部队差不多被西捻军全歼。清廷又命杨岳斌（字厚庵，湖南善化人）为陕甘总督，率所部湘军西征。但到了甘肃，杨岳斌也难以招架，只有曾国藩派刘松山率一批湘军西上，协助刘蓉主持危局。就是在这样的历史背景下，在西捻军覆没后，左宗棠马上被清廷诏令，带兵赴陕甘镇压回民起义军。

同治七年八月初五日（1868 年 9 月 20 日），左宗棠乘船到天津，初十日（9 月 25 日）到北京“入觐”。八月十五日（9 月 30 日），慈安、慈禧两太后召见了他，她们询问什么时候可以将陕甘问题解决，他谨慎地回答：“非五年不办。”十月十三日（11 月 26 日），左宗棠到达西安。他面前的局势是异常严峻的，回民起义军声势浩大，波及的地区广，持续的时间长。

作为一个老练的地主阶级政治家、军事家，左宗棠对待这次“出征”是非常慎重的。同治五年当他受命之时，即向朝廷上奏，请求给他时间准备，使他可以从容不迫地进行镇压。虽然慈禧太后认为五年之期太过迟缓，左宗棠仍坚持“非五年不办”。这反映了左宗棠一贯的求实作风，即使有拂朝廷旨意亦不退让。他在指挥各路清军依照其战略构想进兵的同时，又从很多方面进行了周密的部署和准备，认为欲平定西北边陲，必须先肃清心腹之地；要进兵甘肃，必须先平定陕西；驻兵兰州，必先弄清各路义军的用兵方略。依照这一构想，在镇压了西捻军后，左宗棠入驻西安，集中全力镇压陕西义军，接连歼灭镇靖堡的董福祥所部饥民武装和以董志原为基地的号称 18 营的陕西义军。同治八年（1869 年）三月，左宗棠移大营到乾州，此后，他便专心致志对付甘肃境内的四大回军集团。

同治八年至十二年（1869 年至 1873 年），左宗棠接连发动了金积堡之役、河州之役、西宁之役、肃州之役，残酷屠杀已缴械的、赤手空拳的回民起义首领和回民。在金积堡，他凌迟处死起义首领，并把堡内约 12000 多名回民，分甘回、陕回、土回，在出堡门时，男女肩头各背一条草绳用以识别。只要是有草绳的男子，年龄在十二岁以上、六十岁以下者，统统斩杀。在肃州，他不仅将已经放下武器的义军首领腰斩，同时命令各军枪杀已降的1573名回军骨干，并屠杀城中百姓，“枪轰矛刺，计土回5400余名”，“即老弱妇女亦颇不免”。这充分表明了左宗棠是极为仇恨陕甘回民起义的。

果真如他自誓的那样，左宗棠恰恰用了五年的时间镇压陕甘回民起义，使清王朝在西北的封建统治重新稳定了。

左宗棠用起义人民的尸骨使自己官运亨通。为表他镇压起义“有功”，清廷授予他协办大学士。清代的大学士，就是俗称的宰相，协办大学士就是副宰相。同治十三年（1874年），清廷又加封他为“东阁大学士”，算是入阁拜相，位极人臣。在清代二百数十年间，只有寥寥数名汉人不是进士而成为大学士，左宗棠便是其中之一。他三十多年前因“三试不第”而压抑在心中的不平也由于这份“殊荣”而有所减少。

三、善后措施

左宗棠刚担任陕甘总督的时候，就决定一边进兵，一边展开各种“善后”工作。为了维护封建统治秩序，维持皇权，左宗棠极其残酷凶狠地对待敢于反抗封建统治的百姓。但是深厚的民本主义思想，又使他对民间疾苦比较关心，注意安顿人民的就业和生活，抓紧时间恢复和发展生产，在镇压农民起义的同时，使政治与军事、经济互为表里。因此，爱护“良民”和镇压“乱民”，是左宗棠民本主义的基本特征。“屯垦”是左宗棠善后措施的主要内容。

1. 屯垦

屯垦的目的是恢复农业，就地将粮食问题解决。经过多年的战乱，陕甘地区许多府厅州县人民逃往外地，多者十之八九，少者也有十之五六，牲畜也被掳掠、宰杀一空，使得大片土地荒芜，到处都是黄沙白骨，农业生产差不多处于停顿状态。对此，左宗棠在奏折中说：“陕甘频年兵燹，孑遗仅存，往往百数十里人烟断绝。新复之地，非俵给牛、种、赈粮，则重罷之民，势将尽填沟壑。”所以，他视恢复农业生产为一项战略性的任务，全力组织人力垦复抛荒土地：

第一，安排饥民和“降众”归耕。如同治七年（1868 年）冬，镇压了董志原的回军和陕北董福祥部饥民武装后，便在保安、靖边等地安置十几万饥民和“降众”。第二，召集流亡的流民、难民，使其再度返乡从事农活。同治八年（1869 年），在径、庆地区设立赈局，招揽流亡百姓，提供牛和种子，使其开荒种地，并在民屯之余还实行军屯，令兵士一边作战，一边耕种，并将知道务农的艰辛、能体恤百姓、能共同受苦作为选任州县官吏的首要条件。左宗棠还屡屡命令州县官吏和军营将领将收集的难民遣送原籍或就地安插，强调军事行动结束的地区要以劝督耕垦为首要任务。所以，专门在静宁、平凉、宁灵、海城、灵州等二十七个府厅州县普遍招垦，在人少地多处实行“计口授田”，承认其对土地的所有权，鼓励农民垦种荒地。第三，组织军队屯垦，恢复生产，解决军粮问题，令弁兵“习劳作苦”，保持旺盛斗志。左宗棠在陕甘督战，对于军队屯垦很重视，尤其是入甘以后，他命各军进驻一地，就要组织弁兵们就地开荒种地，如在宁州、庆阳、正宁、合水、安化、金积堡、泾州、中卫、灵州、宁夏、平罗、河州等地，均命所驻老湘营、楚军、嵩武军和川军随处屯垦。他又派王德榜领兵驻扎安定、狄道一带，开垦荒地，使军粮能自给自足。在左宗棠的支持下，王德榜在抹邦河上游筑堤坝，开新渠。另外，还利用裁汰冗军开垦荒地，作为兵屯。这使原来逃亡的农民重操旧业，加快了土地的开垦。

在恢复农业生产上，左宗棠态度认真，措施切实。他不仅采取以上办法努力解决劳动力“归农”问题，而且亲自对地方的自然环境进行调查，平日留心察看，发现有砂石“中含润气”之所，或生长有芦苇、野草之地，他都教诫下属，加以开垦，试种稻麦。为令成千上万的流民、饥民真正回到土地上，他在军饷十分困难的情况下不断地筹拨款项，用于购运农具、种子、耕畜，按户发给归耕的难民，慎重告诫下属：“早一日好一日，多一份好一份，无所庸其吝惜。如须推广，即多费数倍，亦何不可?”他还多次捐出自己的“养廉”银以济急需，闲暇之时还带同营哨各官，督耕促垦。他的这些举措虽然是为了减轻粮运负担和瓦解回民起义军，以稳定清廷的封建统治，可客观上它使回汉人民能够更快地转向和平劳动，积极促进了西北农业生产的恢复。

2. 改革筹运方法

陕甘大部分地区水运不通，旱地又山路崎岖，十分荒僻，加之人畜稀少，经过战乱，劳力更加缺乏，交通运输非常困难。但却需要常年不断运送粮秣、饷粮和别的各种军需，而且数量巨大。雍正时，内地往陕甘运送军粮，耗运费十数倍于粮价，每石达三十两。同治年间，军队大都欠缺粮饷，故而官府和各军均强拉民夫、强征民间车马，民夫大批被杀死在路上，牲畜也大多被军队所扣夺。左宗棠批评这一方法，认为既违背民意，又悖逆“物理”，必须予以改革。

于是，左宗棠下令对陕甘的徭役办法进行改革。以前，各州县为支应如粮差、兵差、流差等各种差务，均强令民间供应车马民夫，名为按亩出费，照粮出车，实际上都是随意苛征强派，军队、地方官和衙门胥吏抓住机会便残酷地盘剥人民，使转运更加困难。于是州县官吏便将人民先行拘禁，到时强令出差，更闹得人民怨愤。左宗棠下令取消流差，只规定专运粮、饷、军火、军装四种差务，并变革了按亩出费的旧规，变通征用车马的方法，派营务处统一经营，明文规定某县、某庄车马的数目，拨归某旗某营，在规定的站段役用，全部得按市价付款，并且在送到规定站段后得马上付给，不得拖欠，牲口受伤的要予以赔偿，死了的罚款三倍，如果强取而越站役使者加罚五倍。如此一来，艰难困苦中的人民少受了些损失和虐使，不再流亡而愿意留在家园，粮械也能按时运到了。

这样在陕甘地区整军、筹兵、筹粮、筹饷、筹转运过程中，左宗棠形成了一套十分有效的独特方法。这些善后措施稳定了封建统治秩序，缓和了社会危机，同时也表明左宗棠吃苦耐劳、踏踏实实的实干作风，体现了他爱惜民力，关心民众疾苦，注意恢复发展生产的民本主义思想。

第五章　洋务运动

十九世纪六十年代，中国发生了以“图强”求富为目的，以效法西方资本主义生产方式为中心的洋务运动，对世界资本主义潮流的冲击作出了回应。

左宗棠是崛起于镇压农民运动中的地主阶级经世派的头面人物，随着国内战争的结束，其经世活动很快转向创办近代民用企业和军事工业，成为洋务运动的重要代表人物之一。尽管他并非中国第一个创办近代企业的人，也并未全程参与洋务运动，可是他在洋务运动中的思想和实践，有着民族形式与时代的内涵相结合的特点。

一、从经世派到洋务派

十九世纪六十年代初，第二次鸦片战争结束后，以太平天国为中心的农民大起义直接威胁着清王朝，成为清朝统治集团的心腹大患。所以，这时兴起的洋务运动，其矛头是直接指向太平天国、捻军和全国各族人民的反清斗争。洋务派首先创办近代军事工业，制造洋枪洋炮，意图借镇压太平天国革命之机，悄声无息地学习西方的“长技”，进而实现“剿贼”和“御侮”的双重目的。洋务派强调的是：从外国购买船炮，并请重臣训练京兵，以最终实现自强，不再受制于人。

到了七十年代，总的来说，清政府已经度过了它的内部危机，阶级矛盾相对缓和，已经成功镇压了曾经威胁清朝统治的太平天国、捻军等农民起义，只剩下边疆地区的少数民族起义了。但是外部危机却接踵而至。随着世界自由资本主义过渡到垄断资本主义阶段，西方列强开始激烈争夺中亚和远东地区，使中国邻国和边疆地区遭遇严重的危机。在外国资本主义加紧入侵的形势之下，帝国主义和中华民族的矛盾上升为主要矛盾，清王朝与外国资本主义的矛盾也日益尖锐。这时为了应付来自外部的危机，清政府购买了更多的枪炮和军舰，筹建新式海军和部署沿海政务，御侮的目的就越发突出。随着国内战争的慢慢平息，各项军事工业都越办越多，越办越大。所以，西方资本主义的侵略威胁中华民族的生存和中国人试图解除这种压迫，以及中华民族与外国资本主义侵略者的矛盾是洋务运动发生的根本原因。

为了挽救危机，清廷只得重用汉族地主阶级中比较有能力、有见识的经世派，授予他们部分军政实权，使得清廷权力下移。在镇压太平天国的血腥战争中，那些掌握了地方部分军政权力的经世派，对洋枪洋炮的厉害以及拥有洋枪洋炮的外国侵略者对中国所构成的长久威胁有了真切的体会，这样他们凭借清廷对他们的倚重和手中的部分军政实权，积极制械造船，把林则徐、魏源“师夷长技”的主张付诸行动，发起了洋务运动，他们也就由地主阶级经世派演变成为洋务派。借助于农民战争，洋务派在历史发展进程中成为中国早期近代化运动的重要倡导者，左宗棠则是早期洋务派的重要代表之一。

左宗棠早年的“经世”思想，成为经世派到洋务派转化的思想桥梁。在青年时代左宗棠就注重研究实际问题，钻研“经世致用”之学，这种务实精神与他的反侵略的爱国精神结合在一起，便产生了一种要求面对现实，研究西方情况，寻找御敌自强之道的强烈愿望。通过多方研读和搜求唐宋以来关于关防和外国历史、地理的“官私各书”，他得知在数十年前西方已拥有“火轮兵船之利”，并借此称霸海洋。以后，他更注意事态的发展，全力搜集关于“海国”的材料。他认为敌人这般狂妄全都依仗火炮，要是能克制敌人的长处，就能够与敌人抗衡。怎样才能克制敌人的长处？他努力提出对付的方策，包括设置造船厂等等。他这种希望了解西方，加强国防、改进船炮的意向，成为以后从事洋务活动的重要思想条件。

左宗棠这样关注制造船炮和国防，是由于魏源思想的深深启迪和影响。魏源的《海国图志》让他认识了世界的全新的一面。他不但十分推崇《海国图志》，而且十分惋惜魏源在书中提出的“以夷款夷”、“以夷攻夷”、“师夷长技以制夷”的正确主张未被当权者采纳。第二次鸦片战争的失败，使他进一步加深了对制造轮船的必要性的认识。咸丰十年（1860 年），在代曾国藩草拟的一道议论利用洋船采运南方漕米和“借师助剿”的奏折中，他明确提出：“无论目前借资夷力以助剿、济运、解除一时的困扰，将来师夷智比制船、造炮，尤可期永远之利。”首次提出把学习和仿造近代火炮和轮船作为清朝的长远国策。这是他在第一次鸦片战争时期萌发的洋务思想的深度发展。

同治元年（1862年），在上海，李鸿章的淮军使用外国提供的洋枪洋炮，有效地镇压了太平军。这时已担任浙江巡抚，正与太平军激战的左宗棠得知江西存有五千斤的木壳铜心大炮，于是专门调到浙江，亲自点放，没什么效果，使他误以为西洋利器并无什么机巧与功效。所以他集中精力仿制轮船。

随着国内形势的变化和时间的推移，左宗棠“师夷长技以制夷”的思想更加强烈。左宗棠担任主管两省的闽浙总督后，有了将思想主张付诸实施的机会。同治三年（1864年），他在杭州仿造一艘小轮船，在西湖试航。尽管形模初具，速度不快，但在当时能够自行仿造出轮船却是非常不容易的，充分体现出左宗棠掌握近代造船技术的努力和意向。

同治五年（1866年）春，在镇压太平军余部之后，左宗棠由广东返回福州。那时清廷正在考虑购雇轮船。他马上给总理衙门写信，指出“雇船买船不如造船”。这年夏天五月十五日（6月25日），左宗棠呈递《拟购机器雇洋匠试造轮船先陈大概情形折》，建议清廷自行设厂制造轮船。

二、福州船政局

左宗棠于同治五年（1866年）创办的福州船政局（亦称马尾船政局、闽局或闽厂）是一座具有很大规模的船舶制造厂，从创设到光绪三十三年（1907年）停办，这个造船厂经营长达四十年之久。其创办的指导思想、规模、投资、经营、成效和在发展中所遭遇的矛盾和困难，在当时都具有典型意义。它不但是左宗棠一生中最具影响的一项洋务措施，也是洋务运动时期近代中国创办的一个重要企业。

1. 力主创办船政局

左宗棠创办的福州船政局，是洋务运动链式反应中的重要一环。曾国藩在左宗棠创办福建船政局之前，于同治元年（1862年）已建立安庆军械所，同治二年（1863 年）设立苏州炮局。同治四年（1865 年），李鸿章在上海从美商处购得一所机器铁厂，曾国藩派容闳前往美国购买机器，加上苏州炮局的一些设备，合在一起，建立全国最大的兵工厂——江南制造总局。同年李鸿章又迁苏州洋炮局至南京，扩建为金陵制造局。同治六年（1867 年），三口通商大臣崇厚在天津设立机器局。同治九年（1870 年），李鸿章调任直隶总督，将该局扩建，进行军火制造。同治十年（1872 年），中国近代第一家官督商办的轮船公司——轮船招商局正式建立……所有这些，组成了当时中国人学习西方，走向世界，实现近代化的行为系列。

当时围绕是否创办福州船政局，在清廷内部差不多自开始就存在着异意和争执，即使在洋务派内部思想也不统一。一些人主张“雇买代造”或借用。李鸿章就认为中国自行造船的花费比直接向洋人购船的花费高上数倍。因此主张要快速建立海军，还是购买外国舰船更为省时便利。他们提出一系列困难，如“外国师匠要约之难”；“船厂择地之难”；“中国之人不习管驾，船成仍须洋人之难”；“筹集巨款之难”；“轮船既成，煤炭薪工，需费不资，月需支给，又时须修造之难”等等。还有一些好心人认为这种不同寻常的举动，很容易招来议论、诽谤，孤身行事，要是失败，会遭众人责难。

左宗棠对以前雇船、借船、买船受洋人欺侮的经验教训进行了总结，指出：不能向外国借用轮船，借来的船不能自如调遣，始终无法自主，酬谢、需索、赔补等争执更是很多。雇用外船，虽比借用更好，但花费太大，船主以奇货可居，要价是数倍上涨，还须与之定好雇用时日，不能马上换上中国自己的旗号。而且船员也不一定听从我们管束，调遣更是不易。购买洋船，比借、雇省事，可也有许多弊病。他总结买船有三大难处：（一）洋人贪图利润，出卖旧船。（二）船只买定后，仍然必须雇用洋人管理驾驶，另雇船员，或加以替换，都不能由中国做主。（三）轮船须一年半载修理一次，又得依靠外国船厂，他们居为奇货，必然抬高价钱，故意拖延。所以他明确地提出了“借不如雇，雇不如买，买不如自造”的创办船政局的明确方针。

为了扫除思想障碍和排除阻力，左宗棠屡屡上奏朝廷，直陈“易购雇为制造”的意见，对反对派的种种非难和顾虑进行了驳斥，并提出解决的办法：如果担心船厂地址的话，可以对福建海口罗星塔进行疏理，即可用；购觅机器固不困难，使用机制造也非难事，可同时雇请外国工匠同来；要是顾虑外国师匠

要约之难，可先立条约，定好薪水，到了工厂再由局里选派聪慧的工人随同学习，逐渐做到自己操作；要是顾虑筹集巨款艰难，就福建来说，海关结款完毕，这些收入可充作此用，如果不足则提取厘税来弥补；要是担心船造成以后，中国无人能够驾驶，看盘、管车诸事都须雇请洋人，那么开始签下定约时，就与外国人讲明，不但要教造船，还须教驾驶，造好船后就派人一块出海学习。那些学得已能驾船的人，就授予千、把、都、守等武职，由虚衔逐步授以实职，使其统带海军，那么有才能的人争相学习，以后精通这些技能的人才就有很多；要是觉得每月的煤炭、饷银不足，修造之费巨大，那么可以用新造的轮船进行漕运，付给沙船的价，在这之余，还可以租给商用，收取费用以补造船的花费。这些言论，后来实际成为设厂造船的纲领，并且大都得以实施。而造船经费，他请求闽海关拨付，要是不够，则动用福建的厘金税。他还写信与浙江巡抚马新贻和广东巡抚蒋益沣商量，说明他筹建船厂的计划和目的，二人都表示愿意凑款相助。他为马尾船政局作了五年预算，预计共需银三十余万两用于建造船厂、购买机器、招募师匠等，每月约需日常经费五六万两，一年共需费六十余万两。刚刚创办，需费多而成船少，以后成船多则费用逐渐减少，五年共需花费三百余万两。

左宗棠创办福州船政局的目的首先是加强海防，“抵御外侮”。自鸦片战争以来，严酷的现实，使左宗棠认识到必须赶紧组建海军，制船造炮，以加强海防。他认为，在新科技争长竞雄和世界列强疯狂对外侵略扩张的时代，落后势必挨打。用落后武器无法有效地抵御船坚炮利的外国侵略者。所以，购买机器制造轮船已刻不容缓。他说：“备成一船轮机，即成一船；成一船，即练一船之兵。比及五年成船稍多”，可以布防沿海各省从而远远就将天津塘沽守卫。设局造船在他看来是防范外国侵略、保卫祖国海疆的重要手段。对此，他在同治十一年(1872 年）的一份奏折中回顾了创办福州船政局的意图：“臣于闽浙总督任内请易购雇为制造，实以西洋各国恃其船炮横行海上，第以其所有傲我所无，不得不师其长以制之。”

当然，左宗棠创建造船厂同样有着对外和对内的双重目的。对内主要指对人民反清起义进行镇压和“缉盗”。镇压人民起义当然是反动的，但应具体分析“缉盗”，因他明确提出“治洋盗以固海防”“防海盗”，因此不能完全视为反动。综观左宗棠创办福州船政局的思想和实践，对内镇压的需要显然是次要和从属的，组建中国近代海军，增强抵抗外侮的国防力量，一直居于主体地位。

其次，发展沿海商业，对外国轮船操纵沿海运输进行抵制。左宗棠认为，中国有着广阔的水域和漫长的海岸线。东南沿海之大利不在陆在水，从福建、广东、江苏、浙江、直隶、山东以至辽东，沿海数千里，闲居时用轮船进行贸易，运送货物，可以给贫民提供谋生之道。可是两次鸦片战争后，列强依靠特权倾销商品，洋轮随之而来，太古、旗昌、怡和等洋行的轮船遍行于长江和沿海，抢夺原本属于我们的巨大利润。

他举例说，北方的牛庄原来有两千余只运载豆石的沙船，如今只余下四百至五百只。原来运销豆饼、豆石去东南各地的帆船，本钱都亏完了，使得船只休闲，再无力进行运转贸易，十余万水手都失业了。这样带来的危害很大，必须想点补救之策。左宗棠从民生、商业等方面指出了外国侵略者洋轮对中国的社会经济生活的威胁，摧毁，进而提出了自行设厂造船以与洋人竞争的迫切性，强调轮船制造对收回航运利权和发展沿海贸易的重要作用。

再次，为整理漕政，加强南北海运。东南地区是中国的重要财赋来源，京师和北方一些地区依赖江浙米粮，漕政关系着清廷的命运。六十年代后，列强侵略势力扩展到内地，外轮控制航运业。我国传统的沙船业被严重破坏，由于沙船是历代漕运的主要力量，所以，对于沙船业的快速衰退，清政府十分重视，积极寻找解决漕运问题的办法。在浙江初步整顿钱漕的经验基础上左宗棠又进而提出造船“官轮商雇”的主张。以解决漕粮海运的问题。这一措施支持中国商人与外商竞争，满足了当时一部分商人转向新式航运企业的要求，直接推动了我国首家民族资本新式航运业——轮船招商局的诞生。故而，左宗棠创办船政局，不仅是出于军事的需要，而且是近代中国深刻的社会经济背景使然。

复次，筹办造船厂，也是为了发展民族经济，以利国计民生。左宗棠将造船工业视作基础工业，并把它作为创办近代工业、引进西方科技的突破口。他说：“造车的机器，制钱的设备，都是从造船的设备发展而来的，要是能够造船了，就能由此出发，制造其余的设备。”福州船政局开办后，还可添置设备，加以贯通，慢慢学会制造枪炮，炸弹，铸造钱币，生产治水设备及日常生活用品，从而逐渐扩大制造范围，加快国家的工业化。所以，左宗棠创办近代工业，既是加强国防，抵御侵略，也是为了发展民族经济，抵制外国资本主义的扩张。

他对个人的得失毁誉并不计较，坚信只有创办船政局，才能强兵富民，雇船只能解决暂时的需要，自己制造才能完全解决问题。所以尽管困难重重也不应回避，即使花费巨大也不应推辞。他认定这一举动是沿海和国家必须努力去做的事，毅然扛起这一重担。

由此可见，福州船政局这一洋务企业的出现，是客观形势发展与左宗棠的主观认识和努力共同作用的结果。左宗棠顺应历史潮流，将之付诸实施，客观上，充当了历史意志的执行者。

2. 雇用洋人

清政府十分赞赏左宗棠的设厂造船计划，于同治五年六月初三日（1866 年 7 月 14 日）发布上谕，肯定“试造火轮船只实系当今应办急务”，“所陈各条，均着照议办理”，著闽海关税内酌量供给所需费用，而由闽省厘金税项提供不足之数。于是左宗棠积极开始筹建船厂的工作，当时中国没有适当的工业基础，掌握近代造船工艺和技术的人才也十分缺乏，只得从国外引进机器设备，聘用外籍技术人员。于是邀请时任江汉关税务司的日意格和在越南的德克碑两人迅速到闽定议。日意格有较强的管理能力，德克碑曾经参加海军，长于造船。七月初十（8 月 19 日），日意格抵达福州，与左宗棠一同前往罗星塔将马尾山后民田选为船厂厂基。这是较理想的港口，距海口 50 里，面临闽江，西面群山连绵，两岸形势非常险要，易于设防；该地长 130 丈，宽 110 丈，江岸水深达 12 丈，可供巨舰停泊；福建省的木材，台湾基隆等地的煤，都相距很近，容易获取；此处设有海关，费用亦不难筹措。

另外，左宗棠一直警惕资本主义侵略者“贪狠”之性，他在倚任洋员的同时，又千方百计“用洋人而不为洋人所用”，不被洋人所控制。经过深思熟虑，在与日意格、德克碑拟定的“合同规约”（十四条）、“保约”条议（十八条）中他明确规定了雇用年限、职责、任务和不准违约事项，违约就废除合同。其中“条议”明确规定承办以五年为限，如在限期内中国人学会了制造、驾驶的话，对雇员则进行重赏，否则不给奖金。日意格代表左宗棠与外国工匠签订的雇佣合同的“规约”中，第一条即指出，创办船厂（包括学堂）的目的是方便中国人学习外国语言和造船、驾船的方法，以及计算、绘图等技能；第三条规定：要是三年之后中国的职员工匠已经能够自行造船，驾船，中方有权适当裁员；第四条规定：受雇洋员凡是不守规矩、不受节制，不尽力教习办事、工作懒散、打骂中国官匠、滋事不法者，统统“撤令回国”。可见，船政局中所有的外国人和船政局之间都是雇佣关系，日意格、德克碑作为船政局正副监督负责到国外觅雇工匠，采购机器，负责通盘设计、制造工程，督率外国员匠。这些权限却仅在于“承办”船政大臣所委任的事务。这纸合同由日意格带往上海，请法国总领事白来尼画押担保。八月廿七日（10 月 5 日），德克碑到达福建，完全认同日意格所订合同。

关于监督的权限，沈葆桢曾明确地谈到：“监督是船政局所设立的，而船政局是中国建立的，当然由中国派大臣管理。”同治九年二月（1870 年 3 月），德克碑由于与日意格产生矛盾离开船政局前往甘肃找左宗棠，日意格一人担任监督。日意格也较为忠于职守，按合同行事，基本上能遵守船政局章程，受船政大臣沈葆桢的节制。

法国政府基本上是采取不干涉政策对待中国雇佣的这些外国员匠。同治六年正月（1867 年 2 月），法国公使伯洛内致函总理衙门声明，不承认日意格等作为法国政府“派办”的官方代表身份，表示不负责船厂成败，一切都由中方做主，法国不负任何责任。尽管后来由于多方面的原因，在别的封建官僚主持下船政局也曾发生过日意格大权独揽的现象。但是总的来看，在福州船政局存在的 40 年间，清政府所派船政大臣始终掌握着企业的主权。这符合左宗棠早年确立的“独立自主，权自我操”方针。

3. 托付沈葆桢

正当左宗棠与德克碑商议筹建船厂具体事宜之时，九月初六（10 月 14 日），突然接到清政府调他任陕甘总督的“上谕”，命他统率湘军前往镇压西北回民起义。这一变故令处于草创阶段的福州船政局工程面临夭折的危险，左宗棠为之忧心忡忡。他一面催促德克碑马上前往上海，邀约日意格及参与初议的福建补用道胡光墉一道前来商议；一面抓紧时间办理有关船厂的各种事宜，以防止建厂工作中途停顿。他请求多待二十余日，等筹建船厂工作稍就绪后启程北上，并上奏清廷：“此事系臣首议试行，倘思虑未周，致多疏漏，将来察出，仍请将臣交部议处，以为始事不慎者戒。”福州将军与巡抚也为之奏请缓行，清廷于是给了他四十天用以料理在福建的各项事务。在缓行期间，他筹购机器，募雇洋匠来闽，物色接办人员，发三十余件折，四十余件片，心力交瘁。

接奉调令后，左宗棠首先面临物色一位接办船厂的合适人选的问题。他认为由于公务繁重，且常有调动，不能“久乎其事”，交替之际更是麻烦，所以将军、督抚都不适接办船厂。经过仔细思考，他推荐当时丁忧在籍的前江西巡抚沈葆桢出任总理船政大臣，认为沈“乡评素重”“久负清望”，必能顺利开展船政工作。

沈葆桢（1820—1879 年），字幼丹，福建侯官人，道光二十七年（1847 年）中进士，任过翰林院编修，武英殿纂修、江南道监察御史、贵州道监察御史等职，是林则徐的女婿。咸丰六年（1856 年）初，他任江西九江知府，后调任广信知府，在镇压太平军时立下功劳，不断被提升。咸丰十一年（1861 年），他被授为江西巡抚，镇压太平军更加卖力，抓获、杀害幼天王、洪仁玕等人。身属封建地主阶级的他对清王朝一片忠心，但又对洋务事业十分热心，主张向西方学习先进科学技术以发展中国的工商业。所以，左宗棠认为沈葆桢是主持福州船政局的理想人物。为防止其他地方官员的牵制，他请求清廷颁令关防，有关船政事宜由沈葆桢请旨。他曾先后三次造访沈葆桢，请沈出山。沈葆桢十分清楚创办船政的艰难，就以丁忧人员不应参闻政事为由，坚决辞谢。但在左宗棠的力荐下，同治五年十月十三日（1866 年 11 月 19 日），清廷发布上谕，命令沈葆桢“出而任事，不可稍行诿卸，所有船政事务，即著该前抚总司其事，并准其专折奏事”。沈葆桢仍然一意请辞，并且引经据义，十分坚决。但在左宗棠一再劝说下，沈葆桢最终接受了左宗棠的敦请，答应于次年六月（1869 年 7 月）母丧服阕后任职，在这之前，若是有咨奏事件，由署布政使周开锡、侯补道胡光墉呈书请求闽浙总督和福建巡抚代为咨奏。周开锡负责经费调拨；胡光墉负责工料筹措、聘请雇工、匠师，开艺局等。

同治五年十月廿三日（1866 年 11 月 29 日），日意格、德克碑等到达福州，禀呈《保约》《条议》《清折》《合同规约》条件，左宗棠复合后，认为都还适宜。于是，他们又商定有关建造船厂、铁厂（机器厂）船槽、学堂及中外公廨、工匠住房等工程，由日意格等寻找合适的中外商人来办。估计了建厂工程完成日期后，日意格和德克碑就返回法国购买机器、钢轮机等件及一具大铁船槽，并招募外国工程技术人员（以法国人为主）。同时，在福州开始筹办学堂，定名为求是堂艺局。

左宗棠认为我们学习造船，并不单为了造船，而是为了学到制造、驾驶的技术；不是为了使少数人能够制造、驾驶，而是为了使这些技术能广为传播，增进中国的工业水平；这些技术互相传播，最后能遍及天下。在这个颇有远见深意的方针指导下，从一开始福州船政局就将设立艺局，培养科技人才作为办船厂的首要任务。

左宗棠调赴西北后，继任船政大臣的沈葆桢坚持了左宗棠的方针，造船还没有开始，校舍还没有建成之时，在咸丰十年（1860 年）底便先办起了船政学堂——求是堂艺局，这是福州船政局培养轮船制造、驾驶人才的机构。先在马尾设立一处学堂，城内暂时设立两处，开始招考一批闽粤艺童入局学习，暂时聘请外国教师博赖及新加坡人曾恒志进行教导。没过多久，日意格在欧洲聘的英籍和法籍教师接连到达，马尾校舍也修建完毕，于是将福州城内的学堂迁到马尾，规模日渐扩大，原准备招募 60 名艺童，到同治十一年（1872 年）增至 300 余名。

求是堂艺局由前、后两学堂组成。前学堂由法国教师讲课，又称法国学堂，为造船学校，培养造船人才。最初设立制造专业，以便训练学生懂得轮机的功能以及各部件的作用，从而能够仿造和设计轮机的机件，能够设计、计算并绘制轮船的船体。在这之外，还进行机器制造与操纵和船体建造的实践教育。在最后几年，学生每天都要在船厂的各工作部门实际参加一定的工作，以熟悉每一部门的活动，并学习如何指挥工人。在学习完成后，每一学生还要接受为适应毕业后将要担任的专职而进行的更专门的训练，从而能够承担起独立的轮船制造工作。同治六年（1867 年 1 月）初，又设绘事院，即设计专业，分轮机设计和船体设计两科，关键是培养绘制机器图、船图和测算方面的人才。

后学堂，由英国教师授课，故又称英国学堂，为航海学校，设有管轮专业和驾驶专业。管轮专业为训练高级轮机人员设。为了实际运用所学的知识，学生要练习在岸上装配发动机和在船上安装发动机。驾驶专业的基本课程包括数学（算术、代数、几何、三角等）、英文、航行理论及地理、航海天文学等，课程学完后要到练船上实习二年，学会船长所必需的理论知识和实践知识，包括航海驾驶技术、射击技术和指挥。后来，后学堂又增设管轮学堂和驾驶学堂。

学堂设正、副监督，德克碑任正监督、日意格为副监督。法员迈达等教授制造，英员嘉乐尔等教授驾驶。求是堂艺局对洋教习的要求十分严格。左宗棠要求外国教师尽心讲授技艺的，认真讲授的给予全额薪水，若是不认真讲授，就扣罚薪水，做到赏罚分明。所以，日意格、德克碑和其它的教习尚能循循善诱，精心教导，颇有成效。

艺局的教学坚持基础理论与实践相结合的原则。也就是在学专业过程中结合实际到工厂、轮船上进行操作训练。这种注重实用的教学方法，打破了完全在书斋中生活的陈规，在中国是开创性的、新式的，在中国近代教育史上有着重要的地位。经过实习考查，一批优秀学生，如严宗光（后改名复）、刘步蟾、何心川、林泰曾、叶祖珪、蒋超英、林承谟、方伯谦、林永开、沈有恒、叶俾鋆、郑浦泉、邱宝仁、黄建勋、陈毓淞、许寿山、柴卓群、陈锦堂、邓世昌等，都在中国历史上写下了浓重的一笔。

总的来看，在左宗棠、沈葆桢办厂建校，引导国人学习西方技艺思想的指导下，对学员及教习都明确提出了任务要求，明定赏罚，坚持理论与实践相结合的原则，令船政局在建厂制造的过程中，培养了一批技术力量，打下了船政局派遣留学生和自行设计制造的基础。

左宗棠、沈葆桢还十分重视培养技术工人。船政局根据生产实践的需要，添设了艺圃。艺圃成立于同治七年（1868 年），是为了培养边工作边学习的青年技工。由各厂分别招十五岁至十八岁之间的天资聪慧、身体强壮者十余或数十人，跟着外国工匠在各厂学习，称为“艺徒”。艺徒的人数到同年八月便达到一百余人。他们的待遇赶不上艺童，饭食和赡养费都不多，可是学习成绩优异者可成为领班（技术员）甚至工场监工（工程师）。

清朝灭亡后，民国政府海军总长刘冠雄收求是堂艺局，归海军部管辖，改前学堂为制造学校，改后学堂为海军学校，改艺圃为艺术学校（技术学校）。

左宗棠、沈葆桢所办的求是堂艺局是洋务派创办的近代民用企业和军事工业中，招生培养工科技术人才最为系统的。

4. 福州船政局成立

同治五年十一月十七日（1866 年 12 月 23 日），福州船政局正式宣布成立。自此近代中国的第一个专业船舶制造厂诞生了。左宗棠二十多年的设厂自行制造轮船的企望最终成为了现实。

（一）学习造船

十一月十二日，在一切安排就绪之后，左宗棠离开福州，赶赴陕甘。清廷因船政局为其所创，下谕在沈葆桢总理船政之前，遇有船政事宜，由英桂等陈奏；沈葆桢到任以后，会同闽浙督抚陈奏；均著仍列左宗棠之名，以期能够始终如一完成这一工作。左宗棠虽然已动身前往西北，心却始终挂念船政事务；走的时候也十分担心事情出现反复，怕有人会对其进行干扰。果然，新任闽浙总督吴棠，并不支持左宗棠创议船政，而且妄图砍掉沈葆桢的得力助手，以破坏船政。浙江督粮道周开锡志虑忠纯，才识卓然，左宗棠视其为仿造轮船必须倚重的人才，派为提调。而吴棠借口他牵涉匿名揭帖，又不肯对事实进行核查，在他病好之后，仍谕令续假，不让参与船政事务。在船局诸绅中，叶文澜对船政最为熟悉并有一技之长，可被讼棍陈永禄翻供所纠缠，吴棠十分清楚他受人诬陷，却听任陈永禄狡展，使叶文澜甚受拖累，无法专心船政。被左宗棠派为提调的胡光墉，非常有能力，见到这种情状，害怕受到谗言诬陷，坚持辞职，居住在杭州，多次推后行期，徘徊不决。对已上任的李庆霖，吴棠攻击他与沈葆桢有夤缘之情，欲将李革职回籍。这时远在陕甘的左宗棠获知情状，十分痛心。他于是上奏朝廷，要求由沈葆桢专理船局一事，使这一重任有人主持，沈葆桢也上奏朝廷，严正指出，目前船政正值需人之际，要是听信流言，就会使得人人皆危，事事皆废。在左宗棠、沈葆桢的力争下，清政府最终听取了沈葆桢的意见，命令周开锡、叶文澜前往就职，罢去吴棠闽浙总督的职务。使沈葆桢能够专司其事，使船政局得以依据左宗棠定下的那些大政方针发展。同治五年（1866 年）福州船政局成立后，德克碑、日意格等返回法国召募洋匠，购置机器，留下俄国人贝锦达在马尾暂任监工，由提调周开锡负责处理，遇事随时禀告福州将军兼署闽浙总督英桂。船政局派人在马尾山下中岐乡，以每亩给价银 55 两，收购民田 382 亩作为厂址，共花费 1 万 8000 余两白银。到同治六年（1867 年）沈葆桢上任时，已经搭起基建工作的大体框架。1 月 17 日沈葆桢守制期满，18 日正式就任总理船政大臣，开始总理船政关防。除因父去世，家居守制二年外，从这时起到光绪元年（1875 年）为止，他一直主持。同治六年（1867 年 10 月）初，日意格带着一批洋匠和眷属抵达马尾，所购机器也分四批运抵福建。于是一边进行机器安装，一面兴造第一座船台、船坞、住所、厂房、学堂、办公室，同治十三年（1874 年）一座以造船为中心的大型机器工厂建成了。

船厂主要有以下机构：稿房处、核对处、支应处、会计处、文案处、绘事院、船政局衙门和水师营、健丁营、艺圃和前后学堂等。共有 14 个厂：拉铁、锤铁、轮机、水缸、铸铁、合拢、打铁、钟表、转踞、火砖、造船，而轮机、打铁、钟表三厂又各有分厂。厂房的机器包括车、钻、刨、碾、压、拉、旋、锯各类机库。设备较为齐全，规模也很宏伟，仅打铁厂就安装了化铁炉 44 座，另有

3000公斤的汽锤三个。造船厂由三个船台组成，有一架起重40吨的起重机，其铁船槽能容拥有长达100米的龙骨和排水量达1500吨的船只。

船政局因为建厂速度快，造船很快便提上日程。同治六年十二月二十四日（1868年1月18日），开工建造第一艘580匹马力的轮船“万年青”号的船身，次年五月初一日（6月10日）下水，八月间全部完成。这是运用西方技艺制造的第一艘中国军用运输舰。该舰长23.8丈，宽2.78丈，排水量1370吨，前后汽炉两座，推进器为四叶螺旋浆，为木质暗轮，航速每时10海里。远远大于日本同治元年仿造的排水量138吨的蒸汽船“千代田”号。八月十日（9月25日），沈葆桢督同日意格及各员绅将领登船，由熟悉海上情况、渔民出身的宁波人贝锦泉熟练地驾驶出港试航。

次年10月1日，“万年青”号北上，驶赴天津。清廷派北洋通商大臣崇厚带熟悉机器的洋人登船检验，认为船身牢固，机器齿轮都按照工艺造得灵活、稳固，整个船上设备都为精工制造。也指出了它的缺陷，即船身长而且大，吃水太深，使得行驶迟缓，而驾驶、管轮等人员均是初学，还不熟练，应进一步提高技术。“万年青”号开创了福州船政局所造轮船任用中国人担任管驾工作的良好先例。这个优良的传统此后为该局轮船一直保持，这是与左宗棠当初制定的创办福州船政局坚持独立自主的总方针和沈葆桢从开始就重视培养任用中国驾驶人员有着重大的关系。在沈葆桢领导下，福州船政局造船水平逐步提高，从性能看，船政局制造的前六艘轮船，150匹马力和80匹马力者各三艘，尽管都装有大炮号称兵船，可因为创办人左宗棠想兼顾运漕之用，因此这些船只配备的大炮不多，而且留有较多的舱位，与其说它们是兵船，还不如说是武装商船。当船政局于同治十年准备动工兴造第七号轮船时，福州将军兼署闽浙总督文煜等（当时沈葆桢暂离船政，丧父守制）奏称：外国兵轮的优势在于马力大、炮位多，故而在重海巨浪之中确有制胜的把握。而现在船政局所造的轮船，还没有探晓外国兵轮的奥妙，于是和日意格商议，准备依照外国兵船样式制造轮机，多设炮位，增加马力，决定将第七号轮船改为1130马力。

这艘兵船于次年4月下水，命名为“扬武”号。该舰长19丈、吃水2.1丈，排水量1560吨，炮位11门，航行时速为12海里，有水手、弁兵等147人。以后，它成了福建水师的旗舰。从自造能力看，头四艘轮船“万年青”“湄公”“福星”“伏波”，其轮机都自外国购买。而从第五艘“安澜”号开始，船厂就自己制造轮机。从而将左宗棠当初定下的“轮船一局，实专为习造轮机而设”的方针真正实现了。

（二）关于船厂的论战

在沈葆桢丁忧期间，福州将军文煜曾上奏，请求调被吴棠罢免的李庆霖回船厂，但被总理衙门拒绝。由于造船经费数目巨大，清廷宁肯让才识过人、能耐辛劳、对洋务十分熟悉的李庆霖在京城候办京米，虚糜时光，也不肯调往船局。

同治十年十二月十四日（1872年1月23日），内阁大学士宋晋上奏，指责船厂虽称是为国家长远打算，实际只是空耗银钱，请求闽、沪两局暂行停办，其每年额款改为拨给户部，于是挑起了关于船厂生死存亡的大论战。

宋晋，出身进士，以精通经济而闻名一时。他代表一部分守旧大臣对福州船政局的攻击，是整个封建顽固派对洋务运动的挑战和怀疑。宋晋的意见很快获得福州将军文煜的支持和赞许。清廷把宋普、文煜的意见转给李鸿章、左宗棠、沈葆桢再行商议。实际上，此时清廷已有了明显的倾向性，发出了若是空耗银两，没有必成的把握，就应该设法加以改变的指令。很明显，船政局面临夭折的危险。

左宗棠首先起来反对宋晋的主张，四月初一（5月7日）和五月十五（6月20日）沈葆桢、李鸿章又先后上奏，驳斥宋晋裁撤船厂的主张。可是，要是找不到解决兴办造船工业所遇到的严重经费问题的方法，就算是左宗棠、沈葆桢、李鸿章等人道理再充分，也无济于事。所以，沈葆桢接着指出，要是担心制造兵船太多，无法筹措足够银两，那么可以制造一些商船，必然有人愿意购买。李鸿章十分赞同沈葆桢的主张，并进而提出将近代工业范围从军事工业扩展到矿业、民用企业。几月之后，李鸿章创办了第一家“官督商办”的近代轮船公司——轮船招商局，标志着洋务运动由创办军事工业的“求强”阶段过渡到以发展近代民用企业为重心、求强求富并重的新阶段。而围绕是否裁撤福州船政局的论争成为这一转折的契机。由于李鸿章、左宗棠、沈葆桢等地方大员全都执意反对裁撤船厂，清廷造船的决心暂时稳定了。同治十一年六月（1872年7月），由总理各国事务大臣奕䜣出面，对这场关系闽沪两船厂命运的长达半年之欠的争论，作了最后的结论。

同治十二年（1873年）初，福州船政局所造第十一号轮船下水后，考虑到养船经费（包括煤炭、薪工、修理费用）十分匮乏，沈葆桢奏请按照国外商船式样将第十二号轮船“永保”号的房间移到上层，增加底仓、中仓的面积，以多装货物，供轮船招商局领用。并将第十三号“海境”、第十四号“琛航”、第十五号“大雅”等轮船全部改成商船，这样才能扩展经费来源，节省国家的投入。但是，他又声称：改制商船仅仅是暂时的，如果经费充裕，仍当以制造兵船为重，以巩固海疆。清廷把这个奏折交总理衙门议奏。总理衙门并不赞赏“间造商船，以资华商雇领”的意见，并干脆把这个正确主张否定了。实际上，在资金严重匮乏的情况下，只有造商船出售才能保持企业的生命力。可惜，这个时期尽管有少数洋务派看到近代工业向民用发展的趋向，但是清朝统治当局严重缺乏经济学的常识，把握不了整个民族工业化的经济规律，仅仅强调“自强”，而把作为根本的“求富”忽略了，没有将经济效益放在首位，使得福州船政局在举步维艰的情况下，没能适时作出调整，从而很大程度上决定了这个近代造船企业日渐衰落的命运。

（三）留欧之始

“夺彼族之所恃”是左宗棠创办福州船政局的主旨，希望通过发展本国的造船工业，从而创建一支近代化海军，加强海防；通过发展民族经济，富强国家，增强抵御外国资本主义的经济扩张和军事侵略的能力。故而他认为办厂要坚持“自造、自驾、自管”的方针，培养人才的方针，“权自我操”的方针。他明确指出：我们制造轮船，并不是单纯的制造轮船，而是希望学到制造和驾驶轮船的技术。他强调只有既能制造，又能驾驶才能不被外国人所控制。自造的目标是摆脱外国的控制，做到能独立造成船只，就是从轮机到各部件都由我们自己制造。

事实后来证明，马尾船政局大体上是依据左宗棠的规划进行筹建的。在某种程度上是贯彻执行了左宗棠的“自造、自驾、自管”的方针的。并且他原定的目标在五年以后基本上实现了。同治八年五月初一（1869 年 6 月 10 日），船政局制造的第一艘轮船“万年青”号下水。这艘轮船的指挥、驾驶全由中国人完成，没有一个外国人。而且以后所造的船只，也都是由中国人驾驶，管驾、掌教都慢慢熟悉，并不需要外国人。

同治十二年二月三十日（1874 年 2 月 16 日），左宗棠与日意格所订合同中规定的五年期限届满。在半年之前（即 1873 年 7 月 14 日），沈葆桢检查了造船工程进展情况，并自 7 月下旬始，由日意格到各个工厂挑选技艺较好的中国工匠和艺徒担任正、副匠头，洋匠不再入厂，完全由中国员匠督率匠徒自行进行制造到12月。鉴于中国工匠已能独立制造轮船，沈葆桢就开始准备遣散洋匠。根据原订合同，本只应招募洋员匠37人，可实际上先后到工的洋员匠达50余名，而应“犒赏”者有51人。“犒赏”费及回国路费增至15万余两。到同治十二年春，除日意格、日意杰（日意格的弟弟）、斯恭塞格三人因事羁留外，别的洋员匠已统统启程回国。在这之后，福州船政局依靠自己的技术力量担负起了所有的船舶修造工程。

沈葆桢认为，出洋留学是使技术精益求精，使船厂得以巩固和发展的唯一出路。同治十一年末，沈葆桢正式奏请清政府派遣船政局的优秀学生出洋留学，认为快就三年，慢就五年，就能取得事半功倍的效果。这个设想很快得到清政府批准，可1874年日本侵略台湾使之“中途停止”。光绪一年冬，沈葆桢借日意格回国的时机，派前学堂学生陈兆翱、魏瀚、陈季同和后学堂学生刘步蟾、林泰曾随他前往英法游历。他们名为游历，实际上是作非正式的出洋留学。前学堂学生三人到法国腊孙、马赛两处船厂学习造船技术，后学堂二人被安排到英国高士堡学堂学习，而后到英国的大型军舰上实习锻炼。光绪二年，刘步蟾、陈季同、林泰曾随同日意格回国，陈兆翱、魏瀚仍留法厂学习。同年冬，福州船政局在船政学堂中挑选出26名学生中的佼佼者，由华监督李凤苞、洋监督日意格、文案陈季同、随员马建忠、翻译罗丰禄带领，于光绪三年二月初十日（1877年3月31日）前往英法学习。其中赴英国学习轮船驾驶的学生有刘步蟾、严复、蒋超英、何心川、林永升、黄建勋等12人，在各战舰上学习战阵、驾驶、水雷等技术后，又到格林威治海军学院学习驾驶理论。翻译罗丰禄人伦敦之琴士官学习化学、气象及格致之学。赴法学习轮船制造的14名学生中有陈兆翱、魏瀚、郑清濂、陈林璋等入削浦官学，梁炳年（在外病故）、杨廉臣、吴德章、林日游、李寿田入多廊官厂，张金生、池贞铨、林庆升、林日章人科鲁苏民厂，都学习船舶制造，罗臻禄人汕答细学堂专习矿务。随员马建忠、文案陈季同都进入政治学堂，专门学习交涉律例等事。艺徒陈可会等四人，于光绪二年年赴法分别进入马赛木模厂、马赛铸铁厂学习。王桂芳等5人，于光绪三年赴法，分别进入白代果德铁厂、腊孙船厂学习制造缺甲及绘图等技术。福州船局第一届赴英法学习的共38人，这是中国学生留欧的开始。

第一届船政出洋学生成绩良好。12名留英学生中除一名因病提前回国外，其余 11 名获得“成绩优异”；14 名留法学生除病故一名外，其余 13 名也都分别获得能胜任矿务总工程师或总工程师的文凭，其中陈兆翱、魏瀚最为突出。9 名留法艺徒也先后完成了学习任务。在光绪四年至光绪六年（1878 年至 1880 年）间陆续回国后，他们成为福州船政局和北洋水师的中流砥柱。

在第一届的显著成效的鼓舞下，光绪五年，李鸿章和两江总督沈葆桢奏请派遣第二届船政学生出洋。这种人才知识也必须随着科学技术的不断进步而更新的发展观，表明在洋务运动实践中认识水平的提高。清政府很快批准了李鸿章、沈葆桢等人的请求。后由于船政学堂报告出国预备生的外语尚未达到要求，推迟到光绪七年，船政局与北洋大臣共同派出 8 名，其中 5 名留法学习营造火药、枪炮、船舶制造，2 名留英学习驾驶，1 名留德学习鱼雷。学习期限延长至五年，学成后都如期回国。1885 年，船政局与北洋共同派出第三届船政留学生。这次共派出 34 名学生，其中有福州船政学堂学生 10 名和天津水师学堂的优秀生刘冠雄等 10 名，同往英国学习海军公法及驾驶；14 名留法，分别学习土建、造船、法律、测绘海图等等，学习期限为六年，后来 4 名得到胜任副总工程师、工程师的评语，8 名获硕士学位（法学硕士 6 名）。

这十年间一共派出三批留学生 60 人，艺童 9 人，学习船舶驾驶、制造，鱼雷及枪炮制造、炮台设施等，技术较为全面。他们奋发学习，一般都取得不错的成绩。这三批留欧学生学成回国后，在外交、实业、教学等各个方面，都作出了较为突的贡献。这些留学生的回国，促使我国船舶制造进入自行设计、制造的新阶段。福州船政局开办之后，前七年完全由法国技术人员负责建厂造船，后二年由中国技术人员依据法国已有的图纸进行操作。从光绪元年（1875 年）起，中国技术人员开始指挥造船，直到光绪二十四年（1898 年），前六年技术指挥由船政学堂毕业生担任，后十七年则主要由回国留学生主持。在这十七年里船厂的技术突飞猛进。运用所学到的知识，留学生们不断改进造船工艺，成就显著。中法战争后，闽浙总督杨昌浚奉命对福州船政局作善后处理。杨昌浚清退近十名战争中表现不良的官员，其中没有留学生。留学生在被称为精通制造、实为奇才的 14 名优秀技术人员中，占了 11 名。留学生魏瀚一直担任福州船政局总工程师，是船厂的技术总指挥。

在海军建设方面，船政学堂学生和船政留学生已成为海军舰队中不可或缺的指挥骨干。12 艘参加甲午中日黄海大战的北洋海军船舰的管带就有 4 位是船政学堂学生，6 位是首届船政留学生，第一批幼童留美学生只有 2 位。

总之，福州船政局十分注重培养技术人才，先后为我国造就了 628 名造船、航海、蒸汽机制造等方面的驾驶、管理及工程技术人员，对我国近代造船工业和近代海军建设都有着巨大的贡献。求是堂艺局、艺圃成为我国最早培养近代造船专家、海军军官和技术工人的摇篮。

5. 走向衰落

创办福州船政局所耗经费共约 47 万两，其中从法国购买机器等件花费 17 万两，保险与运输等费近 3 万两，外国监督技师工匠等支薪近 2 万两，购买地基以及船槽、厂房、各种房屋建筑费花费 20 多万两，购买铁船槽及运费为 3 万余两。而同治五年十一月（1866 年 12 月），左宗棠、英桂等上奏朝廷获准由闽海关四成结款项下拨银 20 万两充作船政局的建筑费用，不足的 7 万余两由常年经费（造船经费）支付。经左宗棠、英桂上奏朝廷获准自同治五年十二月（1867 年 1 月）起，船政局的常年经费每月由闽海关六成项下拨银 5 万两。但船政局的经费十分短缺，主要由于建厂数目由原议五厂扩至十四厂，艺局规模扩大，雇募外国员匠已自原订的 30 余名增至 50 余名，而且养船费用也随着造船的增多，不断增长，如此一来每月开支需 7 万余两。

闽浙总督李鹤年等奏请自同治十二年（1873 年）正月起，每月增拨 2 万两银钱，等到合约期满，外国工匠离去后，再停拨这一款项。户部商议之后决定从福建征收茶税项下按月拨付 2 万两，可闽浙总督李鹤年等奏称，茶税项下支出巨大，无款拨解。但在军饷十分紧张的情况下，左宗棠仍主动拨款援助福州船政局，解其困境，使其在困难中仍得以生存。在沈葆桢担任船政大臣期间，因为他威望甚高，船政经费困难时，能够据理力争，使闽省地方官吏只得加以通融，而清廷为满足船政的需要，也特旨允拨。这可能是船政局在光绪元年（1875 年）前较为顺利建立和发展的重要原因之一。

光绪元年（1875 年），沈葆桢决定继续引进技术对常式兵轮进行两项重大技术改革：一是改常式轮机为西方新式卧机的康邦省煤轮机来制造兵船；同时引进新式立机，以制造高船。二是改原先的木壳船体为铁胁木壳。他派日意格前往法国采购铁胁，并前往英国购买新式卧机、立机各一副，带二、三洋匠前来担任教习，在一年之内教导中国匠徒仿造。但在沈葆桢已经离任之后，铁胁及新式卧机、立机才运到闽局。光绪元年（1875 年 5 月 30 日），沈葆桢被清政府任命为两江总督。9月17日，沈葆桢上奏请求改派北洋帮办大臣丁日昌“督办船政”。清政府于27日发布上谕：“所有闽江船政，即着丁日昌认真督办，准其专折奏事。”在光绪元年至光绪十六年（1875—1890年）中，船政大臣频繁调动，丁日昌之后，到光绪十六年为止，吴赞诚、黎北棠、张梦元、何如璋、张佩纶、裴荫森等人先后担任船政大臣。光绪十六年到光绪二十一年（1890年—1895年）间，清政府命闽浙总督卞宝第、谭钟麟、边宝泉等兼管而未再派专职官员主持船政。这些人的平均任期不过两年，其中任期短的丁日昌、张梦元、何如璋、张佩纶等人，任职期均在半年左右，大都碌碌无为。船政大臣的频繁调动，使许多措施没有连贯性，如有人进行扩充，有人采取收缩措施，使得办厂方针左右摇摆。

更主要的是这一时期船局地位有了重大变化，沈葆桢生于名门望族，中过进士，是林则徐的女婿，又曾任江西巡抚，且是以在籍绅士的身份主持船政，清政府特授“总理船政大臣”的尊号，位高权重；丁日昌尽管也曾担任过江苏巡抚，可社会地位远不及沈葆桢，其后的黎兆棠、张梦元、裴荫森等，更都是从司道调管船政，故而事事秉承督抚、将军，无法支撑大局，自主行事。光绪四、五年以后，闽海关积欠的银两差不多达到三百万，善后局积欠也达百万两。清政府仅仅授予他们“督办船政大臣”的头衔。从“总理”到“督办”，反映了船政大臣权势的削弱，反映了“船政大臣”一职地位的下降，更反映出清政府对船政态度的改变。光绪元年以后，船局经费越发紧张，船局本身又无法通过商品化生产，创造利润，只能依靠借贷，替地方代造船只、裁减工人勉强维持生产。

即使如此，至光绪二十一年（1895年）为止的二十年间造船技术还是取得了较大的发展。中国技术人员担任船舰的设计、制造工作，闽局进入了自行设计制造船舰的新阶段。在这个阶段里，造船技术日益精进，仅用十几年便由开始仿造木胁（即木骨）兵轮转为按图自造铁胁兵轮，进而自行设计、制造铁胁巡海快船，再进而自行设计制造铁甲兵舰，连续跨越了造船技术的三大步，不断将与西方先进国家造船工业的差距缩短。在这方面派赴欧洲学成归国的留学生和求是堂艺局培养的学生贡献很大。

光绪七年，闽局商轮“永保”号和“琛航”号遵照福建地方当局的命令，于福州与台湾基隆之间轮流行驶，运送官兵文报，亦准随时搭载旅客及货物，按照轮船招商局的章程酌情收取水脚，以弥补轮船所需的薪工、煤炭等费用，福州将军穆图善为此上奏清廷请求免受海关检查，海关总税务公司赫德对此持有异议，致函总理衙门，要求允许海关仍然按照商船办法检查征税。总理衙门不顾闽局养船困难，也不考虑轮船在闽台之间行驶有利于社会经济和海峡两岸的联系的发展，竟然答应了赫德的请求，使船局经费更为艰难，无力摆脱困境。当时船政局主要依靠南洋协济的款项，才勉强维持下去。原来为了加强南洋海防，两江总督左宗棠决定一面向德国订购二艘快船，一面向闽厂定造二艘快船，所需的费用，由南洋随时供应。后总共协拨达六十余万两。

光绪十年（1884 年），中国在马江战役失败后，很快修复被破坏的船厂。次年 3 月，当时任钦差大臣督办福建军务的左宗棠，接受了马江战役的教训，再次强烈敦促清廷批准船政局马上建造铁甲船。同年七月清政府批准船政局试造新式钢甲舰。次年三月，造船专家魏瀚等受署理船政大臣裴荫森委派前往国外采购轮机水缸及铁甲舰船身钢料，并探查钢甲制造情况。魏瀚发现，英法已能制造时速为 18—19 海里的钢甲快舰，日本也已经在购买和仿制最新式的穹甲快船。于是，他建议制造新式穹甲舰和钢甲快舰以增强海军的力量和声威。于是根据魏瀚等人的意见，船政局决定马上试造这种快速双机钢甲兵船。光绪十二年，该船安上“龙骨”，光绪十四年正式下水，命名为“龙威”。次年五月，制造完成，于光绪十六年驶往北洋，更名为“平远”，编入北洋海军。到这时，终于实现左宗棠、沈葆桢“叠次商办铁甲钢甲兵船”的愿望。从光绪十四年至光绪十九年（1888 年 3 月至 1893 年 3 月 12 日）的六年间，船政局依靠自身力量，先后制成 2400 马力，时速 11 里的新式穹甲舰“广甲”“广乙”“广丙”号，以后又相继修造了一些运输船和浅水舰。从同治八年至光绪二十六年（1869—1900 年）间，福州船政局计造轮船 19 艘木质、10 艘铁胁、11 艘钢甲钢胁钢壳，总共 40 艘，其中分别于光绪二十四年、光绪二十六年下水的“建威”“建安”钢胁钢壳鱼雷快船都是 6500 马力，时速 23 海里，载重量均为 830 吨，配炮分别是 9 门和 8 门。可见，洋务运动时期船政局成绩显著，使得中国不再仅能使用传统的人力、风力的船只，从而使西方依靠卖、租船只获利的希望落空。从 1900 年 5 月胁钢壳雷艇“建翼”号下水，直到光绪三十一年才又有一只 5000 马力的“宁绍”号钢胁钢壳商船下水。光绪三十三年则停造了。

福州船政局所造之船，的确是落后于英法的，可是要是我们稍加考查英法造船史就会发现，这个时期福州船政局的造船水平与西方并没有什么大的差距。英国的轮船制造在19世纪50年代到70年代，由木胁过渡到铁胁。七十年代初英国拥有110万吨，其中多是木船；到90年代初就增到500万吨，且以钢船为主。英国大约在光绪十一年（1885年）前后开始建造钢甲轮船。福州船政局恰于光绪元年制造了最后一艘木胁船“泰安”号，次年着手建造铁胁船，到光绪十二年已建造2400马力的新式穹甲舰、双机钢甲兵舰、运输舰等，舰型种类逐步增多，技术上也慢慢赶上或接近世界先进水平。

福州船政局的创办具有深远的历史意义。

首先，在近代海防和对外战争中福州船政局起到了一定的御侮作用。自同治八年第一艘轮船“万年青”号下水后，其制造的轮船被分别派往福建、广东、山东、浙江、天津、奉天等地海口。同治十三年以前，这些船基本上用于运输和“防洋缉盗”。同年，日本派军舰入侵台湾，清廷命沈葆桢带船政局所造轮船赶往台湾，抗击日军。由于加强了台防，日本抵达台南的舰船都无法与中国的新式兵船抗衡，这打击了日本侵略者的嚣张气焰，迫使其撤兵回国。沿海各省纷纷请求调拨闽省所造之船。光绪八年，法国军队占领越南西贡，对中国边防构成严重威胁。为加强广东防务，两广总督张树声请调闽厂兵轮前往。此时，除了商船用以运输外，船政局所制轮船中也有9艘兵船分别驻防烟台、天津、江宁、营口、浙江，5艘在福建各海口驻防，因此只好将“飞云”“济安”两艘修好后派往广东。船政局还为建立福建水师提供了战船，使得福建水师成为中国第一支现代海军。中法战争前，福建水师有了一定规模。该水师拥有11艘各种舰船，其中购自美国的军舰只有2艘，船政局制造9艘。马江海战时，这些战船力敌法军，旗舰“扬武”号受伤后，船上官兵在驾驶官詹天佑、管带张成的带领下仍用尾炮击中孤拔座舰“伏尔他”号。“福星”号在管带陈英指挥下深入法舰阵中激战，中弹爆炸。“飞云”“振威”“济安”“福胜”号也都一直奋战到最后。这种决不苟且偷生、勇于为国捐躯的民族精神，是非常令人赞赏的。此外船政局制造的轮船也装备了清廷的其他三支海军，南洋水师装备7艘，广东水师装备4艘，北洋水师装备6艘。一大批北洋水师的中高级指挥人员都是毕业于船政学堂。可见福建船政局的诞生和发展，是中国近代造船工业崛起的象征，并为中国海军奠定了基础，成为中国近代海军的摇篮。

其次，左宗棠、沈葆桢坚持通过自造船舰办海军的途径，促进北洋海军的建设和购船质量的提高。通过造船实践他们对西方科技加深了了解，更善于鉴别西方船舰的优劣。他们并不完全反对向外购买船舰，只是不主张那种不求质量的简单“购雇”的做法。在中国近代史上，左宗棠、沈葆桢最早主张购买和制造西方先进铁甲船。同治十三年，沈葆桢就定购一只铁甲船并企望能作为中国造铁甲的借鉴、学习对象，提出由熟悉逐渐到灵巧，由这些旧的、现存的领悟到新的东西，也就是从中逐步摸索和掌握造船的方法。不但这样，福州船政局还为这个时期所购铁甲舰提供了大批的管理和指挥人才。此后，北洋海军主要舰船的管带等官员，如刘步蟾、邓世昌、林永升、林泰曾、方伯谦、邱宝仁、黄建勋、李和、林履中、萨镇冰、蓝建枢、林颖启、林国祥等，都是由福州船政局培养造就出来的。

在半殖民地半封建社会中，创办近代企业，困难重重。既要对抗封建统治集团内部的顽固守旧势力，又要警惕帝国主义的控制阴谋。英法等资本主义国家不会真正支持中国的造船工业。从一开始，它们便不断地对福州船政局进行干预，想扼杀它于襁褓之中，控制与反控制的斗争一直存在着。英人威妥玛、赫德等人一再宣称中国自行制造舰船花费巨大，而向外国购雇则十分省事，借此阻挠福州船政局的设立。英国驻福州领事在船政局的设立已无法阻止的时候，仍不断宣扬，认为其成败未果，现在的投入实在可惜。左宗棠认识到洋人提倡中国“借新法自强”的实质，是想让中国购买成品，而不让中国人掌握先进技术，以垄断技术从而牟取暴利。于是左宗棠反其道而行之。为了保证学习和引进西方先进科学技术的顺利，他对于自造轮船的计划暂时实行保密。为了使外国人无法长期获取暴利，中国人必须掌握驾船技术和造船技术。左宗棠不仅清楚认识到这一点，而且意志也是非常坚决的。同治六年（1867 年）初，遵照左宗棠之命雇用工匠、购买机器的日意格，一回到法国，就将中国创办船厂一事向法国海军部长做了汇报。六月初，法国官方正式批准。六月二十四日（7 月 25 日），日意格还得到法皇拿破仑三世的召见。他们并非心甘情愿帮助中国发展近代机器工业。不过是由于福州船政局创办人态度坚决，无法阻挠，于是试图加以控制。法国这么做完全是出于与列强争夺商品市场和在中国争霸的需要。

随着对法国侵略野心的了解，船政局的负责人不仅小心警惕，而且还针锋相对地进行斗争。沈葆桢多次指出：“外国人垂涎我们的船厂已很长时间了，我们一旦放弃，他们马上就会夺取。”法人日意格、德克碑二人，也是为利而来，牟利而去，故能为创立船政局出谋划策。二人在船政局的月薪为一千多两，教造期满后每人又得到两万四千两奖银，这样的薪水当然诱惑着他们。对洋员洋匠左宗棠采用了重金收买技术的政策。

同治六年十二月初五日（1867 年 12 月 30 日），船厂第一座船台建造完成。十二月二十四日（1868 年 1 月 18 日），正式开始第一艘轮船的制造，随着工程的进展，法国更急于将船局控制。早在同治六年正月十七日（1867 年 2 月 21 日），法籍福州海关税务司美理登向福州将军英桂声称，“这一次试着制造轮船，有欠妥当”；“造船的花费远胜购船，赫德去年就曾提过。”对美理登的阴谋英桂有所洞察，认为美理登表面上是替中国节省费用，实际是对造船加以阻拦，他的话更是矛盾重重。美理登阻挠设立船厂失败后，改变手法，想进入船政局，从中弁利。他造谣说，他奉法国政府及法国公使之命，前来“协同管理”船政。后来，他更直接要求英桂派他出任船政局正监督，改日意格、德克碑为左右副监督，想用税务司控制船政局。英桂、沈葆桢等人对美理登的侵略意图十分不满，对其严加驳斥。美理登心有不甘又跑到北京“行其谎惑”。总理衙门不予理会，并指出他在福建，始终是一祸害。美理登插手船政的阴谋最终未能得逞。

法国侵略者认为日意格、德克碑没有发挥代理人的作用，于是法国驻华外交官决定亲自出马。同治八年（1869 年），法国驻宁波领事席孟、副领事巴世栋竟擅自移驻福州，对船政的所有章程详细打听，并到处搜集两位监督的过失，甚至要求在船厂中张贴法文告示。沈葆桢断然拒绝了这种干涉中国内政的无理要求。法国侵略者碰壁之后没有死心。席孟在福州住了一个多月后返国，巴世栋署领事。同年五月，法籍铁匠白尔思拔由于不服从工作调度，擅离工作岗位，多次辱骂匠头白尔思蒙，日意格禀请沈葆桢将其除名。白尔思拔申诉到法国领事巴世栋处，请巴世栋出面说情，开始要求留用，后来则要求将五年工资补发，并给予一千元回国路费。五月初一（6 月 10 日），巴世栋借“贺喜”第一艘轮船“万年青”号下水的名义来到船厂，声称要为被解雇的法国雇员讲情，意欲煽动外籍雇员闹事。二十二日（7 月 1 日），巴世栋竟以领事身份受理白尔思拔的所谓“控告”，并发文船局，要提白尔思蒙、日意格和中国工人张维新等六人到领事驻地候讯。并与福州税务司美理登勾结并“坐堂会审”，判处日意格罚银三千五百元。沈葆桢对此断然拒绝。此后，巴世栋多次挑起事端，由于中国方面的严正交涉，均无功而返。

从以上事实可见，法帝国主义一直妄图将船政局控制，并在中法战争中重炮轰击，使其受到严重破坏。对外来的干涉和控制，船政局的首创人左宗棠及其接办人沈葆桢等一直进行了积极的抵御和针锋相对的斗争，捍卫了厂局的独立自主。

作为当时东方最大的一个近代化造船厂，福州船政局为中国培养了第一批驾驶人才和造船人才，在反侵略斗争作出了重大贡献，体现了中华民族发奋图强、不甘落后、变革现实、敢于赶超世界先进国家的魄力和锐气。

左宗棠怀着深切的爱国之情从地主阶级经世派，成为洋务派中“师夷长技以制夷”的积极实践者，进而成为我国创办近代工业的先行者。他紧随林则徐、魏源之后，睁眼看世界，大胆地迈出了学习西方、创办近代大规模造船工业的第一步。这既是中华民族对西方列强冲击和挑战的积极回应，又是中国近代艰难的工业化运动的起步，同时也赋予爱国主义新的内涵和鲜明的时代风采，给传统爱国主义注入了新的生机。左宗棠代表着中华民族高度的民族自信心、自尊心和不甘落后、积极向上的民族气节，是中国近代化运动当之无愧的先驱，具有无可替代的历史作用。

三、发展甘肃近代工业

同治十一年底（1872 年），陕甘军事已近尾声，战争的重心移到甘肃，而新疆形势比较危急，左宗棠积极筹划收复新疆，于是他把西安机器局的设备统统拆迁到兰州，将西安机器制造局改为甘肃制造局，也称兰州机器制造局，到光绪八年（1882 年）停办，派出学习的督标弁兵，都划归兰州织呢总局。

左宗棠一方面从广东、浙江、福建等地抽调技术工人，一方面委派他多年的老部下，记名提督赖长主持工厂事务，以增强甘肃制造局的技术力量。赖长是广东人，是一名十分精通机器制造及近代火器的专家。1872 年 11 月的最后几天，应左宗棠之约，他从福州携带机器，并在广东、福州挑选一些熟练的技师和工人，取道汉口来到兰州。工厂的地址设在兰州南关。左宗棠派一些青壮工匠跟着他学习。同治十二年初，甘肃制造局正式投产。

甘肃制造局是官办近代军事工业，由甘肃关内外办理军需款项内拨经费。尽管对镇压西北回民起义后期起了十分重要的作用，可是在挫败沙俄侵略阴谋、收复伊犁和摧毁阿古柏反动统治的爱国斗争中也有着积极作用。应该说，甘肃制造局的开办，还是以为收复新疆的军事斗争服务为主，为左宗棠征讨阿古柏的大军提供了武器弹药。甘肃制造局技术上相当有成就，不仅能自行制造铜帽、铜引和大小开花弹，而且还可以仿造普鲁士后膛螺丝大炮、后膛七响枪、轮架大炮，并且改造了原有的广东无壳抬枪及劈山炮炮台。从生产的七响枪和重炮的情况可以推断，甘肃制造局的机器设备，第一，必须有浇铸坯料和炼钢的较为齐全的冶炼设备；第二，必须有锻造炮筒枪管的设备；第三，必须有刨、车、镗、钻等近代金属加工车床。对生产落后的甘肃来说，这是一个重大的历史进步。

兰州织呢局是中国第一家毛纺织工厂，也是左宗棠在甘肃创办的规模最大的民用企业。光绪四年初，左宗棠领兵西征，将伊犁地区以外的全部新疆领土收复了，随后，他很快便开始注意西北的经济建设。甘肃制造局总办赖长第一个建议左宗棠用机器织呢。左宗棠采纳了这一建议。马上给上海米运局补运道胡光塘写信，附上赖长所画的机器图样，请他订购全套织呢织布机器。左宗棠视织呢与机器开河、掘井一样为利民实政。他要在兰州创办织呢厂，是因为：第一，兰州盛产羊毛、驼毛，原料充足，设厂利用能够致富；在交通困难的西北地区，成品运出比原料运出，要更为容易。第二，销路也不错。左宗棠创办兰州织呢局首先是着眼于国计民生。产品远销于内地各省，由富民而裕国。第三，是为了抵制外货，维护和收回中国的利权。兰州织呢局的民族特色和资本主义性质十分鲜明。

胡光墉接信后，马上向德国定购了全套的小型毛织机器。光绪四年底，所聘用的德国建筑师安克、织呢制造家石德洛末到达。那时要在边远地区创办这样的近代企业，必须有左宗棠这样权威人物的倡导和像他那样办企业的毅力精神，才有可能办成。

经过筹划、营建厂房和五个月的组装，织呢局于光绪六年（1880 年 9 月 16 日）正式开工生产。厂中共有十三名德国人，其中有两人为翻译，石德洛末为洋总办，李德和满德为总监工。他还聘用外国技师为中国培养近代机器工业的技术人才，并让赖长挑选幼年兵丁入局学习。织呢局投产后的日常经费和创办经费由官筹给。其创办经费大约达 31 万两白银，从开工到光绪九年停工，日常经费粗略推算不少于 20—30 万两白银，总共约 60 万两左右。由此可见，兰州织呢局是民族性较强的官办近代资本主义企业。甘肃养羊业比较发达，但长期战乱，生产力破坏严重，劳动人民生活艰难，蓄养的羊不多。光绪二年（1876 年），左宗棠曾给农民贷款买种羊，可他们把钱大都移作生活急用，并未投到畜牧业中去。这样，织呢厂自然得不到充足的原料，羊毛的质量也很差。所以在织成呢布前羊毛的成本已经很高。而织呢须经清洗、漂染等工序，需要大量成份较纯的水，在选厂址时，德国技师就指出水源不足的问题，可没有得到足够重视，开工后，问题便暴露出来了。第三，织呢布一部分供军用，一部分是供应市场的。可是，由于羊毛的成本贵，水质和毛质都不过关，使产品质次价高，缺乏竞争能力。而且甘肃人民生活困苦，购买力弱，产品没有销售市场。第四，西北地区道路很恶劣，呢布等产品陆运到内地费用高昂。第五，兰州织呢局依然具有一般官办企业的致命弱点，如有的报导说，“局中安置了一大堆冗员，干领薪俸，丝毫没有学习使用机器的愿望”，“缺乏良好的管理”等等。另外，技术力量还是以洋匠为主，而由于翻译人员能力缺乏，使得教导工作十分困难。由于上述种种问题，兰州织呢局开工后生产经营的情况并未达到预期的设想。厂中安设的织机开始只开 20 具中的 6 具，要是各机都打开，预计每年可织每匹长 5 丈，宽 5 尺的呢布 6000—7000 匹。但开工后一般每天只生产 8 匹，尚不到计划的三分之一，并且很快减少。光绪八年年底，织呢局德国技师在合同期满后离去。第二年夏，厂内锅炉爆炸，没有能力修复，只好停工。光绪十年四月（1884 年 5 月），新任陕甘总督钟麟将兰州织呢局裁撤。

尽管左宗棠苦心经营的兰州织呢局失败了，可他的努力必须予以肯定。首先，他创办企业是出于爱国和利民，是为了发展民族经济。在一定程度上表达了中国人民不甘心国家落后和积弱的民族自强心和自尊心。从当时国际毛织工业的状况和后来我国毛织工业被压制的事实来看，左宗棠创办兰州织呢局的确有其爱国的远见卓识。其次，他首先给陕甘带来了沿海近代化事物，使偏僻的西北地区人民呼吸到时代的新鲜空气，并将近代科学技术输入落后的西北地区，为西北培养了第一批近代技术工匠。再次，兰州织呢局的创办，直接和间接地影响着甘肃近代工业后来的发展。其停办后，中厂曾被改为洋炮局，其余部分曾改办为学校。总之，从历史趋势说，这个行动是正确的，符合社会发展方向。

一到西北，左宗棠就认识到水利的重要，他认为要治理西北，必须先整治水利。同治九年他便立下了根治泾河的雄心壮志。泾河全长四百五十一公里，自六盘山东麓发源后，东南流经甘肃平凉、泾川等地，到陕西省高陵县入渭河。全靠人力要使这样一条流经三省区、全长达千里的河流为民造福是很困难的，左宗棠便托人代购开河、掘井机器，没有得到答复。他准备用以工代赈的办法来完成这项工程，派平庆泾固化道魏光焘筹划，并托上海胡光塘向国外代购掘井、开河机器。光绪五年（1879 年），这些机器和织呢机一道启运来甘肃。次年开河机器运抵泾源工地。左宗棠请了德国技师，派平凉府知府廖博明主持其事。

左宗棠还曾经在甘肃酒泉筹建用机器开采金矿的事。酒泉有金，当地人民很早就进行开采。左宗棠想开采金矿，用以养活穷困的百姓。光绪五年春，他派胡光墉雇了两名德国技师到酒泉文殊山一带进行勘探，寻到三处金矿，但被冰雪封盖，难以开采，于是向当地私下采金的人询问，得知只能在四月中旬到八月之间，大雪没有封山之时进行开采，因此时间很短，官府组织开采无法获利，只好废然而返。胡光塘还捐送了一具凿金小机器和掘井机一起运到兰州。但左宗棠考虑到产金之地冰雪覆盖时间太长，无法大规模开采，决定暂时放弃。但其关心国计民生的精神可嘉！除了上述已办和拟办的近代机器工业外，当时还仿制成功了灭火机和抽水机。要是再加上赖长最初试制的织呢机，应当说，这是甘肃最早的近代机器制造工业的一种十分可贵的尝试。

灭火机是赖长用兰州原有设备试制成的。那时，帮办甘肃新疆善后的杨昌浚对此十分赞赏，写信给左宗棠，请求批准制造局停造军火来生产水龙，以加强兰州的消防。左宗棠开始并没有答应，因为当时虽已收复南北疆，但沙俄仍控制着伊犁，左宗棠认为停军火而造水龙并非当务之急，不合时宜。但在老友的再三要求之下，左宗棠还是允许生产“水龙”。

赖长制造的抽水机，曾被用于抽黄河水灌饮和池。饮和池在左宗棠主持下开凿于同治十一年（1872 年），也是为了改善兰州的饮水问题。夏季用兰州原来的水车，冬春则用赖长制造的吸水龙，将水由督署衙门后面的黄河引入。由两名技工开动和管理这台机器，每年约开动八九个月左右，每年八个月薪工和煤炭费共需一千零七十多两。显然这是一部以蒸汽为动力的抽水机，应当有锅炉、蒸汽动力传动装置和水泵等设备，在当时的兰州，中国人能主持制造这样的机器，实在是值得书入史册的。总之，左宗棠在甘肃创办甘肃制造局、兰州织呢局，试制若干种近代机器是具有创造性的。他缔造了甘肃近代机器工业，推动了工业的发展。

第六章　收复新疆

一、新疆危机

同治三年（1864 年），清廷成功镇压太平天国运动之后，新疆又爆发了以回族、维吾尔族为主的大规模反清运动。起义队伍很快就控制了新疆全境，但起义军内部却由于争权夺势而分化为五大势力。同年夏，因军事上失利，柯尔克孜族酋长思的克伯克向新疆以西的浩罕王国求助。浩罕王国派阿古柏领军前来救援。

阿古柏本名叫穆罕默德·亚库甫，乌兹别克人（一说塔吉克人），道光五年（1825 年）出生在浩罕的一个小官僚家庭，年轻时曾在安集廷地方担任舞师。凭借这个职业和一套善于攀附、逢迎权贵的本领，先后担任浩罕汗国的军政要职，曾领兵抵抗沙俄的入侵。在浩罕的宫廷斗争中，他以善于钻营、投机、玩弄阴谋诡计、见风使舵和野心勃勃而闻名，可终因不得摄政王艾力木库勒的欢心而失宠。而此时浩罕面临俄军压境，覆亡在即。他清楚留在浩罕没有前途，故准备到异国的穆斯林社会里窃取权位。艾力木库勒派他到我国新疆来，一是企图在新疆获取利益，也是为了防止阿古柏对自己下毒手，除去心腹之患。

阿古柏逐步攻占英吉沙尔、疏勒、叶尔羌（今莎车），并于同治五年（1866 年）底将“帕夏”的哈比布拉诱杀，将以和田为中心的封建神权割据政权吞并。1867 年，阿古柏向东侵犯，攻占库车、阿克苏等城，捕杀热西丁和卓，将以库车为中心的神权割据政权消灭。次年底，阿古柏宣布成立“哲德沙尔汗国”（即七城汗国，七城包括天山南麓的和阗、喀什噶尔、库车、阿克苏、叶尔羌、莎车、乌什等），自称“巴达吾来特阿孜”（意为“洪福之王”），也就是大权独揽的国王。同治九年，阿古柏又攻取了吐鲁番、乌鲁木齐，将以乌鲁木齐为中心的

“清真王”妥明封建神权割据政权消灭。于是，阿古柏达到了在新疆武力侵占的最高峰，控制了整个南疆和北疆的部分地区。

阿古柏匪帮之所以能在新疆横行长达12年之久，是因为英、俄两个帝国主义国家在背后的支持。英国全力扶植阿古柏，企图倚靠它阻隔沙俄南下；沙俄夺取中亚三个汗国后，加快了侵占我国新疆的步伐，也竭力拉拢阿古柏，以供自己驱使。这样，英俄两国争相招徕阿古柏为自己的侵略政策服务。而俄国依靠地理位置的优势，采取更为主动的进攻姿态。同治五年，俄国与阿古柏签订非正式协定，双方有权进入对方境内追捕逃犯，双方互不干涉对方的行动。次年，俄国要求阿古柏答应建筑一条通过天山喀什噶尔的军用公路，并在纳伦河上架设桥梁，阿古柏拒绝了这一要求。这样，俄国在同治七年占领撒马尔罕后，就开始在靠近阿古柏的纳伦河上修建碉堡，阿古柏于是派自己的侄子前往塔什干、阿拉木图和彼得堡，以求与俄国达成谅解，但由于阿古柏对沙俄在“承认”问题上的暧昧态度不满，双方没能成交。

英国则对阿古柏极力拉拢。同治四年，准孙和艾期台尔·萨依甫二人经过和田前来同阿古柏接触。同治七年又有条勒提鲁毕尔提·邵乌等前来和阿古柏进行了秘密会谈。英国还利用其附庸土耳其苏丹来拉拢阿古柏。因为19世纪末土耳其苏丹在政治上和宗教上对于信奉伊斯兰教的中亚各统治阶级具有很大的影响力。同治四年，沙皇俄国占领塔什干之前，一个名叫喀孜汗土烈的人逃到土耳其，土耳其苏丹阿布杜艾则孜便派他来见阿古柏，动员阿古柏归属土耳其。阿古柏便派纵喀孜汗土烈率领代表团回访土耳其苏丹，表示愿意附属土耳其。

同治九年，英国赴俄进行中亚问题谈判的代表道格拉斯·福西特自彼得堡返回印度后，又奉英国女王维多利亚之命率代表团前往喀什噶尔。这个代表团还给阿古柏送来了一万枝步枪和若干门陆军专用的大炮。福西特是最早提议利用阿古柏把英国势力渗入新疆的英国政界人物。英国派他出使俄国进行划分势力范围的谈判，又派他到喀什噶尔活动，这表明英国妄图以阿古柏政权作为在南疆的代理人。阿古柏则两次派遣代表团前往伦敦，得到英国女王的热情接见，并获赠一个修理厂的设备和六万枝步枪。

次年，沙俄以阿古柏有可能在伊犁建立亲英的统治为借口，派出一千八百名侵略者两路进发，夺取了伊犁地区九城，并宣告伊犁永归俄国管辖。如此一来，俄国就凭借伊犁这一战略要地遏制阿古柏和英国势力的向北扩张，并妄图进而将我全疆兼并。而英国对俄国侵占伊犁没有异议，这就等于承认俄国夺占伊犁等地的既成事实，承认北疆属于俄国的势力范围。随后沙俄又展开外交攻势，与阿古柏订立了通商条约。该约规定：沙俄承认阿古柏为“哲德沙尔首领”，俄国人有权在南疆通行和通商，在南疆各城建立“商馆”和设“商务代表”，俄货入口税值为百抽二点五。通过这个“通商条约”沙俄把自己的势力渗入了南疆。同时也表明，沙俄对阿古柏政权的策略在“英俄协定”之后有所变化，在外交上对其独立国家的地位转而予以正式的承认。但沙俄也并不完全受“英俄协定”的制约，其将南疆从中国的版图肢解出去，以便在时机成熟时将它吞并的对新疆的总政策没有变。为与沙俄抗衡，英国加紧了对南疆的渗透。

同治八年（1869 年）以后，英阿关系发展迅速。通过它的附庸土耳其苏丹，英国进一步拉拢阿古柏，签订俄阿条约后，阿古柏派其侄儿前往俄国回访，得到亚历山大二世亲自接见。代表团返回时朝见了土耳其苏丹，表示愿意遵奉土耳其为上国，土耳其苏丹在英国授意下，以隆重的礼节接待了他们，并将阿古柏封为天山南路一带的“米拉胡尔巴什”（即“艾米尔”，意为统治者、国王），并派去二十多名军官、顾问，送给大批武器。同治十二年，阿古柏又派代表团自土耳其前往印度，英印政府总督再次派遣上校福西特统领三百人的特别使团逗留喀什噶尔四个月，并给阿古柏带来了大批弹药枪炮。

次年 2 月 2 日，福西特也瞒着清朝政府与阿古柏签订了一个对英国十分有利而严重破坏中国主权的所谓“英国与喀什噶尔条约”十二条。依照这个条约，英国取得了与沙俄相等的权利，并得到了一系列沙俄想要得到而一直没有得到的特权。英国正式承认阿古柏政权为“合法的独立王国”。阿古柏为哲德沙尔的独立国王，并承诺迫使清政府批准他在哲德沙尔独立。俄国获知《英阿条约》内容，要求依照该约取得派驻使节、领事等权，但阿古柏加以拒绝。大量迹象表明，南疆已在英国的势力控制之下。《英阿条约》签订不久，11 月，英国驻华公使威妥玛派参赞梅辉立前往天津会见直隶总督李鸿章，建议中国把天山南麓给阿古柏，把伊犁让给俄国，以缓和英俄的矛盾，并扶植阿古柏政权。由此可见，英俄两国当时正在分割我国神圣领土新疆，并企图强迫清政府对英俄对新疆的瓜分予以承认。这就像两头巨兽，约翰牛由南而北，北极熊由北而南，正在撕裂着美丽的天山南北，新疆面临严重的危机，清军仅仅控制着巴里坤、哈密、至吉木萨尔一线，西北边防十分危急。

二、关注新疆

西北地区，尤其是新疆，是我国有着重要国防战略意义的边陲，又是文化经济落后，急需开发的宝地。在新疆问题中，左宗棠的远见卓识多次得到体现。

左宗棠第一次会试失败后曾写《燕台杂感》，尤其第三首写道：

西域环兵不计年，当时立国重开边。
橐驼万里输官稻，砂碛千秋此石田。
置省尚烦他日策，兴屯宁费度支钱？
将军莫更纾愁眼，生计中原亦可怜。

左宗棠对乾隆年间平定新疆，加强新疆政治、军事设施，巩固西北边陲的功绩进行了歌颂。他又谴责了乾隆以后的边疆大吏不善经营，无所作为，使得“橐驼万里输官稻，砂碛千秋此石田”。自从道光七年（1872 年）张格尔叛乱被平定后，是否加强新疆军政建设，始终是当时国家大事中较为敏感的问题。腐朽昏庸的官僚主张把新疆放弃。龚自珍严加驳斥，认为新疆寸土必争。魏源赞同龚自珍的《西域置行省议》的主张和见解，大力批驳“地不足耕，人不足臣”的说法，指出乾隆帝平定新疆后，新疆的军政建设那时候已有了一定规模。

鸦片战争前，左宗棠尚未去过西北，但他对中国的舆地山川攻守形势进行研究，从全国军事战略的高度对新疆在西北地区的重要性进行了衡量。所以，他能与龚自珍的《西域置行省议》相呼应，写出“置省尚烦他日策，兴屯宁费度支钱”的诗句，这是颇有政治远见的。

当时，左宗棠在北京还与以研究西北史地而闻名的学者徐松相识。徐松，字星伯人，大兴县人。嘉庆十七年（1812 年），他被谪戍新疆，遵照伊犁将军松筠的命令，横越木素尔岭（冷岭），视察了整个南疆，从乌鲁木齐返回伊犁。他著有《‘汉书·西域传’补注》、《西域水道记》等书。从徐松那里左宗棠获得了这些有关研究新疆的著作。道光十八年（1838年），他第三次会试落第后，回家刻苦攻读，尤其认真地阅读了新疆研究的专著——《西域图志》，之后又读了陶澍复陈西域事略的奏稿。在湘江舟中他与林则徐会面时，也谈到了西域时务，而且林则徐对他是有所寄托的。可以推断，林则徐提出的俄罗斯始终是中国心腹大患的观点，深深影响了青年左宗棠。

同治十年（1871年），沙俄武装夺取我国伊犁地区，左宗棠时任陕甘总督，他敏锐地察觉到沙俄日益膨胀的扩张野心，意识到敌人肯定不会善罢甘休。面临新的局势、新的敌人、新的课题，左宗棠不仅没有怯步犹豫，反而不顾衰病自觉地将御侮卫国、收复新疆的重任承担起来。这充分体现了他为保卫国家的主权和领土而奋不顾身的爱国热忱，展现了中华民族最可宝贵的精神品格，为他晚年的历史谱写了壮丽的篇章。

左宗棠有爱国的豪情，也勇于付诸实践。虽然这时他集中力量对甘肃回民起义进行镇压，清廷又无意让汉族大臣去处理新疆问题，而仍想依靠景廉等满族亲贵，可左宗棠仍让其最得力的部将刘锦棠在假期完成之后，挑选招募数千丁壮，以便九月在其率领下向西进发，准备西征新疆；并赶紧调派驻扎在甘肃靖远的徐占彪部快速赶往肃州，以便使成禄部尽早出关。为了帮助清朝中枢作出正确决策，左宗棠在写给总理衙门的复信中，仔细地对新疆敌我双方的形势进行了分析，指出问题的症结所在，并且从军事、政治、经济、外交等多角度全面地提出了规复新疆的方法和步骤：其一，必须把立足点放在军事力量上。沙俄是不会放弃霸占伊犁的侵略野心的，只有通过军事上的较量才能收回伊犁，这是对待新疆问题首先要确立的指导思想；其二，对当时关内外各军的现状进行了分析：关外的景廉、荣全等军兵力不足，关内金顺、成禄等后路军又很冗杂，军无斗志，指挥不一，所以派这种军队去收复失地，只会使局势变糟；其三，作为前进基地和进兵通道的河西走廊，破坏严重，在这种情况下，必须重新统筹，不宜贸然出兵；其四，明确提出了收复新疆的具体步骤和方法：欲粉碎英俄侵略，必须先将阿古柏反动政权粉碎；而要收复伊犁，必须先将乌鲁木齐收复，然后兴屯、安民，以形成凛然不可犯之势，从而争取伊犁和平回归，倘若必须用兵，也有必胜的把握。另外，关于军饷问题，他提出：一是另筹实饷，统一收支，合理使用；二是核实人数裁减冗员；三是合理确定向地方采买军粮物资的价值和差徭款项数目，保证城乡民众能正常生活和生产；四是杜绝浪费，节约开支；五是统一军权，做到军令统一、步调一致。而其中选好帅才是最关键的，只有那样才可实施上述方略。

这就是左宗棠在沙俄入侵新疆之初，就已提出的收复失地的一整套方针大政。这不仅表明他具有远见卓识，而且也反映出他异常关心和深切了解新疆事态的发展，更表现出他维护国家领土完整的高度自觉性和责任感。后来新疆事态的发展，基本上也就是这个格局。

三、“海防”与“塞防”

面对新疆危机，如果清政府不果断采取恰当行动，新疆全境就可能从中国分离出去。收复新疆，驱逐侵略者，成了全国人民共同的愿望；也是清政府中一些具有爱国思想的官员最关心的问题。而要驱逐侵略势力将故土收复，不但要将阿古柏匪帮粉碎，还得坚决同英、俄斗争。

然而，此时在国防战略部署上统治集团内部却分歧严重。如当时在清政府统治集团内位高权重的李鸿章就主张放弃新疆，在同治十三年（1874年）底的《筹议海防折》中，他提出了“暂弃”新疆的主张：

> 新疆各城，自乾隆年间始归版图，无论开辟之难，即无事时，岁需兵费尚三百余万。徒收数千里之旷地，而增千百年之漏卮，已为不值；且其地北邻俄罗斯，西界土耳其、天方、波斯各回国，南近英属之印度，外日强大、内日侵削，今昔异势，即勉图恢复，将来断不能久守。屡阅外国新闻纸及西路探报，喀什噶尔回酋新受土耳其回部之封，并与俄、英两国立约通商，是已与各大邦勾结一气，不独伊犁久踞已也。揆度情形，俄先蚕食，英必行其利，皆不愿中国得志于西方。而论中国目

前力量，实不及专顾西域，师老财痛，尤虑别生他变。曾国藩前有暂弃关外专清关内之议，殆老成谋国之见。今虽命将出师，兵力饷力万不能逮。可否密谕西路各统帅，但严守现有边界，且屯且耕，不必急图进取。一面招抚伊犁、乌鲁木齐、喀什噶尔等回首，准其自为部落，如云、贵、粤、蜀之苗瑶土司，越南、朝鲜之略奉正朔可矣。两存之则两利。俄、英既免各怀兼并，中国亦不至屡烦兵力，似为经久之道。况新疆不复，于肢体之元气无伤；海疆不防，则腹心之大患愈棘；孰重孰轻，必有能辨之者。此议果定，则已经出塞及尚未出塞各军，似须略加核减，可撤则撤，可停则停。其停撤之饷，即匀作海防之饷。否则只此财力，既备东南万里之海疆，又备西北万里之饷运，有不困穷颠蹶者哉！

清廷很多官员都支持李鸿章的这一意见，地方大吏中，如河南巡抚钱鼎铭、山西巡抚鲍源深等纷纷上奏，对李鸿章的主张表示支持。内廷之中，光绪皇帝的生父醇亲王奕譞表示："李鸿章请求暂时停止西征、放弃新疆是最佳的策略。"刑部尚书崇实奏称："前大学士曾国藩曾经有过暂时放弃关外的主张，现在大学士李鸿章也有划清界限、坚守边界的请求，这是为国家深谋远虑的主张，请马上予以批准……节省物力，专注于海防。"他还反问道："否则就算暂能收复，那里一片萧条，有什么好处?"另外，御史余上华、刑部左侍郎黄钰等也纷纷上书请求放弃西征。这样，在清政府组织的关于筹办海防的"建议"中，对继续还是暂缓西征问题展开了激烈的争论。而"廷议"已远远越出了总理衙门的原奏范围，实际上成了放弃新疆还是收复新疆的一场原则争论。

放弃新疆论有着主观上的思想原因和深刻的社会历史根源。从历史上看，西北边疆自古为多事之地，常年战乱，使得军费成为封建王朝的一项沉重的财政负担。差不多每当内地动乱、边塞吃紧的时候，放弃新疆的论调就弥漫于封建王朝统治集团内部。

清代中叶以后，统治力量日趋衰败，财政越发困难，而新疆地区的民族矛盾和阶级矛盾日益激化，尤其是大和卓的后裔在浩罕汗国支持下不断在南疆制造叛乱，大为削弱了清王朝在这一地区的统治，使清廷深感无论在财力、军力上都鞭长莫及，无力西顾。故而统治集团内部一些官吏和士大夫纷纷提出新疆对国家财政收入毫无益处，反而是一个沉重的包袱，抱怨其地是攻取虽然容易，保守却花费高昂，所以主张放弃新疆。

到同治末年，新疆局势更为险恶，放弃新疆的论调更是风行一时。这时出现的李鸿章的言论，集清中叶以来放弃新疆论之大成，而又更为系统化了。清政府财政困难，力不从心，是产生这种认识的一个重要的客观原因。这种放弃新疆论的思想原因是：普遍存在于统治阶级中的腐朽封建民族主义思想。当统治力量强盛时，这种思想往往表现为奴役欺压少数民族，甚至不惜大动干戈戡乱、讨伐，对少数民族的反抗斗争进行残酷镇压；当力量衰弱时，这种思想又往往表现为抛地弃民，不管边疆地区的国土、人民，只求保住对中心地区的统治。在近代，外敌入侵造成边疆的普遍危机，这种鄙弃少数民族、忽视边疆地区的封建民族主义，与妥协苟安懦弱退避的对外投降主义结合起来，使得放弃新疆的论调甚为风行。

为了不与俄英在新疆发生冲突，李鸿章宁可主动捐弃领土。这种懦弱弃地、自甘沦落的可耻态度，再次表现出在对外政策上李鸿章的投降主义。

李鸿章主张加强海防是正确的，但是这种仅仅强调国防中的海防一面，而不重视国防中其余环节的思想是片面的，主张放弃新疆更是错误的。因为李鸿章对清廷决策有重大影响，这种误国的错误主张直接关系到新疆的命运。从这个角度说，所谓的“塞防”与“海防”之争，的确有严重的分歧，存在着原则的是非之争。要是左宗棠不挺身而出，力挽狂澜，新疆实在是有被断送的危险。

而左宗棠坚持与李鸿章针锋相对的主张，早在同治十二年（1873 年），他就向朝廷上书，提出了规复新疆的整体规划：

> 俄人久踞伊犁之意，情见乎词。……惟自古盛衰强弱之分，在理而亦在势。以见在情形言之，中国兵威且未能加于已定复叛之回，更何能禁俄人之不乘机窃踞？虽泰西诸国亦知此为不韪，不敢遽肇兵端。然既旅焉思启，必将不夺不餍，恐非笔舌所能争也。荣侯（指署伊犁将军荣全）深入无继，景都护（指乌鲁木齐都统景廉）兵力本单，后路诸军，久成迁延之役。兵数虽增，仍多缺额，且冗杂如常，并无斗志，望其克

复要地，带赴戎机，实无把握，并虑徒增扰累，以后更苦无从着手。甘、凉、肃及敦煌、玉门，向本广产料畜，自军兴以来，捐派频而人民耗，越站远而牲畜空。见在仅存之民，已皮骨俱尽；屯垦之地，大半荒芜，年复一年，何堪设想？宗棠所以有从内布置，从新筹度之请也。就兵事而言，欲杜俄人狡谋，必先定回部：欲收伊犁，必先克乌鲁木齐。如果乌城克复，我武威扬，兴屯政以为持久之谋，抚诸戎俾安其耕牧之旧，既不遽索伊犁，而已隐然不可犯矣。乌城形势既固，然后则示以伊犁我之疆索，尺寸不可让人。遣使奉国书，与其国主明定要约……彼如知难而退，我又何求？即奸谋不戢，先肇兵端，主客劳逸之势攸分，我固立于不败之地。俄虽国大兵强，难与角力，然苟相安无事，固宜度外置之。至理喻势禁皆穷，自有不得已而用兵之日。如果整齐队伍，严明纪律，精求枪炮，统以能将，岂必不能转弱为强，制此劳师袭远之寇乎？就饷事而言，西征诸军，各有专饷，如肯撙节支用，无一浪费，无一冗食，或尚可支。今乃以拥多兵为名，不战而坐食，惟知取资民力，竭泽而渔，不顾其后，往事之可睹者，已如斯矣！欲重新整理，非亟实心任事之人，重其委寄，别筹实饷，于肃州设立总粮台，司其收发，并将各军专饷归并为一，相其缓急，均其多寡应之不可；非核其实存人数，汰其冗杂疲乏不可；非定采办价值、差徭款目不可；而尤非收回各军专奏成命不可。此亦宜及早绸缪者。要之，目前要务不在预筹处置俄人之方，而在精择出关之将；不在先索伊犁，而在急取乌鲁木齐。

正是基于左宗棠的这一认识，光绪元年（1875 年）朝廷在朝中展开海防、塞防的激烈争论时，给左宗棠发出了一道密谕，明确指出：

刻下情形如可暂缓西征，陈饷以备海防，原于财用不无裨益。惟中国不图规复乌鲁木齐，则俄人得步进步，西北两路已属堪虞。且关外一撤藩篱，难保“回匪”不复啸聚，肆扰近关一带。关外贼氛既炽，虽欲闭关自守，势有未能。现在统筹全局，究应如何办理之处，着该大臣酌度相宜，妥善具奏。

接到上谕后，左宗棠很快就呈上了《复陈海防塞防及关外剿抚粮运情形折》，内称：

> 现在用兵乏饷，指沿海各省协饷为大宗，甘肃尤甚。若沿海各省因筹办海防急于自顾，纷请停缓协济，则西北有必用之兵，东南无可指之饷，大局何以能支？
>
> 今若画地自守，不规复乌桓，则无总要可扼，即包桓速复，驻守有地，而乌桓南至巴里坤、哈密、北之塔尔巴哈台各路，均应增置重兵，以张犄角；精选良将，兴办兵屯、民屯，招徕客、土，以实边塞，然后兵渐停撤，而饷可议节矣。……若此时即拟停兵节饷，自撤藩篱，则我退寸而寇进尺，不独陇右堪虞，即北路科布多、乌里雅苏台等处，恐亦未能晏然。是停兵节饷，于海防未必有益，于边塞则大有所妨，利害攸分，亟宜熟思审处者也！

在参加复论的过程中，左宗棠表露了自己激昂的襟怀。他说，处理国家大事，一是必须考虑周全，为国家长远安危打算，而不能只顾眼前而忽视长远；二是不能心存忌疾，谋取私利，而应当为了社稷，不顾生死的去行事。

清政府十分重视左宗棠的主张，特别是当时对朝廷很有影响力的武英殿大学士、军机大臣文祥也予以支持。文祥认为居中控制乌桓重镇，南面统令回部，北面安抚蒙古，借助他们共同抵御英俄人，才能长久维持新疆。于是他力排众议，坚决主张出兵西征，得到清廷谕准，才使得左宗棠能西征新疆。这样，清朝统治者为了切身的根本利益，最终采纳了左宗棠的正确意见，并破例于光绪元年（1875 年）三月二十八日发出六百里加急谕旨："左宗棠奏海防塞防实在情形并遵旨密陈各折片，所称关外应先规复乌鲁木齐。而南之巴、哈两城，北之塔均应增置重兵以张犄角，若此时即拟停兵节饷，于海防未必有益，于边防大有所妨，所见甚是。"清廷任命左宗棠为钦差大臣督办新疆军务，授予他政治、军事和筹运粮饷等方面的全部权力。

四月二十六日（5 月 30 日），清政府正式决定：命令左宗棠等加强西北防务，准备进军新疆；分别任命李鸿章为北洋大臣，沈葆桢为南洋大臣，主持海防；命令彭玉麟等同李成谋办理江防。李鸿章“停兵移饷”放弃新疆的主张没有成功，可清政府并未完全将他筹办海防的建议否定，实际上是采纳了塞防、海防并重的方针，一边对新疆军务作出决断，一边相应对南、北洋海防及长江防务也作了部署。这是清政府关于国防战略讨论的一项重大成果。

四、战前准备

1. 处境艰难

左宗棠毫不畏惧，勇敢地将全民族的重托肩负起来，坚定地走上了反侵略复国土、捍卫国家统一和主权的新征程。而要将沦陷十多年的新疆恢复，困难之大是无法想象的。除了左宗棠之外，清朝统治集团无人愿为、无人敢为、无人能为。

这是为什么呢？主要是由于新疆问题比太平天国更为复杂，除了要解决与俄、英两国的矛盾，还有一个重要的特点，就是新疆所处的独特的地理位置，带给行军打仗、后勤供给难以想象的困难。那时新疆大部分沦陷，清军只控制着东北部褊狭的贫瘠地区。而据左宗棠估计，要解决新疆问题，必须拥有六七万大军的绝对军事优势才行。而出关的六七万大军，一年就需四五千万斤粮食，在开始的时候主要得由关内和其它地区远途采运。以当时的运输能力，在多是沙漠地区的新疆，翻越险峻的天山筹运军粮，困难重重。同治十三年（1874 年），左宗棠在写给沈葆桢的信中说：“西事筹兵非难，惟采买、运转艰阻万状。”关内清军刚出关时，主要依靠河西走廊采购军粮，沿着凉州到甘州，再到肃州，出嘉峪关，过玉门到安西、哈密，经巴里坤至古城一线运送，全长两千四百多公里。从安西到哈密，计程十一站，途经戈壁，无台站、无水草，沙砾纵横，中间只有安西城北四站的马莲井还可以支帐稍作休息，补充饮水，但亦不宜久留。由于运道漫长艰险，除去沿途人畜消耗之外，到达时粮食已所剩无几。而且运转的劳费惊人，仅从凉州到安西，运粮百斤需银 11 两 7 钱左右，从肃州运到哈密，每百斤粮需银 15 两。由凉州运粮百斤至古城，耗费的运费达 20 多两，差不多是凉州粮食原价的20倍。如此一来，每年仅运费一项就得多支出200万两以上。这对财政本来就十分困难的清政府来说，是个难以承受的沉重负担。

但是，要在新疆战场取胜，后勤供给必须解决。对此，左宗棠的认识格外清醒。他认为，西北军事，筹措军饷比筹兵难，筹措粮食又比筹措军饷难，而筹措粮食的运输又比筹措粮食难。对于左宗棠的这一层层推进式的三个“难”，秦瀚才在《左文襄公在西北》一书中有非常独到的分析：

怎么说是筹兵之难呢？西北事变初起，陕甘兵力确是不够，后来各方调拨，又嫌太多。除了本省原有的制兵和临时招募的勇营外，有湖北军，有四川军，有贵州军，有湖南军，有安徽军；又有吉林马队、黑龙江马队。系统分歧，指挥不易。且这些军队，按编制说多数并不足额；按素质说，多数沾染军营恶习，不堪作战。至于新疆原驻之兵，有锡伯、索伦、达呼尔、察哈尔、蒙古、厄鲁特、沙毕纳尔，及绿营携眷兵、换防番戎兵之分，及经事变，更是杂乱无章。也有土著编成的团丁，一样的冗杂。而南方的兵又往往不乐意到西北去。所难就在没有可用的兵。

怎么说是筹饷之难呢？西北地方，自来贫乏。甘肃和新疆的政费，便在平时，也要靠江苏、浙江和四川等省接济。可是这些省份，都新经太平军的破坏，自己的财力也很支拙。对于别省需要，大抵漠不关心，这是人之常情。更大的问题是：经过五年兵事后的西北，物价高涨。依文襄公调查，本来稻米二十余文一斤，麦面十余文一斤，那时，每斤都已在一钱内外。单是陕甘两省部队饷项，每年已缺五万两，而军装和军火等项价款和运费还不在内。所难就在便是有了可用的兵，也没有可支的饷。

怎么说是筹粮之难呢？原来西北粮食生产，本是不够。兵燹之后，人民逃亡，田亩荒芜，生产格外减少。怎样还能供给大量兵马的消费？文襄公也主张举办屯田，以求自给自足，但不能随时随地就有收获，还得多方采购。文襄公是不赞成只在一两个地区搜括的。他以为在短时期内，在一地方上采购大批粮食，必致粮价暴涨，影响当地人民生活。并且搜括一空以后，军队果然有得吃了，教老百姓怎样过活？再则在西北地方，便是把一两个县镇存粮统统搜括下来，还无济于事。所难就在便是有了饷，未必有粮可购。

怎么说是筹转又难于筹粮呢？西北为地势所限，舟辑不通。原是地广人稀，一经兵祸，丧亡流徙，劳力更为缺乏，不比东南水乡，又人烟稠密，远距离大量运输，可靠船舶；短距离少量运输，可靠挑负，西北的运输工具，只有车驼。过高的山地又是不便行车的；沙漠是只能行驼的，驼在夏天是要歇厂的。而这些牲口，也因为历年变乱而减少，雇购两穷。还有些交通线路，必须找有水可喝的地方歇脚。总之，种种的艰阻使运输量受种种的限制。再则牲口本身就要食料，不能就地取给，须得随身装载。这样，长程搬运，所得实在有限。所难就在便有了粮，还未必能尽量转运，尽快转运。西北的运输问题，真是太严重了！照文襄公精密的计算，要花两石的粮价，才能运到一石的粮。因此，要花一个半人的饷，才能养活一名的兵。这还是仅就关内说，至于在关外，那要十石的粮价，才能运到一石的粮了。最有趣的："计一驼负粮二百斤，日行一站，越二十站，驼之料，驼夫之粮，已将所负者啖尽，尚有何供军食乎?"这就好比如今在长程的公路上，用汽油车运汽油了。更有一点是吾辈该记着的：文襄公当日用兵西北，已尽量使用新兵器。这些新兵器有些还从上海向外国采运而来。所以要运转的，不光是大量的粮食刍秣，还有大量的枪炮弹药。

正是由于对这一问题左宗棠有清醒认识，所以在以后的新疆用兵过程中，尽管运粮工作万分艰难，可始终没有由于这个原因拖延整个战事。

2. 扫除障碍

清政府尽管委命左宗棠督办新疆军务，但是要收复新疆，还必须"从内布置，重新筹度"，做好各方面的准备，扫除所有障碍，克服重重困难。

左宗棠首先遇到的难题是西北事权不一，政出多门，参与收复新疆的人并不团结。从当时分驻在天山南北的伊犁将军、乌里雅苏台将军、乌鲁木齐都统、塔尔巴哈台参赞大臣、哈密办事大臣，到专任新疆军务的景廉、成禄、帮办粮饷的袁保恒等，多为满族大员，都有专折奏事之权。也就是说他们都能够直接向清朝中枢陈述自己的意见，直接听从中枢的谕令。左宗棠尽管被任命为钦差大臣督办新疆军务，可却不能全权指挥他们。满族大员把持边务的“成例”，十羊九牧，事权不一的状况得不到改变，左宗棠就像一个被捆住手脚后送入搏斗场的勇士一样，本事再好也无法施展出来，就难以完成收复新疆的任务。

左宗棠收复国土的坚定意志没有被这一切困难吓倒。他壮怀激烈，完全以民族利益为重，以国事为重，置个人的荣辱生死于度外，义无反顾地承担起收复新疆的重任。原来由于身体日趋衰弱，加之官场中的尔虞我诈，使他对宦海生涯心生厌倦。为此，他本欲待肃州战事结束后就告老还乡，不想出关征讨新疆各封建主的割据政权。可是后来阿古柏和沙俄先后入侵新疆，“西事”性质和西北形势都出现根本的变化。当他获悉沙俄以为中国代守为名出兵侵占伊犁后，马上打消了陕甘之事了结就还乡的打算，誓与“此虏”斗争到底，不顾风险和个人的哀痛，主动地将这副重担挑起。

为了将新疆用兵的障碍扫除，为了清王朝和国家的利益，一番踌躇之后，左宗棠毅然上奏弹劾景廉、成禄和袁保恒，要求清廷给予自己完全的权力。当时一些头脑比较清醒的满洲贵族明白，能担当收复新疆重任者非左宗棠莫属，只有左宗棠才能指挥在西北的数万湘楚“百战之师”。所以清廷答应了左宗棠的请求，将成禄革职拿问，将景廉、袁保恒内调北京，将兵权、财权都交给左宗棠。

此外，左宗棠又向清廷奏报，建议朝廷派自己最得力的部下刘锦棠管理营务处，给予其根据形势自行指挥前敌军事的全权。考虑到原任陕西布政使谭钟麟与左宗棠关系较好，文祥等又使慈禧任谭钟麟为陕西巡抚，督办筹措西征粮饷事宜。谭就任后，与左通力合作，忧患与共，筹兵、筹饷等事情上都以大局为重，使左宗棠能全心全意收复新疆，而不用为其余事务操心。这样，左宗棠大体上统一了事权，重组了西征军的最高统帅部，使得关内关外军务和后勤都团结协作，为胜利进军新疆创造了先决条件。

3. 物质准备

要取得进兵新疆的胜利，还必须做好各方面的物质准备工作。

（一）筹饷

左宗棠统领的军队，每年需军费一千万两以上，差不多是当时清王朝全年财政收入的七分之一至六分之一。在中枢与各省财政都非常困难的情况下，筹拨这笔巨额的经费确实比较困难。所以，左宗棠为争取饷银不断抗争，多次上疏并致函有关方面，从政治上、军事上进一步论证“西饷”不可省和新疆不可弃，不可在国防上先坏万里长城。同时指出，总署提出在四成洋税项和各省厘金下各拨200万两作为南北洋海防经费，而于西饷不但没有增加，反而不管不顾。左宗棠对这种做法大加斥责，称其是扶起东边，倒却西边。他认为沿海比西北条件好得多，筹措经费比较容易，而西北则完全依靠各省协同筹给款项，就像婴儿的性命依赖于乳母一样，喂他奶就能活，停止喂就只有死。所以，左宗棠专门向朝廷提出一个“均”字。

从同治十三年至光绪三年（1874—1877年）间，左宗棠依靠各种途径总共集饷4200多万两，其中各省关协饷2000多万两，高息借外债800多万两，本国“商款”560万两，部拨455万两，其他400多万两，使西征饷需问题勉强得以解决，为大军出关收复国土打下了重要的物质基础。

用兵新疆的经费怎么会这么浩繁？其一，整编军队，留强汰弱，被裁遣的官兵欠饷很多年了，不仅应发全部欠饷，还必须筹措他们回籍的路费。仅1874年3月至11月共遣撤土、客各营员弁勇丁长夫等2万余名，耗费达80万两。由此可见整编费用之巨大。其二，长途运输困难，军粮运费极高。从凉州到肃州有900余里，从肃州出嘉峪关到玉门360里左右，玉门到安西200里，哈密到嘉峪关一千四五百里，就是从肃州到新疆的第一个前进基地哈密就有一千六七百里，自哈密到乌鲁木齐又有千里之遥。西征军进入新疆，乌鲁木齐是第一个战略目标。各路采购军粮运到遥远的前沿阵地，运输非常艰难，花费极高。其三，由于长期战乱，甘肃人民流离失所，急需安抚流亡，恢复生产。为此，左宗棠命令甘肃地方官散发大量种羊、种子，发放赈济款项，设立粥场等等，以巩固新疆的后方，并使来年能就地采购较多的军粮，以免到遥远的包头、宁夏等地采买粮食。所以这也是一笔必不可少的巨大开支。

光绪二年（1876年）春，左宗棠欲借外债1000万两，以将军饷问题彻底解决，最后在清廷的协同下，光绪四年（1878年）左宗棠又借债350万两（其中华商、英商各175万两）。这二笔贷款除还本外，利息总数竟然超过借款的半数，是的的确确的高利贷。光绪四年（1878年）七月二十三日，一篇名为《贷国债说》的文章刊登于《申报》，尖锐批评这种高利借贷："左爵帅于万分竭蹶之中，作通盘筹算之想，特委胡雪岩观察在沪告贷于西商，前后三次共银一千三百五十万两，分期摊还，按年给与得利，并以江海、粤海、闵江等在为质，此为中国古今未有之创局，然失利亦无有甚于此者。夫泰西诸国之贷债也，其息大率每年百两之五、六两耳，今中国乃竟倍其数而付之，且必责关票以为凭，暂救燃眉之急，顿忘剜肉之悲，重利让之他邦，贫名播于邻国，然当局者犹以为便。"

朝中诸多大臣也反对这种借高利贷的做法。如两江总督沈葆桢就直接上奏朝廷，对这种借外债的方式表示反对。李鸿章获悉，十分赞同沈葆桢的行为，在沈葆桢反对借债的奏折呈送的前几天，李鸿章就给他写信说："左帅拟借洋款千万以图西域，可为豪举，借冀利息稍轻，至多不得过七厘，各省由额协项下分还，亦未免吃力，何可独诿诸执事耶?"沈葆桢抄寄奏稿给李鸿章看后，在复函中李鸿章又吹捧说，奏稿言辞恳切，义正词严，又看到了古时忠贞大臣的风采，对沈葆桢的敢于进言，十分敬服。

左宗棠获知后，也无可奈何。因为，如此重息的外债左宗棠也不想借，可对新疆用兵没有钱又不行。好在左李早已结怨，所以李鸿章的此种行为也不出左宗棠的意料，对其并未产生什么影响。但眼看大量银钱源源不断流入新疆，李鸿章心里象被针刺一般，不是那么痛快，所以总是千方百计阻拦左宗棠出兵征讨新疆。由于清廷十分支持左宗棠，李鸿章没有达到目的。

重息借外债，使清廷在经济上受到了严重的盘剥。可是，要是没有这几笔贷款，那么西征军根本无法出关，也必将无法完成收复新疆的大业。所以，左宗棠反复权衡利弊后，只得忍痛吞此苦果。清廷批准借五百万两外债后，左宗棠又决定将提款时日推迟一年，为的是少还一年利息。这反映了左宗棠对重息借外债的痛苦而又无奈的心态，反映了那个时代国人的力不从心。在半殖民地半封建社会的历史条件下，经济上的贫穷与政治上的压迫欺凌，同是我们民族肩头上的重负。

（二）筹粮

为了将一年几千万斤军粮的采集和后勤转运问题解决好，左宗棠采取了几项切实的重大措施：

其一，饷、粮、兵运统筹规划。因为进兵新疆路途遥远，运输困难，左宗棠十分强调“精兵”的原则。为节约粮饷消耗，裁并了金顺所部十七营和陕甘部队三万人。从征各军对马步实数进行准确计算，依照每月每人耗粮四十五斤计，每匹马每日供草十二斤，粮五斤，沿途切实计算粮数，照这一标准携带粮食前进，并在进攻的前沿和后路，分别储备足够两个月的粮食。然后，本着“粮运兼筹”的方针，了解各地粮食生产情况、价格和运道难易，确定运道和粮源，力争更快更省更多地采运军粮，并尽量都用到实战需要上。其二，千方百计改善运道。在大军出关之前，左宗棠命令甘凉、安肃两道加紧修治关内外道路，设置台站，分派营哨，节节布置。其三，寻找新运路。经调查了解，从河西采购军粮可避开从安西到哈密的沙漠地带和天山，从肃州到三道沟，走蒙古草地直达古城、巴里坤，使得路途缩短。其四，采用新的方法，提高运输效率。原帮办大臣袁保恒曾自行建造了许多大车，想运用车骡直接将河西军粮运到巴里坤。这不符合西北的实际情况，因为一辆车的运载量还不够由肃州运粮到巴里坤的牲畜饲粮和人夫口粮。而且这种车辆根本无法翻越荒芜道路的岭脊。经过调查研究，左宗棠决定因地制宜，不同地段采取不同的运输方法：在缺乏水草的关外沙漠地段和跨越天山时主要用骆驼负运，在道路比较平宽和粮食供应较好的关内，主要用骡马车驮，而且采用短途运输的方法，避免长途消耗牲畜之力。

筹粮，采取了外地采运与就地生产相结合的办法。在征购军粮时，左宗棠注意处理好“民食”与“军食”的关系。他说，要筹军粮，必须先保证农民的口粮，这样才能使军粮来源不会枯竭。

左宗棠非常清楚单靠征购不能解决军粮问题，所以还非常重视屯田，他说：“前朝各代整顿边防，都是把屯田放在第一位的。”他把就地屯田作为解决军粮问题的根本办法。同治十三年（1874 年）三月张曜军进驻哈密，左宗棠马上让他就地力行屯田，并拨银数万以供兴屯之需。为了将军队屯田的积极性调动起来并收到实效，左宗棠强调在屯田中必须赏罚分明，严格管理，国家、士兵、百姓三方面的利益都须兼顾。

在兴办军屯的同时，左宗棠还主张要搞好民屯。他指出以前出关将领在屯田问题上的错误：“其目的不是为了体恤、救济百姓，只是想多加勒取，只顾眼前的利益。若是借了种子，收获后就得数倍归还，百姓不能承受，只能抛下土地逃走了，这样又连累了家属，不断追逼，最终难以收拾。所以名为开屯，实际使得田地荒弃，比如哈密的缠回，以前有二三万人，现在只剩下二三千人，大多都逃往吐鲁番了。”这种以屯垦为名，勒索当地维吾尔族人民的行为，收不到实效，反而造成严重弊害。左宗棠规定：返乡的农民即拨给土地，由官府发种子、耕畜、赈粮，让其屯垦，秋后所收粮食多余部分仍公平购买；军队屯垦的土地，在军队离开后，也让给当地农民耕种。这样，有效地提高了勇丁，尤其是维吾尔族农民屯垦的积极性。

到光绪二年（1876 年）初夏，安西、巴里坤、哈密、古城子等地区已集中了足够大军半年食用的约两千余万斤军粮，为即将开始的新疆北部战役提供了充足的粮食。对于别的军用物品的补给，左宗棠也作了周密安排：他在上海建立了采购军粮的转运局，负责购运弹药、枪炮，筹借外债，收集外交情报，了解各国动向，以配合军事行动；在汉口设立后路粮台，转运上海采购的军需物资；又在西安设立一个军需局和一个总粮台。同治十二年（1873 年）初，在兰州设立的兵工厂——甘肃制造局正式投产，在改造中国的旧式火器外，还仿制德式枪炮和自行创制。光绪元年（1875 年），为就近供应弹药，左宗棠又在兰州建立火药局。

左宗棠受命督办新疆军务和接办新疆转运事宜的时候，所面临的各种客观条件与雍、乾两朝用兵西域之时是无法相比的。那时玉门关内外十分安定，军饷充足，行军多在人烟稠密之地，可随时就地采买粮料等物，也可随时征雇骡子和骆驼。而同治末年情况正好相反，陕甘连年战乱，生产破坏，人口锐减，饥民载道，一片萧条，从甘肃到哈密戈壁纵横，人烟稀少，在沙俄、阿古柏匪帮的殖民统治之下，新疆人民更是苦极、穷极。经过两次鸦片战争和全国各族人民大起义，清朝国势越发疲惫衰弱，财政越发窘困。而左宗棠的敌人既有穷恶的老沙俄，又有拥有土耳其和英国装备的阿古柏反动军队。要收复国土，不仅有着巨大的政治风险，而且所需的兵员、粮食、装备特别多，转运的任务特别重，困难之大令人望而生畏。可这些准备却是出关作战的前提条件，每一个环节都事关这场战事的成败。白头临边的左宗棠竟然在很短的时间内基本上将这些难题都解决了，为收复国土做好了政治上和物质上的准备。他能做到这一点的根本原因是其坚定的爱国主义立场和对清王朝的耿耿忠心，所以他素来具有的刚明耐苦、知难而上、不畏艰险的秉性以及他的政治远见、突出的组织才干和一贯的务实精神都得到了更充分地发挥和展现，从而有了“勘定西域”的可能。这个了不起的成绩实在来之不易，耗费了左宗棠无数的心血和巨大的精力。

4. 人力准备

（一）整顿军队

为了提高部队的战斗力，左宗棠对部队进行了集训、整顿。参加收复新疆的部队十分复杂，分别来自湘、川、豫、陕、皖、甘、新疆、吉林、黑龙江等省，包括刘锦棠的“老湘军”（包括左部“楚军”）、金顺的混合军团（包括金顺旧部英字营、礼字营）、张曜的“嵩武军”（包括一支800人的宋庆旧部），另外还有胡飞鹏的“建锐营”、马玉昆的“军胜营”、徐学功的“振武营”、孔才的“定西营”以及靖边马队、吉江马队、易开浚的“安远军”、徐占彪的“蜀军”、金运昌的“卓胜军”等等。各军的素质、武器装备和战斗力都有差别，使得调遣比较困难，不易指挥。所以，左宗棠注意依照实际情况进行部署。他注意选拔重用青年将领。湘军总统刘锦棠带兵出关时仅33岁；“总理湘军营务”罗长祜识略过人，出塞从征时只有29岁，左宗棠对他十分赏识、爱惜他的才干。在任用将校时，左宗棠以实际才能选拔将帅之才，而不以个人的好恶为取舍标准。比如，刘锦棠性格倔强，有时不服从调派，又好奢华挥霍，但左宗棠因他勇敢善战，有军事指挥才干，便于部队出关时列该部为第一主力。北路获胜后，刘锦棠颇为自负，当左宗棠对他有所裁抑时，他竟以“禀请开缺回籍”相要挟。左宗棠对此尽管不满，却没有抹去他的一丝战功，两次上奏朝廷，如实为他请功，并在朝旨赏戴双眼花翎时，特遣差弁将自己的花翎先授予他并致贺。左宗棠也很信任、器重张曜，认为他治军严谨，颇有政治眼光，还颇能顾全大局。他以刘锦棠和张曜部为主力，把各军组成一个协同配合的整体，使之为收复新疆的共同目标密切合作。

左宗棠爱才，可是左宗棠以“勇”“廉”“朴”作为选将的标准，居于首要地位的是德而不是才。勇、廉、朴，都是思想品德范畴。作为深受程朱理学影响的学者，他认为“才生于情”，一个人的思想修养是起决定作用的基本因素，从这里导源出才识的优劣。所以，他在将领的选任上，以忠于封建统治，服膺封建道德信条为基本原则。关于任用和培养将才，他在总结自己用将的经验时说：“如果不能了解一个人就不能很好的任用他，而不能很好地任用一个人也就不能说了解他；如果不开诚布公，就无法得到人心；如果不奖励一个人的长处，庇护他的短处，就不能令一个人全心效力。”正是由于左宗棠这一套具有辩证色彩的用将之道，他统率的湘楚军才能不断壮大，许多著名良将的才干和智慧才能在反侵略战争中得以充分发挥。他任人唯贤，唯能而不唯亲，有才识的故旧、同乡、学生如杨昌浚、刘典、周开锡等等，他也喜欢任用，但无能的族戚，就算是妻舅，他也决不任用。他也很严格地要求将领，要求他们做到“忠”“诚”“公”“廉”“勤”，即以“忠义”倡其勇敢之气；诚以待下，秉公论功、议罚；廉以率属；勤以练兵。而这五点左宗棠都能以身作则，所以他在军中能有较高威信。

他强调“治军先养气”，“兵事之强弱在乎气之盛衰”。他所谓的“养气”，并非单纯的士气，是更主要的产生这种士气的精神力量，也就是坚决捍卫体现“天理”的封建统治秩序的自觉性。他主张由将领的“治心”而达到全军的“养气”。认为练兵最重要的是练心，然后是练胆，而力量与技巧都是更为次要的东西。因为“打仗以胆气为贵”，而胆气从根本上说是根源于“练心”。他所谓的“治心”“练心”，主要是用封建的纲常伦理去武装将士们的头脑，使其不生叛逆之心而“爱民敬上”，严格遵从封建的等级制度。可见他的治军思想的阶级性十分鲜明。可要是撇开“忠义”“爱民”“敬上”等治心练心的特定含义和具体内容，作为一般的练兵原则，也有一定的合理成分。因为他注意从“治心”“练心”入手，激起将士的自觉性和主动性，成为所谓“有思想”的武装，所以更为强悍耐战。

（二）严肃军纪

整肃军纪是融洽军民关系，提高部队战斗力的不可或缺的措施。他对入疆部队多次传令，要求加强军纪，他指示各军：“回部被安集延压迫驱使，早已厌倦了战乱！我军到达，严禁奸淫掳掠，乱杀无辜。朝廷大军应有如及时雨一般来得正是时候。”他告诫嵩武军统领张曜说：“这次大军到达，必须纪律严明，严禁烧杀劫掠。要是能以王土、王民为念，那么南疆八城就很容易收复并守住了！”他反复向每一支开赴前线的部队说明，军纪的好坏直接关系到民心的得失和战争的胜负，甚至关系到今后新疆能否长治久安。

左宗棠不但要求张曜约束各军，不许搅扰百姓，而且讲清严肃军纪的意义：“安集延残酷役使百姓，而官军仁慈对待百姓；安集延横征暴敛，压榨百姓，而官军改为宽容百姓，回部就像逃出虎口投入慈母怀抱一般，这样的名声树起之后，那么收复南疆八城就十分容易了。”易开浚所部“安远军”即将开赴吐鲁番时，有弁勇曾到敦煌索要粮食、车马，左宗棠马上派易开浚查明禀复，严厉告诫他：“迅速整顿所部，严格禁令，加强军纪，注意保护地方百姓，以安定人心。要是任由所部弁勇骚扰百姓，本大臣定惟你是问。”该军由吐鲁番换防库车一带时，左宗棠又叮嘱易开浚：“对部众尤其应适时严加约束，切勿放纵，致使失却民心。”对刘锦棠主力部队，左宗棠尽管较为放心，但还是反复嘱咐：“此次如能遵守行军五禁，严禁杀掠奸淫，……不但能很容易地收复失地，而且以后的长治久安也系于此也。”

据有关记载，只要清军到达，当地人民立时归附，阿奇木、阿浑、玉子巴什的人们带着酒、酪、牛、羊，夹道迎接清军。这说明入疆清军确实纪律较好。左宗棠一旦发现不守军纪的部队，马上采取断然措施，予以处理。

另外，采取了正确对待俘虏的政策。左宗棠反复指示部将说：“这次进兵主要是要打击阿古柏匪帮、白彦虎等叛国逆匪和以前的叛军，百姓当然不应波及。而那些被迫参加阿古柏匪军的平民，除了杀死持械顽抗、死不悔改的以外，其余的全部招抚，给予资费返回原籍，安排好他们的生产和生活。就算是阿古柏匪军的官兵，只要放下武器，投降的，也要接受，加以安抚，决不乱杀。”在战争期间，刘锦棠、张曜等忠实执行了这一政策和策略，花了很大的气力安插难民，体现了西征军确是解救各族人民的“吊伐之师”。每当西征军救出难民后，刘锦棠或其部将总是好言抚慰，派兵保护，资遣他们回籍。在阿克苏一带俘获的白彦虎上千眷口，也全部送往库车，等待安插，给予出路。这样，远近百姓、军民听闻消息，不约而同前来归附，阿古苏、拜城、和田民人起义迎接西征军，正是执行这一正确政策的结果。从吐鲁番之役后，清军再未遇到敌军的拼死抵抗，正确的俘虏政策是有一定作用的。每当论及这些问题时，左宗棠便掀髯微笑，自言：“这次进军顺利迅速，横扫数千里，攻克城池上百座，用时还不到两年。……究其原因，是由于坚持仁义，颇与古时之道相合。道理虽平常，可却收到奇效……敌人残暴，我们则仁慈；敌人狡诈，我们则诚信。不以乱杀为功劳，而严格禁止妄杀，故回部安贼党携，中国人归服而外国侵略者畏惧。”总之，他把严整军纪、安定民心提到了“长治久安”的战略高度。

5. 战略准备

作为一个经验丰富的统帅，左宗棠在用兵之前总是着眼全局，构思好总体战略，并将用兵的先后顺序部署妥当。依照当时经济、政治、自然条件和沙俄侵占伊犁、阿古柏侵占南疆大部又伸向北疆的敌我态势，他主张分两步收复新疆失地：首先进军北疆造成居高临下之势，再将南疆解放；先消灭阿古柏匪帮，将伊犁以外的全部新疆失地收复，令自己处于“凛然不可犯”的有利地位。接着就归还伊犁一事与沙俄交涉，使沙俄没有借口，政治上输理。那么，怎样实现第一步战略目标呢？左宗棠对敌人的实力和新疆南北两路的形势进行了分析，从新疆的地理环境看，乌鲁木齐城东南三里有红山屏蔽，城南有福寿山耸峙，易守难攻。该城地处东西天山的结合部，东通哈密，西控呼图壁、昌吉、玛纳斯，城东南二百余里，有博克达山，重山叠嶂。山南有七个达坂，是这山岭最高处，通向吐鲁番，为军台孔道，过岭得七个上下，共四十余里。故而新疆的整个地形地势是北高南低，从南疆攻入北疆难，而从北疆攻入南疆易。要是西征军先将乌鲁木齐收复，就在战略上获得了有利地位。从敌人的实力分布看，阿古柏的巢穴和主力集中在南路，西洋枪炮颇多，且阿古柏又用军严整；而北路除沙俄占据伊犁地区外，乌鲁木齐一带主要是白彦虎所带陕甘回军及依附于阿古柏的本地封建主势力，他们习惯于伺机逃走而不耐战，缺乏战斗力。要是先攻打阿古柏匪帮，花费气力较大，反之要是先用兵于北路，有把握急战取胜，并可诱使阿古柏分兵前来救援而伺机予以歼灭；乌鲁木齐一带最先收复，不仅阻断了阿古柏探人北疆的触角，而且为其成为后方的根据地打下坚实的基础，同时也在伊犁东面安下一个钉子，防止沙俄在清军攻打南疆时威胁后方。于是左宗棠判断敌人的力量北路轻而南路重，认定北可制南，而南不能制北，从而制订了“层次推进”、“先北后南”和“致力于北而收功于南”的用兵战略。

在整个新疆战事中，左宗棠确定了“缓进速战”的战术方针。这是他一直以来注重的取远势、重聚歼、固后路等用兵原则在新形势下的具体运用和发展。左宗棠认为这四个字是他决克敌制胜的基本要素。他根据关外的自然条件、地理环境和敌我双方的实际情况和特点，于一定范围之内处处限制出关部队的行动，同时有机地把战略的持久和战术的速决结合起来，以“缓进”为“急战”的成功保证，“急战”之后再运用“缓进”的战术。如此层层推进，每一重大战役都自成阶段。

所谓“缓进”，就是在关键性战役之前，先用大量时间集中兵力，筹集和运储足够的军火粮饷，作好大规模军事行动的物质准备。而且军队必须“分起续进”，比如，部队在一地扎营后，用营中的车驼逐渐将后方的粮料搬来储存，接着第二批部队随后进驻，这样衔接层递转运，必然等到给养和兵员都达到足够的数量，方可发动对选定目标的攻击。这样尽管花费时间更多，却能令自己胜算更大，还可迷惑敌人，令贼不备。所谓“速战”，是指将各方面布置稳妥之后，天时季节又宜于筹粮、行军，那就要抓住时机，将优势兵力集中起来，全力发动进攻，以期在最短的时间内，用最少的消耗将敌军一举歼灭，达到既定的战略目标，而不打长期的消耗战。

实践证明，这个战略是正确的。从空间角度说，先北后南，对整个战局的发展非常有利：第一，避实就虚。将敌人薄弱环节突破后再行决战，可以鼓舞士气。第二，分散了敌人的兵力。因为在北路先聚歼了阿古柏的一部分军队，就创造了挺进南疆的条件。第三，占领北路后，建立了前进基地，把清军的后顾之忧解决了，于是形成了东、北两面夹击南疆守敌之势。从时间角度看，左宗棠用不到三年的时间就率兵收复新疆，而自同治十三年八月（1874 年 7 月）起，用了一年半的时间筹运军粮；从左宗棠亲自督师进驻肃州到实际发动进攻新疆北路的战斗，只相隔两个月；从恢复天山北路各城到进攻吐鲁番，中间又间隔半年；从收复吐鲁番到进攻天山南路各城，相隔四个月。从光绪二年六月一日（1876 年 7 月 21 日）至光绪三年十一月二十九日（1878 年 1 月 2 日）驱逐侵略军，只花了一年半的时间。

6. 外交准备

左宗棠不仅是一位杰出的地主阶级军事家、政治家，而且还是一位出色的外交家。他胸怀全局，颇具胆识，敢于斗争，善于斗争，讲求策略，抓住敌人的内部矛盾，以战略家的气魄，取得了一次又一次的外交胜利。

当时，新疆是英、俄两国矛盾冲突的一个焦点地区。一方面，英、俄势力的参与，令我国的边疆危机加剧，使得这一地区外交关系更为复杂，令左宗棠西征更加困难；另一方面，英、俄两国间的矛盾斗争，又使双方各有顾虑，互相牵制，给中国收复新疆提供了机会。这就要看左宗棠是否具有足够的外交魄力和胆识，充分利用敌人营垒里的矛盾。

在收复南疆之前，左宗棠的方针是“急规南八城，缓置伊犁”。也就是利用英、俄矛盾，集中力量将阿古柏匪帮平定，而不与俄国正面发生冲突。若是消灭了阿古柏政权，收复南疆，有了立足之地，就能使中国对俄交涉处于有利的地位，造成“凛然不可犯”之势。所以，在用兵新疆期间，左宗棠注意稳住俄国，而在外交上全力对付阿古柏的后台——英国。

光绪元年（1875 年），就在左宗棠紧张地筹备征讨新疆之际，英国人在报纸上说左宗棠并不想出关作战；接着散布谣言说，左宗棠领兵出关失利，败退关内等等，欲制造舆论掩盖真相，动摇军心，以期达到阻止中国大军西征的目的。

左宗棠听说后，愤而指出：

> 俄、英修婚媾，倏仇仇，十余年前，尚战争不已，彼此忌嫉，至今故。其衅端则肇于争印度、争土耳其……《申报》谓喀什噶尔回酋附土耳其，以通俄英，我军攻之为失算，不知何据？合肥即奏请停兵勿进，而分置头目羁縻之，不知此时乌鲁木齐未复，无要可扼，边军万无撤理。

他驳斥了《申报》的谣言，令英国阻挠大军西征的阴谋彻底失败，李鸿章对形势分析的浅薄及畏敌如虎的丑态也被揭穿。左宗棠坚持既定方针战略，领兵西进，而且完全没有晚清大吏视对外交涉为畏途的惧外心理。他上书朝廷，要求授予西征外交权：

> 臣奉恩命督办新疆军务，身在事中，边防利害之分，百年安危之计，既不敢不引为己任，当先权其轻重缓急，审机宜以泛应，合局势以通筹……事关中外交涉，诚虑议论分歧，无以示远人而昭画一。合无仰恳天恩敕下将军都统各大臣……遇俄事交涉新疆者，应咨臣定见主办，不必先与商议。

清政府下谕表示，只要是属于西征对外交涉的事情，要先通报左宗棠，由他审时度势，予以处理。手握外交大权，这是左宗棠西征获胜的一个重要条件。

与英国的行动完全相反的是，俄国在左宗棠进兵新疆期间，并未明显地采取援助阿古柏政权或妨碍清军讨伐阿古柏的行动。同治十三年（1874 年），在西征军就要出关之际，俄军参谋部索斯诺夫斯基中校率领一个所谓“科学贸易考察队”前来中国，名为游历考察，其实有着另外的打算。次年，他到达兰州，拜会左宗棠，在总督衙门住了二十七天，刺探中国备战的情报和出关清军的实力。左宗棠清楚俄国人的来意，而有意善待俄国来客，假意与其周旋，以防俄、英、阿古柏联合起来与中国对抗。于是他们由枪炮、地学、商务至中俄、中英关系，无所不谈。索斯诺夫斯基大力鼓励中国对阿古柏作战，说英国水战是其长项，制造也很强，可是陆战不过如此。并表示中国若是需要帮助，伊犁的俄军也任凭左宗棠调用，还主动提出为清军采购军粮。索斯诺夫斯基的目的正如他在致俄国政府的报告中说的，他认为，要想从中国敲诈侵略权益，最好是“一方面给予，一方面索取”。他说：“要是七万武装良好、善战、守纪律可是因为没粮而丧失战斗力的军队，仍靠我们的给养，那么请注意——我们会掌握所有的机会：愿意让步和达成协议，就给粮食；不同意，就不给粮食，由此而引起的一切后果都由中国人自己承担。”他又指出，“我主要是想，将左宗棠和他的军队统统吸引到我们的储备上来”，即以提供军粮甚至军事援助为诱饵，以期束缚清军的手脚，达到由俄国控制新疆局势的目的。可是，侵略者的如意算盘最后落空了。尽管索斯诺夫斯基的花言巧语曾一度迷惑了清朝官员，连左宗棠也认为他只是为了两国通好，并没有别的企图。可是，左宗棠只买了俄国比较便宜的粮食，却对俄国派兵派官“助剿”的提议断然拒绝，称中国对边防自有办法，无须帮助，使其完全无法左右局势。相反，通过与索斯诺夫斯基的交往，左宗棠得到了一些重要情报，清楚了英俄矛盾重重，不大可能会联合起来对付中国；俄阿原有宿怨，也不会对其加以援助。此外，尽管索斯诺夫斯基回到俄国后寻找借口，不肯执行购粮合同，可还是兑现了一批俄国粮食，对西征军还是有所帮助。

在准备充分之后，左宗棠于光绪二年（1876 年）夏天揭开了驱逐侵略者、收复新疆失地的战幕。

五、收复新疆的过程

1. 乌鲁木齐之战

早在同治十三年（1874 年），左宗棠便派提督张曜统领十余营嵩武军开往新疆，在哈密驻扎，使得从新疆进入甘肃大门的防务大大加强。以后，左宗棠奏请任命金顺为乌鲁木齐都统，督办新疆军务，命金顺严守巴里坤、古城一线运道，保住这一往后收复乌鲁木齐的前进基地。光绪元年（1875 年），左宗棠上奏请求调旧部刘典以三品京卿帮办陕甘军务，镇守兰州。经过长时间的充分准备之后，光绪二年二月十六日（1876 年 3 月 16 日），他便离开陕甘总督驻地兰州，三月十三日（4 月 7 日）进驻肃州，设大本营于城南，就近指挥关外战事。

当时新疆形势是这样的：西部，俄国人占据伊犁；在东部和北部，清政府的残余势力控制着从哈密经巴里坤、古城子，到济木萨和塔尔巴哈台的一线，安集延阿古柏则控制着其余地区。清政府所占有的是狭长，但十分重要的一些地区。因为哈密是由甘肃出关到新疆的第一重大门，吐鲁番是南路的门户，巴里坤是北路的门户。尽管如今吐鲁番已经不保，但哈密和巴里坤还在清廷掌握之中，可供左宗棠进兵之用。北路，只有阿古柏派马人得做阿奇木，在守卫乌鲁木齐，同时管理昌吉、古牧地、玛纳斯和呼图壁诸城。马人得原自称清真王妥得璘同党马仲的儿子。妥得璘先是进攻阿古柏，被阿古柏击败。随后阿古柏与马仲联合进攻妥得璘，迫其投降，马仲就当了阿奇木。后来，徐学功又杀了马仲，马人得继任阿奇木。妥得璘死后，余党马明等也投降了阿古柏。陕回白彦虎自流窜到关外，就和阿古柏联合起来守着红庙子，就是乌鲁木齐的汉城—迪化州城，由于那边有一座叫做红山的山，上面有一座庙，称做玉皇宫，这样当地人就称这个地方为红庙子。

在肃州，左宗棠一驻就是四年。在这四年中，他精心制定作战策略，从战略角度组织了几次重大战役。依据左宗棠的部署，收复天山北路是出塞大军的第一个战略目标，收复重镇乌鲁木齐是重点。当刘锦棠等部在巴里坤、古城等地集结后，左宗棠为进攻乌鲁木齐作出了军事部署：

（一）以张曜统领的十六营嵩武军集结哈密境内，严防吐鲁番方面敌军和白彦虎等部向南逃窜进犯哈密，接着进犯青海、甘肃。他指示张曜：兵力应当集中，驻扎据点要隘，错落布置，相互呼应，以更好地利用地势之险，防止敌军残余部队在甘肃四处流窜，以防后方动摇。（二）为防止敌人骚扰关外古城与巴里坤之间八百多华里的重要交通运输线，左宗棠调派蜀军徐占彪率军五营出关在巴里坤布防，保护粮运大道，同时防备白彦虎部往回逃窜到哈密、甘肃。（三）增调总兵徐万福率二营又二旗，与中军副将尚北嘉领兵一营，驻守安西、敦煌、玉门、青头山口、惠四堡，以防敌军残部窜入。（四）新疆军务帮办金顺所部承担防守任务，命其分兵一支，防止乌鲁木齐敌军兵败窜入玛纳斯；另外派一部兵力协同刘锦棠进攻乌鲁木齐。（五）以刘锦棠指挥的二十五营湘军作为进攻乌鲁木齐的主力。临战前，左宗棠嘱咐刘锦棠：其一，注意与金顺团结协作，应先去济木萨与金顺会商进攻部署后再发动进攻。其二，孔才、徐学功所部都是本地团练，长期与阿古柏作战，在战役中要对其加以利用。乌鲁木齐领队大臣锡纶能征善战，熟悉边防情况，拟请锡纶派出马队，与金顺派的马队合成一千骑，与刘锦棠所派两营步兵同扎一路，将乌鲁木齐西线封锁，以防敌人自阜康以西向北窜扰蒙地。如此一来就在军事上完成了合围之势。其三，攻城夺池应抓住要害。古牧地为乌鲁木齐的屏障，进攻乌鲁木齐必先将古牧地攻占，接着直下乌鲁木齐城东南三里的红庙子。其四是进攻乌鲁木齐时，各路匪寇很可能赶来救援，阿古柏也可能从南疆派兵助战，必须有痛打几仗的准备。乌鲁木齐收复后，平复南疆就容易多了。至于临敌指挥，攻守进退，一切由刘锦棠随机应变地进行指挥，左宗棠表示，他绝不参与指挥。

北路用兵是将乌鲁木齐收复。从济木萨向西二百四十里是阜康城，再往西一百里是古牧地城。从古牧地过去，才是乌鲁木齐。这样，古牧地屏蔽着乌鲁木齐。光绪二年（1876 年）六月初一日，湘军各营马步到达济木萨，刘锦棠与金顺商议之后，两路大军一起向西前进。初八日，刘、金两军都到达阜康县，刘锦棠进驻阜康城东的九营街，金顺进驻阜康县城。阜康原本比较繁荣昌盛，但在阿古柏匪帮破坏之后，已经荒无人烟。在阜康西南百里左右的地方，就是古牧地城。当清军主力逐渐集中到前沿阵地时，白彦虎将大营从乌鲁木齐移到古牧地城，意欲顽抗，阿古柏也自南疆派来增援部队。刘锦棠决定马上进攻。

尽管阜康有通往古牧地城的大路，可是由西树儿头子西行五十里的黑沟驿这一段没有水泉，全是戈壁。只在甘泉堡有一口枯井，再次开凿后也只能供百人一日之需，无法供大军安营。白彦虎等不守戈壁大路，想诱使清军沿大路走戈壁，以期切断西征军的饮水，然后趁清军人困马乏时进行突然袭击，收以逸待劳之效。同时，他又设置关卡，树起护栅，严密防守黄田。经调查，刘锦棠得知黑沟驿之上是黄田，该地上流就是古牧地。于是刘锦棠将计就计。六月十九日深夜，他派马步各军修浚阜康城西十里地方的沟渠，将水引至西树儿头子，就地筑堡。第二天命各队人马在甘泉堡列队，故意大挖枯井，佯装要沿大路跨越戈壁进攻古牧地城的架势。敌兵以为西征军中计，放松了防守。六月二十一日深夜，刘锦棠领兵沿小路直逼黄田，黎明时到达黄田卡栅，首先占据山岗。金顺部从右路进攻，刘锦棠部从左路进攻，突然发动袭击，守敌才从梦中惊起进行顽抗；清军人人奋不顾身。谭上连、谭拔萃等率领步兵从中间冲击，黄万鹏、余虎恩则指挥骑兵左右包抄，敌军大败，退守古牧地城、红庙子。西征军首战告捷，收复黄田，从此就以此为前进基地。

六月廿三日（8月12日），清军逼近古牧地（今半泉县），湘军在东北，金顺在东南驻扎。第二天黎明，阿古柏派出的数千骑兵在阿托爱率领下赶到古牧地，清军马队马上出击迎战，步兵积极配合，自中路杀出，击败敌军，阿托爱弃马逃走。此时，湘军步兵两路将古牧地南关攻占，随后进攻山垒，并用开花大炮轰击，将士奋勇作战，最终攻克山垒，预先在城东南埋伏的炮兵部队猛烈轰击城关守敌，终于把城关攻破，形成了对古牧地环城的包围。二十七日（8月16日），西征军骑、步、炮兵协作，发动对古牧地的总攻。一番激战，清军将东北两面墙垛各轰坍一、二丈，二十八日拂晓又轰坍东南墙垛，湘军三面猛攻，刘锦棠部从东南角攻入城内，金顺部和另一支湘军也从东北人城，将城中五六千敌军统统歼灭。刘锦棠占领古牧地，从缴获的敌人机密文书中获知乌鲁木齐防守空虚，决定乘胜追击，于二十九日（8月18日）一举将北疆重镇乌鲁木齐攻克。七月初六日（8月24日），阿古柏委派的阿齐木柏克马人得与白彦虎向南逃到距乌鲁木齐一百八十华里的达坂城聚集，妄图凭借天山之险阻止清军南下。

刘锦棠、金顺到达阜康时，伊犁将军荣全派出原驻北疆的军队和民团徐学功、孔才等部围攻玛纳斯，六月二十九日（8 月 18 日）将玛纳斯城收复。七月十五日（9 月 2 日），金顺领兵从乌鲁木齐赶来支援。八月十七日（10 月 14 日），应金顺之请，刘锦棠派总理湘军营务罗长佑率六营步兵、五旗骑兵（每旗半营，一百二十五骑）前往助攻，伊犁将军荣全也带兵从塔尔巴哈台前来会和。九月二十一日（11 月 6 日），各军共同协作攻克南城，将玛纳斯全境收复。到这时，清军全部肃清了盘踞在北疆的阿古柏匪帮和白彦虎部势力。当收复乌鲁木齐的捷报送到时，左宗棠正和僚属们吃饭，在饭桌上就宣布了这一喜讯，马上“满坐均欢”，为取得出关后第一个关键性战役的胜利而欢欣鼓舞。这时除沙俄侵占的伊犁地区外，北疆全部光复。

乌鲁木齐战役的胜利，终结了中国军队十多年来在新疆失败的记录，使西征大军军威大振，连俄国侵略者也不断称赞“好队”“好队”！首战告捷不仅在战略形势上使西征军处于有利地位，而且也令西征军将领增强了对“缓进速战”战略方针的信心。随后，盘踞在虎图壁、昌吉和玛纳斯北城的回众都弃城而逃，仅有玛纳斯南城还有人守着。于是金顺自昌吉进攻玛纳斯南城，刘锦棠在东南山间搜剿残敌，准备乘胜南下。不曾想玛纳斯南城城小却十分坚固，金顺从七月十五日起，连攻一个月，都没有攻下。八月中旬，刘锦棠调湘军前去增援。八月底，伊犁将军荣全也领军前往。三军一同进攻，直到九月二十一日才攻下该城，将新疆北路收复。

2. 达坂——吐鲁番之役

清军收复乌鲁木齐，沉重打击了在南疆盘踞的阿古柏匪帮，他们预感到灭亡之日的到来，士气低落，将领畏缩不前，从而形成被动挨打的局势。不仅陕甘叛逆回部与阿古柏互相猜忌，就连阿古柏的亲信下属也开始寻求活路。其次，光绪元年（1875 年）春，当清廷内部发生“塞防”“海防”之争时，只有文祥支持左宗棠收复新疆。可是，文祥主张在乌鲁木齐收复后就画地自守、停兵不进。而当时左宗棠就认为应该将新疆失地全部收复，之前为了减少阻力，在奏折中特意重点强调收复乌鲁木齐，并未明确提出用兵南疆的问题。如今依靠巨大的军事胜利，他得到了清廷的更大信任，才明确提出了收复南疆的主张，并且使清廷逐步接受了他用兵南疆，将阿古柏匪帮彻底消灭的军事计划。

这时，英国开始主动出面，以调停的名义，试图袒护它的走狗阿古柏，阻挠左宗棠西征。英国外相德尔比电令驻华公使威妥玛，要求清政府同意阿古柏称喀什噶尔王，作为清朝属国，但不纳贡。于是威妥玛通过李鸿章试探清政府："能否允许阿古柏投降，作为隶属版图的属国，而不纳贡，以免兴师动众，耗费粮饷而使兵祸不断。"李鸿章借此劝朝廷停止用兵，称左宗棠进兵南疆是将一切妄诞视为正义，新疆很快收回却又很快失去，那时就功不抵过了。

光绪三年（1877 年）初，中国第一任驻英公使郭嵩焘抵达伦敦。英国外交部又加紧向郭嵩焘提出"调停"建议，并且让到英国求援的阿古柏使者直接与郭往来。当年 4 月（公历），英印政府又宣布将派罗伯特·肖充任驻喀什噶尔"公使"，以示对阿古柏的支持。在这种国际形势下，清朝内部停止进军南疆的呼声也日渐高涨。驻英公使郭嵩焘往国内写信，称英国"调停"千载难逢，主张放弃南疆。身任户部右侍郎的翁同和也认为进军南疆是耗空了中原地区而去经营荒岭沙田，曾当面进谏慈禧太后。此时清廷最高统治者也犹豫了。为了征询左宗棠的意见，6 月 20 日，清廷密谕左宗棠"统筹全局，直抒所见"。总理衙门也把英国出面干涉的情况和鲍、志等人的主张函告了左宗棠。7 月 26 日，左宗棠复奏清廷，逐层批驳了放弃南疆的主张和英国庇护阿古柏的险恶用心及卑劣行为。左宗棠的力争，加上前战线军事的顺利进展，清廷也坚定了决心，决意进取南疆。威妥玛毫无办法，碰壁而返。

阿古柏没有了乌鲁木齐等城，在达坂城一九台聚集各城残部，抵抗刘锦棠军。又命马人得守卫吐鲁番，抵抗张曜军。达坂城地处乌鲁木齐南二百里。吐鲁番地处哈密西一千余里。阿古柏本人镇守托克逊，构成犄角之势。达坂城易守难攻，是南疆门户，阿古柏在这里筑了三个城池，是为了坚守。门户要完全歼灭敌人，清军必须南下。而要南下，必须先攻取阿古柏利用天山关隘重点设防的达坂、托克逊、吐鲁番三角地区。只有这样，才能打开南疆门户，清军才能深入敌境，将阿古柏政权彻底摧垮。

左宗棠正确分析了军事形势，他认为："南面的敌人势力较猛，特别是达坂（即噶逊营）、吐鲁番、托克逊这三个地方，如果我方官兵南下的话，双方相遇一定要进行几场恶战；假如我方能攻下这三个地方，那么我军便可以形成破竹之势。"他告诫前敌将帅，在屡胜之后要谨慎小心，全力维持，不能掉以轻心。既不要轻率进兵，又不要寄希望于敌人的内变上。光绪二年十月（1876 年 11 月），清廷催促左宗棠迅速率队南下，这时刘锦棠病已痊愈，陈说进军吐鲁番八条，要求调蜀军前往乌鲁木齐同进。但左宗棠却仍坚持稳扎稳打的方针，叮嘱刘锦棠仍坚持缓进急战的方针。他安排全军人马在乌鲁木齐过冬，借以错开不便行军和转运的严冬，使各营弁兵获得治病、养伤、补充军需和休息的机会。同时肃清各路残匪和迅速办理粮运，加强后路防务，等到来年春暖花开、冰雪消融后再进行新的战役。依照规划，仍以刘锦棠为南进主力，疲弱的金顺部则加以裁并，派其留守北疆后路，并亲自在肃州调度二线各军，全力为该军（刘锦棠部）稳固后路、保护粮道。

他还具体指示刘锦棠说，应切实保护巴里坤到古城的运粮要道。从巴里坤到古城之间的噶顺沟、穆家地沟有山路直达吐鲁番，敌人很可能袭扰粮运。为保证运道畅通，左宗棠特调总兵徐万福从关内到巴里坤、古城之间防护运道。果如左宗棠所料，光绪二年底（1877 年春），阿古柏派军骚扰运输线，以期遏制清军的攻势。徐万福不用心保护粮道，却要求参加进攻吐鲁番，使得芨芨等地被敌寇的游骑骚扰，抢走牛羊牲畜，掳去民人，击毙粮运人员。左宗棠斥责徐万福说，分工各有专职，后方、前方一样重要，都是为国效力，该镇轻视后路防护任务，致使劫案不断，疏防违令故不准参与会攻吐鲁番。

左宗棠命刘锦棠派二营兵马会同徐占彪部，分道入山搜索残敌，并将原防守古、巴间的徐万福部改由徐占彪指挥。后又裁撤设在包头、宁夏、归化等线的采运机构，调驻扎于包头的“卓胜军”十营到古城至乌鲁木齐一线防守，替换原来驻扎在该地的湘军徐占彪、张曜等部进攻吐鲁番。

在各方面的条件都具备后，清军兵分三路，同时大举搜山：张曜部沿大道从哈密由东向西；徐占彪部由古城、巴里坤之间的穆家地沟出发，从东北向西南，在盐池会师后继续前进；刘锦棠部则自乌鲁木齐南下，全力进攻阿古柏主力据守的托克逊和达坂，并分兵向南与张、徐合力进攻号称“南八省门户”的吐鲁番，然后三路会和于托克逊。这样，敌人没有还手之力，难以相互支援。左宗棠指示张曜说，哈密至群展约 900 里，从哈密至吐鲁番约计一千三百余里。从哈密出发，大军须经瞭墩、七克腾木（七格台）等地，进军时必先占领沿途要隘据点，粮运队伍随军行进，在沿途据点储存粮食，接着猛攻吐鲁番。从乌鲁木齐至达坂约有二百三十余里，古城到吐鲁番约有七百余里。进兵时原则上张部先行，徐部次之，刘部最迟出发。出师的日期，怎样分进合击吐鲁番、达坂等细节，由张曜与刘锦棠共同商议。另外，他还命令各军到达一地，不但要遵守行军五禁，严禁杀掠奸淫，而且还要赦免百姓被迫加入匪帮的罪行，免去过于繁重的徭役。雇佣车辆，购买粮料草束，都要按照民间价脚不折不扣地给以实银。这样，南疆的百姓就尤如逃脱虎口而投入慈母的怀抱，这不但易于平定，而且也有利于南疆以后的长治久安。为了加强南下清军的实力，左宗棠又将南征主力部队增加到二十九营，同时充实了从东面进击的“嵩武军”和蜀军的力量。

左宗棠这一战略部署，不仅刘、张、徐三军彼此相距千里有余，三方并进，都须攻克敌人盘踞的城隘，协调行动，照约定会师日期完成战略目标十分困难(后来居然做到了)，而且还周密布置从天山北路至甘肃河西的整个后方。后来进军南疆，战线更是长达六七千里，而左宗棠始终运筹自如，成竹在胸。他还能站在中华民族的角度，头脑清醒地对待“西事”，认清这场战争在性质上不同于前次的国内战争，正确区分敌我，把矛头对准侵略我国领土的阿古柏匪帮，真诚的“招抚”和保护南疆人民（包括被胁从贼者）和真心归降的部分陕甘回军，以更快地将外国占领者驱逐出去，从而更好地保卫祖国的边疆。在当时的历史条件下，左宗棠有这样远大的战略眼光和正确的思想见解，的确是非常难得的。

为了收复南疆，清军出动近五十营马步，大约有两万余人，按照左宗棠的战略方针，从北、东两个方向同时进攻达坂—吐鲁番—托克逊。

清军北路取胜后，阿古柏非常恐慌，他凑集了约两万七千人的军队，意欲依靠天山之险进行顽抗。达坂城是天山的重要通道，也是南疆的门户。它雄踞乌鲁木齐通向南疆的一条隘道中间。从达坂往东二百里左右就是吐鲁番，东南行百余里就是托克逊。西征军要是夺取达坂，就能控制托克逊、吐鲁番，在战略上使敌军处于劣势地位。所以，阿古柏在达坂重点设防，将新城另建于达坂山口，派剽悍的大通哈（大总管）爱伊德尔呼里督率五千步、骑兵，凭险据守。吐鲁番盆地原有汉、满两城，阿古柏命令所部“日役万夫，修筑王府，雄阔坚固”，派布素鲁克的侄子艾克木汗、白彦虎等部防守。达坂东南的战略要地托克逊是乌鲁木齐进入南路的重要隘口，阿古柏令其次子海古拉率六千步、骑兵，六门大炮守卫该城。他自己则驻守喀喇尔控制全局，自以为设立重重险关，万无一失。

光绪三年（1877 年）二月初一日，刘锦棠自乌鲁木齐往南，向达坂城和托克逊城进兵。张曜从哈密经瞭墩往西，先屯兵于盐池。徐占彪也从巴里坤往西，经穆家沟到达盐池。两军在盐池会和后，再往西进兵七格腾木和辟展。三军约定最后会师吐鲁番。吐鲁番是南路门户，有着汉满两城，海古拉又筑了一个十分雄壮坚固的王府。因为哈密距吐鲁番一千多里，巴里坤距吐鲁番也有七百多里，而乌鲁木齐经达坂到吐鲁番只有四百里，因此张徐两军行军休息，都由锦棠规划。三月七日，刘军克达坂城。

达坂被攻克后，西征军提审了被俘虏的爱什迈特、爱伊德尔呼里等，爱伊德尔呼里愿意派人报知帕夏，让他缚送白彦虎以表归顺的诚意，缴回南八城地方，再求恩宥。刘锦棠于是放他们回去向阿古柏当面陈述。他们坚称情愿留在军中等候阿古柏回音，以表明心迹。从达坂到托克逊只有不到两天的路程，释放的俘虏到达托克逊后，达坂歼灭战的消息迅速在敌营中传播开来，阿古柏的各级官兵都乱成了一团，十分恐惧，失去了理智，大多数士兵或者投向西征军，或者逃回喀喇沙尔。

同时，在攻克达坂城后西征军随即安抚平民，遣散被俘的被迫从贼的百姓，整顿城中秩序，帮助人民恢复生产，并派兵驻守。经过四天修整后，十一日（4月24日）夜，刘锦棠领兵冒着袭人的风霜寒气进击托克逊。次日拂晓，到达白杨河，兵分两路，命罗长枯、席大成、谭拔萃等率六营步、骑赶往吐鲁番，会同张曜、徐占彪等部三路进攻吐鲁番。刘锦棠亲率黄万鹏、谭上连等十四营马步直捣托克逊，行至小草湖时，托克逊的维吾尔族人报信：托克逊守敌海古拉已弃城逃走，白彦虎亦放弃吐鲁番向西逃窜，并派出党羽到处抢掠人畜，焚烧村堡，并胁迫维吾尔族人民随他一同奔逃。

刘锦棠马上传令官兵进食，然后派骑兵先行，步兵随后，奔袭托克逊。下午三时左右，到达离托克逊近城十余里处，遥见火光四起，隐约听见枪炮声，知敌人正围攻庄堡。黄万鹏率领骑兵向前突进，敌寇自空庄冲出，双方展开激战。刘锦棠率步、骑大队驰来，分兵三路，横截而去，号鼓齐鸣、杀声震天，敌军败退，放火自焚存粮火药，弃城而逃。西征军紧追不舍，奋战一夜，贼尸遍野。十三日，刘锦棠将托克逊收复。此役共击毙两千余名敌人，生擒百余人，夺获数百匹战马，2000余件枪械，而清军伤亡九十余名。

在刘锦棠自乌鲁木齐进兵达坂之前，张曜派出所部记名提督孙金彪率领五营进驻东、西盐池。三月初一日（4 月 14 日），张曜亲率嵩武军主力自哈密西进；徐占彪从巴里坤、古城之间的穆家地沟搜山南下，没过多久，在盐池与孙金彪会师。三月初五日（4 月 18 日），徐占彪部悄悄度过戈壁。三月初八日（4 月 21 日），吐鲁番东南户口的七格腾木被其部队袭击攻取，九日，孙金彪、徐占彪部协同作战，将离吐鲁番二百里左右的群展（鄯善）攻占，十二日，又攻克胜金台、连木沁台、鲁克沁。十三日凌晨，张曜、徐占彪等部主力到达吐鲁番城郊，发现守敌白彦虎早已不知去向。此时恰逢罗长枯部湘军前来会师，兵力更为强盛。西征军接受白彦军部头目马人得献城投降，命他缴呈马匹、枪械，然后加以安抚，令其和兵众各操旧业。到此时，吐鲁番全境克复。

双方主力的决定性一战是“达坂——吐鲁番”之役。而达坂歼灭战是攻克达坂、托克逊、吐鲁番三城的关键性战斗。要是用直线联结达坂、吐鲁番、托克逊三城，就构成了一个等腰三角形，托克逊、吐鲁番是底边的两个顶点。阿古柏设防于三城，形成三角防御体系，击其一点，其他两点可为支撑，能够分兵救援。另外，阿古柏还埋设伏兵于南山板房沟、水西沟一带，妄图偷袭西征军后路，牵制西征军主力南下。左宗棠派出绝对优势的兵力，分进合击吐鲁番、达坂，并命刘锦棠、徐占彪搜山排进，一举将阿古柏派兵绕袭西征军后路的诡计和三角防御战术击破。刘锦棠又大胆地将达坂锁围，令敌军无一人逃脱，后又优待俘虏，瓦解托克逊敌营的军心和斗志，被迫参与的兵众纷纷乞抚求降。这就令阿古柏所部匪军陷入崩溃的危局。

四月初十左右，阿古柏自杀于库尔勒。原来阿古柏自从丢掉吐鲁番后，便自喀喇沙尔退守库尔勒。爱伊德尔呼里派人劝阿古柏缚送白彦虎，将南八城献出。但阿古柏这时已毫无威信，无法控制白彦虎。由于阿古柏从前的横暴，当地居民怨毒很深，正欲乘机反抗，以摆脱阿古柏的约束。并且吐鲁番是南路八城门户，如今门户洞开，官军当可长驱直入，难以抵抗。阿古柏知无力回天，便服毒而死。海古拉从池水中取出父亲的尸体，包裹进香牛皮里，与其死党运送遗体向西而去。

海古拉离开库尔勒两天后，艾克木汗就登上了汗位，接着向西占据阿克苏。五月十三日（6 月 23 日），海古拉从阿克苏赶往喀什噶尔，被他的哥哥伯克胡里在离喀什噶尔不远的克孜勒苏河桥上杀死。六月，伯克胡里领五千人的军队去进攻刚占领阿克苏的艾克木汗，艾克木汗则率四千人迎击。结果，艾克木汗战败后投靠沙俄。阿古柏匪帮内部人心离散，混乱一片。一些原本依附阿古柏的南疆上层分子，也纷纷投降清军。八月，和田伪阿奇木伯克尼亚孜响应清军，宣布归附。伯克胡里尽管将尼亚孜打败了，但是当他还在阿克苏停留时，刘锦棠就已于秋季发起了收复南疆的最后一次攻势。

3. 收复南疆

英国为保存阿古柏残余力量，仍然窃据喀什噶尔地区，又一次出面，派驻华代办傅磊斯向清廷提出三项无理要求：(一)“阿古柏愿以中国为上国之主，命使臣入贡”；(二)“中国与喀什噶尔将地界划清”；(三)“两边议和后，永远和好，彼此不相侵犯”。这似乎是为阿古柏政权“乞降”，愿为清朝属国，是一种让步，而实际上仍是想使南疆脱离中国。总理衙门询问左宗棠的意见，左宗棠对此十分愤怒，在复奏中一针见血地指出：

> 安集延本浩罕四部之一。浩罕为俄人所并，安集延遂谄附英人。帕夏侵占回部十余年，英人荫庇之亦十余年。明知为国家必讨之贼，从无一语及之者，盖坐观战败，阴持两端之故智也。上年官军克复北路数城，英人乃为居间请许其降，而于缴回各城，缚献叛逆紧要节目，一字不及。……兹德尔比、威妥玛复以此絮聒于郭嵩焘，彼意以护持安集延为词，以保护立国为义，其隐情则恐安集延之为俄人所有。……英人护安集延以拒俄，我不必预闻也……至保护立国，……然安集延非无立足之处，何待英人别为立国？即欲别为立国，则割英地与之，或即割印度与之可也，何乃索我腴地以示恩？兹虽奉中国以建置小国之权，实则侵占中国为蚕食之计。且喀什噶尔即古之疏勒国，汉代已隶中华，固我旧土也。……英人以保护安集延为词，图占我边方名城，直以喀什噶尔为帕夏固有之地，其意何居？从前恃其船炮横行海上，犹谓只索埠头，不取土地；今则并索及疆土矣。彼阴图为印度增一屏障；公然向我商议欲于回疆撤一屏障，此何可许？……以局势言之，我愈示弱，彼愈逞强，势将伊于胡底？

这就深刻地揭示了英俄两国争夺阿古柏以作为自己夺占新疆的工具的用心，而英国的直接目的则在于将阿古柏反动政权当作阻止沙俄南侵的缓冲区，以保护英国在亚洲的殖民地印度。左宗棠一方面上书指陈国际形势：“目前英、俄矛盾重重，俄土战争正日益激烈，英、俄都没有精力顾及东方；何况我国出兵收复新疆，是名正言顺，英、俄怎么能责难我们？如果发生争执，突生枝节，只要我们理直气壮地加以驳斥，也决不会被他们所阻挠。”另一方面，他又及时指示前敌主将刘锦棠、张曜：“我军应跟踪追击敌军，将新疆完全收复，怎么能听他人的言论？要是英使就阿古柏之事前去交涉，则以奉令讨贼，复我疆土，别的事情无权干涉为由，让他赴肃州大营去讨论。”左宗棠明决果断，使得英国无隙可乘。加之西征大军势如破竹，一路凯歌，使得英国扶植、利用和庇护的阿古柏匪帮土崩瓦解，分裂新疆的阴谋彻底破产。

就战局而言，此时进兵南路很明显已相当容易了，可左宗棠身为西征军的统帅，必须对完成西征大业的有利因素和不利因素全面估计，才能制定夺取解放南八城的正确的策略方针。南八城指喀喇沙尔、阿克苏、库车、喀什噶尔、乌什、叶尔羌、英吉沙尔、和田。前四城通称东四城，后四城通称西四城。各城相距遥远，从吐鲁番行 800 余里至喀喇沙尔，从喀喇沙尔西南行 900 余里为库车，库车之西 700 余里为阿克苏。阿克苏距拜城 450 里，西北距乌什 200 里，乌什西南 700 余里为喀什噶尔。从吐鲁番到喀什噶尔总共 3500 余里。喀什噶尔东南 200 余里为英吉沙尔，再东南行 300 余里就到了叶尔羌，叶尔羌至和田 700 余里。浩瀚的塔克拉玛沙漠横亘于东四城、西四城之间。从阿克苏横跨 1300 余里沙漠，有间道可通向叶尔羌。南八城较为富庶，尽管军粮基本上能就地采购，可在战争期间，生产破坏严重，距离遥远，一旦军粮不继，后果将不堪设想，所以还不可单纯依靠就地办粮。而在这样一个空间辽阔、人烟稀少的地域作战，军粮转运是艰难异常的，极费时间。而西征军在三克三城后，正值伏暑燥热异常，蚊虻最多之时，士兵容易感染疾疫，急需休整，养精蓄锐。基于以上形势，左宗棠决定，仍要坚持“缓进急战”的策略进攻南八城。于是把第三个战役延迟到深秋之后。

在政策要求和军事部署上，按照南八城的具体的政治情况和地理形势，左宗棠作了新的调整：其一，将进入南疆作战的刘锦棠、张曜所部西征军四十余营分成两个兵团，由刘锦棠统率的二十余营组成攻击兵团，前去攻取南八城；而张曜统率的十余营组成后续兵团，两个兵团前后呼应前进，以满足长途作战的需要。他规定刘锦棠领兵到达阿克苏后，应等到后续兵团到达阿克苏，才可接着前进。并命令张曜领兵尽可能随同攻击兵团前进。张曜的主要任务是在收复地区督率留驻部队建立驿站、修筑道路、盖房、淘井、积储柴草、设立伙店（设在驿站旁，专供商旅歇宿），协助地方官整顿地方秩序和指挥驻军抓捕“游匪散贼”，设立关卡，抽收茶厘等等。另外，他详尽分析了阿古柏残余势力及白彦虎可能逃窜的路线，并仔细部署了对败逃敌军的包抄拦击、跟踪追剿。其二，左宗棠反复告诫刘锦棠、张曜等统兵将领说：“乾隆朝时平定准葛尔和回部以来，朝廷对其恩泽深厚，很得民心……两部长期以来获益良多，生活安乐，是前所未有的。……听说南八城的回部也不是真心归附安集延，实乃被其所迫，而仍然思念朝廷恩望。这次大军到达后一定要严明军纪，严禁杀掠。如能心怀王土王民，那么南八城平复以及守卫都没什么困难了。你们要是能那么做，就一定能得到他们的协助和欢迎。”

光绪三年（1877 年）七月十七日，刘锦棠率湘军自托克逊出发。先派几小队分两路到曲惠（楚库尔），一路搬运柴草，浚清泉源，按程预备，供应大队。二十一日，刘锦棠亲督大队，也两路前进，在曲惠会和。还有一支部队，随后出发。二十七日，刘锦棠的大队离开曲惠，又分两路：他领一路从大路向西，正面进逼库尔勒，这是正兵；另派一支向东，紧靠博斯腾淖尔，再向西进，攻向库尔勒的背后，这是奇兵。

八月初一日（9 月 7 日），左宗棠派总兵张俊、董福祥等率三营步兵，从榆村沟、阿哈布拉等进至曲惠屯扎，又派提督张春发从伊拉湖小道至曲惠，会和张浚等部，开挖井泉，搜割柴草，为主力到来作准备。另外，左宗棠又调易开浚率四营步兵、三起骑兵（即所谓“安远军”）到吐鲁番换防。从托克逊、吐鲁番出发的湘军各部汇聚曲惠。八月二十六日（10 月 2 日），刘锦棠领主力到达曲惠。第二天，刘锦棠等派黄万鹏、余虎恩等率十四营马步，自乌沙塔拉沿博斯腾湖东南西行，袭取库尔勒。八月二十九日（10 月 5 日），刘锦棠统领主力，从大路直取喀喇沙尔。其时，白彦虎率领残军在开都河西岸驻扎，他见海古拉和艾克木汗接连逃走，自知无力抵挡清军，竟决开都河堤，制造泛区，以阻止西征军前进。九月初一刘锦棠轻而易举地将喀喇沙尔城收复，城内积水数尺，空空如也。初三日，收复库尔勒，却仍是空城一座。从抓住的探子口中得知，白彦虎秋收之后便连人带物退往库车。幸好通过悬赏，掘得窑粮数十万斤，才得果腹。刘锦棠安排妥当粮食，才又向库车进发，两天奔驰了790里路，十二日，才在库车城外，打了南路进兵以来的第一仗，毫不费力地将库车城克复。离了库车，刘锦棠部就直奔阿克苏。过拜城，得知安集延和白彦虎昨天刚刚过去。在木杂喇特河边，发现敌人正催眷口渡河，就在上下铜厂间，展开激战。

刘锦棠命停兵三日，进行休整，处理善后。十五日黎明，攻击兵团接着向西追击，一路疾行到达拜城。拜城人民打开城门迎接清军。十六日五更，追击部队到达铜厂，发现敌骑正胁迫百姓渡河，于是发动攻击，救出两万难民，遣返拜城，安置复业。各营渡过河流，在上铜厂赶上贼部，步骑左右包抄夹攻，刘锦棠从中路亲率骑兵突进，敌军大败。十八日，军锋迫近阿克苏，远远看见城头枪矛林立，正西、西南两面烟尘滚滚。刘锦棠获知白彦虎等已经逃跑，便命夏辛酉、谭慎典等从西南一路追剿残匪，另外派崔伟、黄万鹏等部自正西旁出截击。谭、黄率军迅速赶到玛纳克河，恰逢数百骑悍贼保护白彦虎眷属而行。悍贼拼死抵拒，西征军击毙四五百名悍贼，俘虏千余眷属，救出数百难民。二十日黄昏，西征军将乌什收复，翌日五更，谭、黄领兵接着西追，行九十里到达阿他巴什，只见一片戈壁，贼踪全无，于是回兵乌什。

既已收复东四城，就应依次进取西四城，由叶尔羌到喀什噶尔而到英吉沙尔。进兵西四城的关键是攻克阿克苏，阿克苏是军事重镇。西征军将阿克苏收复后，断绝了白彦虎的退路，他只有前往喀什噶尔。占有阿克苏，就能将西四城控制。刘锦棠分兵搜山，清剿余孽，为解放西四城作准备。

进攻南八城之前，有传言说英国想代阿古柏的长子伯克胡里立国。为此左宗棠指示刘锦棠、张曜说："我国进兵南八城，是'恢复旧疆'，与英国有什么关系？攻势发动后，应该全力进攻，迅速攻取喀什噶尔，既要清剿又要安抚。"

另外，尼亚孜闻听官军西进，统率所部进攻叶尔羌，伯克胡里不得不自喀什噶尔统带五千兵马前往救援，将尼亚孜打败，并占领和阗，但喀什噶尔敌军的部署已被打乱，正是分兵急进的好时机。喀什噶尔原清军守备何步云率领数百人占领喀什噶尔汉城。九月底，窜至喀什噶尔的白彦虎已疲惫不堪。十月初二日（12月6日），伯克胡里自和阗经英吉沙尔赶回喀什噶尔，与白彦虎等一道猛攻汉城，何步云派人请求刘锦棠迅速赴援。刘锦棠原本计划首先攻取叶尔羌，如今情况变化，他认为正是时机，马上改变计划，决计先攻取喀什噶尔，于是兵分两路：一路是正兵，自西四城门户的巴尔楚克进军；另一路是奇兵，从乌什取道布鲁特边界前进。刘锦棠自己督队，从玛纳尔巴什直接进取英吉沙尔和叶尔羌；一面策应喀什噶尔，一面准备夺取和阗。

刘锦棠要求两军于十一月十四日（12 月 8 日）在喀什噶尔城下会师，并以余虎恩为两路总指挥。在两路部队出发后，刘锦棠自己统率各营马步，于十一月初六日向巴尔楚克、玛纳尔巴什进军，以扼守和阗、叶尔羌要冲，呼应前敌部队。为稳固后路，左宗棠命张曜所部“嵩武军”跟随前进。十月初二日（11 月 6 日），“嵩武军”到达喀喇沙尔，二十二日进抵库车，然后进驻阿克苏；从喀喇沙尔、库尔勒到库车、拜城一带则命易开浚率“安远军”（步兵四营、骑兵三营）从吐鲁番前往防卫，又派总兵刘凤清率两营豫军在托克逊和曲惠分别扎营。在吐鲁番至哈密之间，也驻有一营步兵、两起马队。

十一月十三日（12 月 17 日），按原定计划，黄万鹏、余虎恩两军分别到达喀什噶尔附郭。夜三鼓，城内闪现火光，城外到处是敌人骑兵。余虎恩从城东中路率步骑进攻，命提督戴宏胜从右，提督萧元亨从左，提督陈建厚等出右路之左，总兵桂锡桢、副将军夏辛酉等率骑兵出左路之右，分进合击，一时间金鼓齐鸣，马步齐进，奋勇搏击，贼众只得仓皇弃城而逃。十一月十四日（12 月 18 日），沦陷十二年的喀什噶尔回归祖国怀抱，阿古柏匪帮的巢穴被完全摧毁。二十日午后，喀什噶尔附郭贼匪获知官兵将到，乱作一团，被迫西来的东四城维吾尔等族百姓，和吐鲁番、乌鲁木齐等地被胁而来的回民等，趁机反抗，群贼混乱不堪，纷纷逃窜。白彦虎、伯克胡里等眼见全局崩溃，分途逃窜。余虎恩、黄万鹏同时向正西和西北两方向追击，截住其掩护部队，杀死大批贼众。1877 年 12 月 28 日，伯克胡里与白彦虎分率残部从俄边界的纳林桥逃入俄国占领区。黄万鹏等屯兵边境进行监视。刘锦棠自己则统领大军从玛纳尔巴什南下，十一月十三日收复了喀什噶尔；十七日收复叶尔羌；二十日收复英吉沙尔；二十九日收复和阗。这样新疆南路被收复。

到这时，除沙俄仍然盘踞的伊犁外，整个新疆已全部光复。光绪三年（1877 年）十一月二十二日，刘锦棠轻骑赶往喀什噶尔，处理善后事宜，部署搜剿残敌。

收复西四城战役，先后毙、俘万余敌军，卖国求荣的相印父子被生擒，马元、余小虎等被全部斩决。阿古柏第五子引上胡里、第六子迈底胡里等也被俘获，统统关入大牢听候处置。喀什噶尔一役，夺获七尊后膛进子开花大炮，四尊开花螺丝炮，百余尊前膛子开花铜炮，一万余匹战马，而枪械刀矛旗帜之类，更是难以计数。左宗棠终于不辱使命收复南疆。他给陕西军务帮办刘典写信说："自从担任督办新疆军务以来，历任艰辛，诚不料浮图百尺，终有合尖之日也。现在全歼阿古柏匪帮，还我河山，依然金瓯罔缺……吾辈数书疾一意孤行，独肩艰臣，始愿保曾及此，而幸能致之者，无忌嫉之心，无私利之见，苛利社稷，生死以之耳!"

历史证明：年近古稀的左宗棠，领兵出入沙漠荒僻之所，历经艰难险阻，终于光复新疆，恢复了祖国的统一，沉重打击了英、俄帝国主义分割新疆的狼子野心。这一辉煌战绩，将永放光芒。

六、彪炳史册

左宗棠用兵新疆之所以攻无不克，战无不胜，主要是因为：收复旧山河是正义的行动，全国各族人民都十分支持，广大爱国将士克服艰难险阻，拼死作战。在西征过程中，左宗棠反复叮咛部属，在汉代新疆即隶属中国，用兵西征只是为了收复新疆，而不是夺取别人的土地。此战是为从入侵者残暴统治下将新疆各族人民解放出来，西征将士是"吊伐之师"。因此除少数部队外，西征军将士都能团结一致，振奋士气，斗志昂扬。

战争的正义性，使得广大西征军将士保持了旺盛的斗志，出生入死，奋勇杀敌，左宗棠被他们高昂的爱国热情深深感动，多次赞叹"忠哉我军"！南疆收复后，清政府论功行赏，要封左宗棠为恪靖侯，他上奏辞让说："这次战争是由于将士团结一心，群策群力，才能迅速获胜。"而正是由于战争的正义性质才使官兵同心协力。

收复新疆是各族人民团结战斗的凯歌，这不仅是因为参战部队包括汉、满、蒙、回等各民族，而且是由于这是场关于中华民族整体利益的战争，新疆各族人民对此全力支持，盼望西征军的到来，就像盼望过年一样，西征军所到之处都受到欣喜的欢迎。收复新疆的义举，不仅新疆维吾尔族各阶层支持，其他各族人民也同样拥护，如自喀喇沙尔避居博尔吐山的蒙古“台吉”扎希德勒克，闻听清军进抵托克逊，马上前往该城，为刘锦棠出谋划策。清军接着前进时，他随军前进，一路将地势的险易、贼情的虚实、水道的深浅据实相告。又比如伊犁逃出的锡伯族人民屯田储粮于喀尔博乎一带，清军到达乌苏，他们就送粮到营中，以供军需。总之，就像维文史料记载：“没有一个城镇向皇帝陛下的大军射过一粒子弹。以此相反，很多城镇的好人竭力为皇帝的大军做事。”

左宗棠为首的统帅部是一个有效率、坚强的指挥和决策机构，它制订了正确的策略和战略，起用了一批颇有军事才能的将领，而且前方、后方团结协作，从上海、西安、汉口、兰州、肃州一直到喀什噶尔，组成了长达万里节节呼应的运输线。而作为西征的主帅，左宗棠起到了重大作用并作出了杰出贡献。正是他以坚定的爱国主义立场顶住了充斥朝野的妥协逆流，令清朝统治者作出武力收复新疆的正确决策，并且以出色的组织才能和惊人的毅力将筹饷、筹粮及筹转运的难题顺利地解决，并以过人的军事韬略，机动灵活地制定进兵方略，成功地指挥了历次西征大军的重大战役，才使得新疆迅速地重归祖国的怀抱。所以，左宗棠完全称得上“丰功伟业，世莫与争”。

西征的胜利具有极其重要的意义。

首先，在各族人民支持下，西征军根除了阿古柏侵略势力，使沦陷长达十二年的南疆旧土回归祖国；挫败了沙俄鲸吞天山南北的狂妄野心，也粉碎了英国殖民主义者在新疆的扩张阴谋。因为英俄两国都欲借助阿古柏反动政权来肢解我国领土新疆，要是不将阿古柏反动政权摧垮，那新疆也很可能步中亚一些汗国的后尘，遭沙俄吞并。用兵新疆的胜利，捍卫了祖国神圣主权和领土，显示了中华民族抵抗外来侵略的决心和力量，振奋了民族精神。故而，收复新疆是左宗棠一生最有意义的建树，也是他对国家、民族最有意义的贡献，可谓功在百世、名垂青史。继林则徐之后他是近代中国出现的又一位民族功臣。收复新疆的辉煌胜利，受到全国人民的赞扬，也震惊了西方。

其次，西征胜利，将新疆各族人民从侵略者的残酷统治下解放了出来，结束了长期的战乱，使新疆地区出现了相对安定的局面，从而为恢复和发展生产创造了先决条件。左宗棠非常重视对新疆的开发，战争尚在进行时，收复一地之后，他就派专人前往善后，而且要求驻防军在完成守护任务之余，还要注重公共工程。战争结束后，左宗棠马上派刘锦棠、张曜召集流亡百姓，大兴水利、推广蚕桑、恢复生产、改革税制，只用了两年时间就颇有成效，破坏的经济一定程度上得到了恢复和发展。

再次，左宗棠将新疆收复，不仅在当时意义重大，而且深深影响着整个国家和民族以后的命运。要是左宗棠未将新疆收复，那么玉门关也会被敌人占领，当年左宗棠指出的“若新疆不固，非特陕、甘、山西各边时虞侵轶，防不胜防，即直北关山，亦将无晏眠之日”的论断就会变成现实。左宗棠坚持并亲率大军收复新疆，保住祖国一片大好河山，为中华民族做出了巨大贡献。左宗棠不愧为我国近代史上杰出的爱国主义者。

这个时期，左宗棠的爱国主义思想已逐步成熟，具有鲜明的反侵略、反分裂、反妥协，维护祖国统一的特色。要是说中国古代抵御外族入侵，还是中华民族大家庭内部，周边后进游牧民族对中原较为先进的农耕汉族的侵扰，那么，近代则是代表着先进生产方式的西方资本主义国家对落在时代之后的中华民族的侵略。而且趋势是各大资本帝国主义列强都运用分而治之的策略对待中国，因为从侵略中国的几十年实践中它们了解到，对于中国这块硬骨头，它们谁都无法独吞。

第七章　伊犁回归

伊犁事件，是沙俄一手策划的出兵强占伊犁，分割我国新疆领土的严重政治事件。中俄伊犁交涉，是一场有着特殊意义的外交斗争。

在这场复杂而艰巨的斗争中，左宗棠发挥了十分重要的作用。他坚决主张收复新疆，并亲自指挥了这次反侵略战争，取得了最后的胜利；对于崇厚所签订的丧权辱国条约他坚决反对，使得清政府最终未予接受；面对沙俄的武力威胁，他反对妥协，积极备战，促使中国部分改约成功，收回了伊犁。这些都是他为保卫祖国主权和领土完整，抵抗外来侵略作出的巨大贡献。左宗棠在这一系列斗争中表现出强烈的爱国精神和杰出的外交、军事、指挥才能。他的爱国热情、顽强不息的斗争精神，及其所获取的胜利，振奋了民族精神，大长了中国人的志气，在满是失败记录的中国近代史上写下了罕见的光彩一页。

一、地不可弃

同治十年（1871 年）七月四日，趁中国局势混乱，沙俄帝国主义悍然出兵将伊犁侵占。沙俄认为清政府无力收复新疆，所以曾虚伪地发表声明：等清朝肃清关内外，收复乌鲁木齐、玛纳斯各城之后，就将交还伊犁。

沙俄交还伊犁随着清政府明确收复新疆的政策，成为一个紧迫问题被提到议事日程上来。光绪二年（1876 年）春，沙皇亚历山大二世指定一个由陆军大臣米留金、外交大臣助理格尔斯和财政大臣格里格等参加的“特别委员会”研究这一问题。他们于三月二十五日（4 月 23 日）开会商议，作出决定：仅在俄商被允许进入中国内地贸易和割让穆素尔山口和特克斯河流域的条件下，才会将伊犁交还。但在他们看来，这也是不得已的下策。他们既定的侵略政策是长久霸占伊犁乃至并吞整个新疆。故而在沙俄侵占伊犁后的几年里，清朝政府反复与沙俄交涉，要求将伊犁交还，沙俄都一直借故推脱。

左宗棠在新疆取得的一系列辉煌胜利，表明交还伊犁的条件已经十分成熟。可沙俄依旧赖在伊犁，不肯把它交还中国，这令清政府察觉沙皇妄图侵吞中国伊犁的野心，由此引出了中俄伊犁交涉。早在同治十年（1871 年）九月，左宗棠从朝廷寄谕中获悉沙俄侵占伊犁后，马上非常敏锐地察觉到沙俄对我国西北边疆构成的侵略威胁，在给朝廷的奏折中忧心忡忡地写道："俄罗斯占领新疆，名义虽是代为收复，言辞似乎恭顺而实际蓄藏野心……还想派兵夺取乌鲁木齐，一步一步逼进中原，这并无什么理由，局势十分危急。"他衡量甘肃的军事形势，认为尽管当时仍应首先平复新疆，可派兵远征，还不是很稳妥，然而俄国对我虎视眈眈，有着侵略野心而且认为俄人垂涎我西部疆土，蓄谋已久，行动迅速，我们需赶快寻求对策。于是，他打消了收复新疆后就告病还乡的念头，决心与俄国周旋到底。同时左宗棠又非常注意斗争策略。同治十二年（1873 年）春，总理衙门将伊犁将军荣全与俄方谈判失败的详细情况转达左宗棠。对俄方行径左宗棠愤慨万分，他深感伊犁问题同整个新疆问题是密不可分的，明确地意识到要收回伊犁，必须得有强大的军事实力。

光绪二年（1876 年）下半年，西征军将乌鲁木齐、玛纳斯收复后，左宗棠心中挂念伊犁，写信给陕甘军务帮办刘典：俄国本来有我军攻复乌鲁木齐、玛纳斯后，马上就交还伊犁的诺言，如今二城已经平复，俄国毫无动静。就局势而论，应集中兵力收复南疆，然后再谋求收复伊犁。他没有采纳金顺等马上与俄交涉伊犁问题的建议，认为"缓图伊犁于事更稳"，随后集中全部力量收复南疆。光绪三年（1877 年）俄土战争爆发，伊犁将军金顺意欲趁伊犁俄军兵力不足，袭取伊犁，左宗棠阻止了金顺的行动。这说明，在收复伊犁问题上左宗棠一直坚持寸土必争，就算是打仗也在所不惜，可他认为应在收复新疆，站稳脚跟后，再来解决伊犁问题，那就能收到事半功倍的效果。

1878 年 11 月，左宗棠在《复陈新疆情形折》中，进一步说明他一直坚持新疆"地不可弃，兵不可停"的理由：

> 近年俄人先后胁诱哈萨克，布鲁特种人，又攻夺浩罕三部，据其都城，而浩罕属安集延，亦随风而靡，故我北路伊犁、南路喀什噶尔之边

境皆与俄属相接，距俄境亦近也。臣前疏所称地不可弃者，窃以腴地不可捐以资寇粮，要地不可借以长敌势，非乘此兵威，迅速图之，彼得志日骄，将愈进愈逼，而我馈运艰阻，势将自绌，无地堪立军符，所忧不仅西北也。

左宗棠进兵新疆，直接的对手尽管是窃据南疆和北疆部分地区的阿古柏匪帮和归附阿古柏的白彦虎叛匪，但根本目的却是为了抵抗越来越严重的沙俄侵略威胁。从这个意义上讲，左宗棠收复新疆，是对沙俄侵占伊犁作出的正义反应。实际上，也正是由于左宗棠消灭了阿古柏侵略势力、收复新疆失地，才完全打消了沙俄占领伊犁的借口，为收回伊犁奠定了基础。

南疆被收复后，俄国归还伊犁的条件已成为现实，伊犁问题提上了两国议事日程。早在光绪三年（1877 年）春，左宗棠就曾去信请总理衙门与俄国驻京公使商议，让俄国派使前来商谈伊犁问题。南疆全境收复后，他马上开始准备展开对俄交涉，意欲依靠外交途径收回伊犁。他给总理衙门上书，建议采取以攻为守的办法，将交还伊犁和遣返白彦虎叛匪并作一块，与俄国商讨，并提醒总理衙门说："与外国人交涉，必须态度坚决，不可示弱。"

他曾直接派提督殷华延等人前往俄国，与俄国边吏交涉引渡叛匪白彦虎和收回伊犁问题，可俄方毫无诚意，故意推诿。左宗棠又亲自致书俄土耳其斯坦总督考夫曼，义正言辞地要求引渡窜入俄境的叛匪和归还伊犁，考夫曼未予答复。左宗棠对这些纠葛早有预料，又听说俄军增兵，便命令部将一面加强边防，痛剿回窜的残匪，一面从大局出发，信守国际公法。

二、《里瓦几亚条约》

1. 崇厚出使

左宗棠认为，收回伊犁应先通过外交途径解决，如果失败，就要运用军事手段来收复失地。

光绪四年（1878 年）六月，鉴于俄国驻华使节和俄国边官在伊犁问题上的互相推诿，故意拖延，清政府决定派遣崇厚出使俄国，以便与俄国政府直接交涉，将伊犁收回。

崇厚（1826—1893年），完颜氏，字地山，镶黄旗，出身举人。崇厚在满清贵族中被认为很有办事能力，对中外交涉事宜也都比较熟悉。实际上，他从前的“外交”历史说来可怜，他曾担任三口通商大臣，天津教案发生后，曾被派去向法国“谢罪”。在崇厚前往俄国之前，一些有识之士十分不放心清政府给予这个满洲贵族、纨绔子弟全权大臣的头衔和权力，上奏说：听说崇厚准备自南洋取道地中海、黑海前往俄都彼得堡，十分令人费解。他“修约、定界”是此行的主要任务，收回伊犁是其中关键，那就该亲身经历西陲，了解边疆形势，知己知彼，才能在双方的辩论中取得优势。应令崇厚自新疆前往俄国，与左宗棠商议后再前往俄国，那样才能坚定胆实，不致于受人欺蒙而后悔不已，给予崇厚全权大臣便宜行事的头衔和权力则更不合适。

崇厚位高权重，自恃朝廷宠信，不愿前往艰苦的西北。十月十四日（11月8日），崇厚与头等参赞邵友濂仍然由上海启程，取海道前往俄国。

十二月初八日（12月31日），崇厚等抵达了俄国首都彼得堡。这个时候沙皇政府内部就伊犁问题还没有达成一致意见，他们先用优厚的款待来笼络崇厚，接着用辞令引诱他上钩。如此一来，崇厚就被动了。光绪五年二月（1879年3月），沙皇政府再次召开伊犁问题的特别会议，决定中国若没有作出重大的让步，就不交还伊犁。在谈判中，清政府训令崇厚，必须权衡事情的轻重利弊，不能因为急于索回伊犁，而留下后患，并告知他决不许答应割地。对崇厚出使，左宗棠尽管有些担心，可一开始，还是抱有一些期望。

可是，光绪五年六月（1879年）以后，左宗棠慢慢从总理衙门的来信中了解到了崇厚在俄议约的具体情况，十分不满他在沙俄压力之下一再退让的懦弱表现。当年8月4日，左宗棠写了一封长达数千言的信给总理衙门，详陈了他对崇厚在俄所议各条款的看法，并请总理衙门转告崇厚，请其慎重考虑。关于界务，左宗棠指出：“伊犁必须全境交还，不仅其境内领土俄方不能侵占，而且境外也应留下缓冲之地。”9月26日，他又直接上奏朝廷，报言决不能许可崇厚在俄所议各项条款。他历述了在伊犁问题上沙俄不讲信义、反复无常的丑恶行径后，愤然写道：

> 我睦邻之谊尽而又尽，彼餍足之道加无可加。若界务于同治三年定议（指《中俄勘分西北界约记》——引者）外再行侵占，商务于嘉峪关内再允推广，则有关国家疆圉、华民和计者甚大。……异时防不胜防，必将于大局有误也。

2. 崇厚丧权辱国

可是，在没有得到朝廷同意的情况下，崇厚竟在光绪五年（1879 年）十月二日与俄国签订了对中国特别不利的《里瓦几亚条约》，共十八款，其内容是：（一）俄国交还伊犁，中国偿付俄国代为收回和守卫伊犁的费用各五百万卢布（约合白银二百万两）；（二）中国将伊犁南境特克斯河流域和西境霍尔果斯河以西地区的大片领土及位置十分重要的穆素尔山口割让给俄国，从而令伊犁与南疆阿克苏等城的联系被阻断；（三）中国按照俄方要求调整喀什噶尔和科布多、塔尔巴哈台等地所属边界；（四）准许俄国在嘉峪关、吐鲁番、哈密、古城、乌鲁木齐、科布多、乌里雅苏台七处设立沙俄领事；（五）免除俄商在蒙古地区和新疆全境的贸易税费；（六）为俄国增辟两条分别在汉口和天津的陆路通商路线；（七）俄人有权在松花江行船至伯都讷进行贸易；（八）俄人在伊犁置有财产，允许照旧管业。加入俄国国籍的伊犁民人，应按俄人看待。

当时外界评论，只有俄国是战胜国，中国是战败国，才会签订这样的协议。清廷十分不满崇厚所为，对于承认不承认此条约犹豫不决，便询问朝中重臣意见。李鸿章为了结束西北用兵，劝朝廷接受此条约。他认为：尽管崇厚所订条约在商务、界务方面损失很大，但是此况崇厚出使拥有便宜行事的全权，可以约定条约。所以要是先答允然后又反悔，那么我们理亏。而自古以来两国交往都要讲求是非曲直。那么要是推翻崇厚所订条约，我们理曲必然招来羞侮，也难免发生战争，我方理曲出师无名。而且中俄万里接壤，实属防不胜防，一旦两国发生争斗，那么俄方的要求就不会像现在这么少了。因此，他的结论是：崇约不能翻悔，收回伊犁，还不如不收回的好。而崇厚所订条约确有后患，但若不答允后果更为严重，所以只有接受，再想办法补救，并最好稍微容忍，以免使别的强国听闻，加以效仿。他又在写给曾纪泽的信中说："其实（伊犁）久假不归，于大局无甚关碍，今成蛇足，进退两难。"主张批准此约，退让了事。在这种情况下，左宗棠的态度，对于清廷作出拒绝还是接受《里瓦几亚条约》的抉择，自然有着重大影响。

3. 怒斥卖国行径

左宗棠于光绪五年（1879 年）十二月四日自肃州发出答复清廷征询的复奏。同时，还写信给总理衙门，进一步将他不便在奏折中详言者加以说明。在这一疏一信中，左宗棠明确地、详细地阐述了自己对崇厚所订条约和整个中俄交涉的对策及看法。他首先指出，俄国严重威胁着中国西北。俄国占领伊犁后，置守设防，以发展军队，扩展土地，其对中国的侵略野心完全暴露了。随后，他痛陈《里瓦几亚条约》各款对中国的危害，伊犁尽管收回，可俄国又割去我国霍尔果斯河以西和伊犁以南的特克斯河流域的大片土地，居心实在险恶，此其一。伊犁与阿克苏遥相呼应。从伊犁向伊犁河南渡过，越过索果尔达巴哈，过特克斯河六百五十余里，再跨越冰岭而到达阿克苏，共一千二百二十里，其中有间道可通。沙俄此次割去特克斯河之地，就是想侵占伊犁以南至阿克苏以北之地，切断伊犁与阿克苏的通道即南、北疆西部的交通，兼裹布鲁特、哈萨克各部，令他们归属俄国。如此一来，喀喇沙尔、阿克苏、赛立木之北境，将均毗连俄境，我军则防不胜防了，此其二。又要修改伊犁北面塔城中俄边界，又会侵蚀我国领土，俄部环居伊犁三面，官军接收，落入其包围之中，伊犁已无法守卫，此其三。加入俄国国籍的伊犁民人，应按俄人看待，是欲诱胁伊犁民人归俄，而还我伊犁空城。俄人既照旧在伊犁管业，伊犁民人又被胁迫加入俄籍，那么伊犁虽然归还，中外杂处，我们如何加以保守？此其四。条约准允俄国增设领事、通商埠头，增辟南、北通商路线，他们清楚知道这两条通商路线路途遥远、无利可图，然而他们一定要这么办，是想借通商之名，随意深入内地，化中为俄，使我无从禁止。这样的条款，岂可允许？此其五。通过对俄国既往的种种考察，左宗棠将沙俄对我国新疆及西北边疆的侵略野心予以深刻的揭露，排除清廷的疑虑，以作出拒约的决断。他认为，邦交之道，论理亦论势。从当前边关形势来看，我方不仅理直气壮，而且在力量上也不处下风。最后，他更进一步向朝廷提出了反对俄国侵吞伊犁的方针：先通过外交谈判争取和平解决伊犁问题；要是沙俄拒不交还，则用武力收复伊犁，驱逐沙俄侵略者。随时做好两手准备。

在闻听李鸿章的言行后，左宗棠非常愤慨，在奏折中说："武事不竞之秋，有割地求和者矣。兹一矢未闻加遗，乃遽捐弃要地，餍其所欲，譬犹投犬以骨，骨尽而噬仍不止。目前之患既然，翌日之忧何亟，此可叹息痛恨矣。"同时感叹李鸿章自以十分了解洋务，却不顾大局，目光短浅，苟且图存，使得外交愈办愈坏。要是一直妥协，就这样下去，将无法洗刷国耻了！在《复陈李鸿章所奏各节》中，他逐条反驳了李鸿章的观点。尤其是针对其中的“先允后翻，其曲在我”的说法，左宗棠言道：“地山（即崇厚）虽以全权出使，而所议约章均须候御笔批准，是先无所谓允也；嗣奉御批，不得以后翻疑之。且俄自踞伊犁，堕我九城、久假不归；纳我叛逆、屡索不与；四纵逋寇，扰我边境。……是俄先已启衅，曲本在俄也。”

左宗棠再次获得清廷支持。光绪六年（1880 年）一月二日，清廷宣布，把崇厚“先行交部严加议处，开缺听候部议。其所议务约章程及总理衙门历次所奏各折件，着大学士六部、九卿、翰、詹、科、道，要议具奏。”之后，先后有四十道要求处死崇厚的奏折呈上。在如此压力之下，一般是无人能够活命。因为五道奏折就可以令一个人免职，十五或二十道奏折足够送他的命。在激荡的爱国浪潮下，一月二十七日（2 月 12 日），清廷终于下旨革除崇厚官职，移交刑部治罪，并宣布崇厚所签订条约违反圣意属于越权，一切都将重新慎重商议。至此，清廷拒绝沙俄诱迫崇厚所签订的《里瓦几亚条约》，沙俄的阴谋破产。同时命大理寺少卿、驻英、法公使曾纪泽充任出使俄国大臣，前往彼得堡重新谈判，挽回利权。并命左宗棠执掌西北兵权，作好打仗的准备。二月二十九日，正式照会俄国，崇厚违训越权，废除所订条约。三月三日，崇厚被定为斩监候。

清廷拒绝丧权辱国的《里瓦几亚条约》是有多方面的原因的。这其中，朝野上下的普遍反对，尤其是“清流派”激烈的言论等等，都有非常重要的影响。可是，在此中左宗棠起到了无可替代的作用。这不仅因为他精辟地分析了沙俄的侵略威胁和《里瓦几亚条约》危害，坚决主张收回伊犁，而且也是由于身为西征统帅，手握重兵，与沙俄对峙新疆这一重要的地位所决定。这是在中俄伊犁交涉中左宗棠为国家所作出的又一重大贡献。

三、剿灭残匪

伯克胡里和白彦虎等带领残部逃入沙俄边界后，沙俄军事当局在特穆尔图泊附近的托呼玛克安置他们，每日发给叛军头目白银五分，其余每口二分。特穆尔图泊在伊犁西南鄂尔果珠勒卡伦外四百余里，而金顺驻军的库尔喀喇乌苏距离伊犁八百余里，从托呼玛克到中国新疆边疆并不遥远，俄方容易利用这些残匪流窜进犯边境，一可以试探中国边防部队的实力，再能够以边境不宁为借口，拒绝交还伊犁。左宗棠对俄国阴谋明察秋毫，命令刘锦棠、金顺、张曜等全面戒备，日夜巡察，严加防范，时刻作好痛剿敢于来犯之敌的准备。

光绪四年（1878年）九月，白彦虎部余孽金山、孙义合等领到俄官发给的路票后，分路窜犯新疆西境的乌什城西百余里的雪巴吐；另一股残匪则发动对阿克苏西南五百余里的柯尔品的袭击；第三股残匪流窜进犯阿克苏西北的东四站雅哈库图克台与色底克台，杀害我官吏，屠杀我百姓。刘锦棠命杨全龙、谭慎典等率领骑兵分路围剿，穷追不舍，予以痛歼。九、十月间，先后阵斩、生擒金山以下数百名官兵，夺得两百余匹战马。残匪没有在南疆得逞，于是窜犯北部精河一带，中途遭到张曜部的截杀，大部被歼，孙义合也被击毙。

光绪四年（1878年）十一月，阿古柏余孽阿里达什由俄官处告假，带同阿布都勒哈玛哲，拥立拉什罕为条勒，率余孽五名胖色提、玉子巴什及贼党等窜犯喀什噶尔边境。刘锦棠亲自督率方友升、谭慎典、何名贵领步、骑、炮队以及布鲁特总管五品蓝翎以尚胡理等，直接赶往乌帕尔。十一月十日，追上逆匪。敌骑排列抵抗，叉子枪、洋枪，子弹如雨。官兵骑兵首先冲锋奔驰，步兵随后跟进，杀死三百余名，生俘三十余名，逃逸匪众，窜入山谷。以尚胡理率布鲁特马队人山搜剿，另一路布鲁特马队前来共同围剿。十一月下旬，阿里达什率残部经过奈曼，奈曼回民早在山谷埋伏，贼到伏兵四起，将逆匪几乎全部歼灭，阿里达什也被当场击毙，其随带玉印被缴获。阿里达什曾据守喀什噶尔顽抗，是阿古柏匪帮的重要骨干，被左宗棠称为“中国漏网要逆”，这次被歼，可谓恶有恶报。

从奈曼逃脱出的阿里达什部余孽阿布都拉哈马父子，贼心不死，又勾结叛国逆贼张格尔的胞弟玉素普的孙儿爱克木汗条勒、阿希木汗条勒、卓和哎买提等，以为阿古柏复仇为旗号，谎称新疆南路沿边一带有数万人众，都想为阿古柏复仇，夺回南疆各城十分容易，阿布都哈马父子等率20余名胖色提，百余名玉子巴什，八百余名安集延众，又胁迫布鲁特人入伙，共纠众千余，前进到离喀什噶尔百余里的明约路，刘锦棠派田九福领军坚守边界。贼众转向博斯塘特勒克，蛰伏不动。

光绪五年（1879年）二月上旬，刘锦棠率两千步骑，切断敌人后路，直捣敌巢博斯塘特勒克。大军突然到达，大出叛匪意料，惊恐万分，夺路狂奔，西征军一路追赶，又先后在乌帕尔等地歼灭大量匪众，仅在博斯塘特勒克附近的战斗中，就击毙贼首阿希木汗条勒等三名，擒斩十七名胖色提，六十余名玉子巴什，七百余名安集延贼众，缴获无数枪炮、马匹、军械、驼只。

八月，阿古柏余孽爱克木汗条勒，阿布都勒哈马带着残匪在离喀什噶尔七百余里的乌鲁克恰提嗣渡河，意欲窜犯喀什噶尔，刘锦棠派出步骑兵沿边修筑堡垒，严加防守。九月，逆匪将库尔城包围，城中维吾尔族民人协助驻军抗击。匪众闻知大军将至，望风而逃，夏辛酉、董福祥、张俊等率兵日夜追赶。西征军四昼夜奔驰八百里，历尽深山绝谷，对窜匪予以毁灭性打击。

自从伯克胡里、白彦虎部残匪逃入俄境后，左宗棠多次上书总理衙门，要求与俄国强硬交涉，严厉索取叛匪，他也致书沙俄土耳其斯坦总督考夫曼，要求将叛匪白彦虎等交还。可俄方反复推托。后来残匪窜犯边境，俄方却说逃至俄境的残匪没有外出，窜匪不是俄国所属之人，可照中国之例查办。左宗棠命令刘锦棠等严密堵剿，全力痛击。上述四次追剿之后，残匪已不足为患，除去了边境不安的因素。这些军事斗争的胜利，同时杜绝了沙俄以边境不宁为由，拒绝交还伊犁的举动；显示了中国边防部队的威力，震慑俄军，令其不敢轻举妄动。

四、力主抗战

1. 沙俄色厉内荏

自从侵占伊犁之后，沙俄苦心经营，想尽办法窃为己有。原因在于，从经济利益上看，这个地区物产丰富，人口较密，是中亚地区俄国财政收入最多的地区之一。从战略形势上看，俄国更不愿归还伊犁地区，尤其是不愿将“口中食”特克斯河流域交还。因为俄国掌握特克斯河流域，若侵略新疆，则处于战略优势；相反，中国若控制特克斯河流域，新疆西部南、北疆就可联成一片，攻守两利。对此俄国一家报纸曾露骨地说：归还伊犁地区，是一种政治自杀行为，这不仅会把中国的威信提高到空前的地步，还使中国有了一个重要军事据点而破坏俄国在东亚的地位。在侵占伊犁之时，科尔柏科夫斯基就狂妄宣称将伊犁永久占据。若是将伊犁地区交还中国，那么，被征服时间不长的中亚三国人民就会认为俄国害怕同中国打仗。为了维护在中亚的统治，俄国也不愿将伊犁地区全部归还。

鉴于国内抗俄爱国浪潮激荡，清政府采纳了左宗棠提出的“先之以议论，委婉而用机，次之以战阵，坚忍求胜”的建议，于光绪六年（1880 年）二月任命曾纪泽为出使俄国钦差大臣，前往彼得堡谈判。曾纪泽，字劼刚，曾国藩长子，熟谙英语，学有所长。接到清廷令他出使俄国的命令后，他深思熟虑，既不反对李鸿章抛弃伊犁的错误观点，也不同意左宗棠的外交谈判失败就以武力解决的主张，在奏折中他提出了自己的看法。他认为：俄国是利兵坚甲，不易对付，一旦开仗，俄国前来进攻我国，肯定从东而不是从西，自海路而不经陆路，防不胜防。可是，伊犁是边陲重镇，不能丧失。此行与俄谈判，主要是界务、偿款、商务三项。偿款事小，通商条款以后还能够更改，疆界一经划定，即成永定之局，故分界问题最为重要，应“持以定力，百折不回”。

沙俄眼见就要到手的巨大利益又要化为泡影，气急败坏，恼羞成怒，一面由其驻北京代办凯阳得虚声恫吓；一面大搞军事讹诈，加紧调兵遣将。集结几万俄军到与中国毗连的整个地区，仅伊犁俄军就增加了六七倍，多达 12000 多人，火炮 50 门。在斋桑湖一带布置了 12800 名步兵和 6250 名骑兵，62 门火炮，还有一支欲自费尔干省侵入喀什噶尔的 5000 人部队（拥 30 门火炮）；同时，沙俄又在黑龙江以北、乌苏里江以东地区增加了兵力，计划战争一旦爆发就入侵吉林、黑龙江。此外，一支由包括巡洋舰、装甲舰、海防舰等 20 多艘舰只组成的舰队从黑海驶往日本长崎，准备将中国海面封锁。顿时战争阴云密布，似乎一触即发。

面对险恶的形势，六十九岁的左宗棠却一点也不害怕，反复向朝廷揭露沙俄的讹诈阴谋，鼓励朝廷对俄坚持斗争，支持朝廷改派曾纪泽前往俄国修改崇约，同时他整顿军事，积极备战，强调“制和之权，以力战为急。”预备谈判一旦破裂，就坚决以武力抗击沙俄的挑衅，把自己的余生献给捍卫祖国领土主权的神圣事业。

其实，当时俄国的实际情况是内外交困，面临着许多困难，是地地道道的色厉内荏。首先，俄军刚侵占伊犁的时候，曾向清政府宣称，中国军队收复了玛纳斯和乌鲁木齐后，就归还伊犁。而如今，中国军队不仅收复了玛纳斯、乌鲁木齐，连南疆也统统收复了，赖帐在政治上输理！于是，在订立《里瓦几亚条约》时，俄方代表想方设法，使中国有收回伊犁之名，却无收回伊犁之实，反而从中国割去了特克斯河流域和伊犁地区霍尔果斯河以西，为其蚕食南疆大开方便之门。曾纪泽计划在谈判时以收回特克斯河流域作为重点，基本上击中了沙俄的侵略阴谋。

其次，从维持现状上考虑，依据曾纪泽的设想（也得到清政府的同意），如果谈判破裂，就不得不采用“噜噜太司特”的方法，把《里瓦几亚条约》废除，而将伊犁收还问题暂时搁置起来，少则数月，多则数年、数十年，并无定期，若有合适的机会，就提出此事进行商议，加以解决。可是这种让步，俄国也无法接受。因为如此一来势必令中俄长期处于军事对峙的局面，双方各自不得不投入相当数量的防守军队，巨额的军费开支令欲争霸欧洲的俄国难以承受。为了避免出现这种状况，俄国只有采用政治讹诈、军事威胁的手段，要求清政府宣布正式和永久地将伊犁割让。可是，曾纪泽明确地表示：“不能给予照会，声明中国放弃伊犁。”

再次，在伊犁问题上英法两国的态度，也影响了俄国。当时俄国争霸的重点不是亚洲而在欧洲。所以，一切问题都必须以这一战略重点为中心。那时黑海地区战事尽管已经结束，可是紧张的气氛还未得到缓和。欧洲列强，尤其是英国，在此地区活动频繁，令俄国越发迫切地关注这里，从而被迫稍微放松对中国的侵略。就在曾纪泽到达俄国不久，吉尔斯训令若米尼说：“要是全面对土耳其采取行动，就需要加强我们的舰队，而要想加强我们的舰队，则只有把我们在中国领海上的舰队召回。这是我们希望尽快解决同中国争端的又一理由。”之后，吉尔斯再次训令：“我们现在比任何时候都更应当希望这一谈判尽快圆满解决。因为我们的全部注意力应当集中在预料会发生重大纠纷的土耳其方面。”再加上德国在其中的离间并出卖许多军火给清廷，俄国政府深感不安。对他们而言，第二次俄土战争后产生的柏林会议仍历历在目，他们肯定不愿意在东方重蹈覆辙。

另外，沙俄统治集团内部矛盾重重。军方多主张对中亚地区采取急进的侵略扩张政策，而财政部和外交部却对此没有多少热情。因为他们十分清楚当时俄国财政甚为困难。那时第二次俄土战争刚刚结束，俄国国力消耗还没有得到补充，急需休养生息，财政赤字高达五千万卢布。

而且国内随着资本主义的发展，无产阶级人数迅速增加，为反抗沙皇政府的压迫剥削，他们时常地进行反抗斗争，仅在70年代，俄国就发生了三百余次工人的骚动罢工。同时，俄国工人阶级的革命组织，各种工人协会大批建立，并积极活动，联系罢工的工人。小资产阶级恐怖组织“民意党”的活动，虚无党的运动，也令沙皇惶恐万分，国内政局动荡不安。

再则，要是中国战败，清朝政权很可能垮台，接替的政权将会如何对待俄国？而且，他们还得考虑到伟大的中华民族是爱国的，有着反侵略的光荣传统，非常不易对付，他们不会忘记将伊犁侵占后，在偷袭乌鲁木齐的途中遭中国边民伏击，被打得溃不成军。阿古柏匪帮被歼灭后，他们纵容的白彦虎、阿里达什等股匪窜扰边境，也被西征军和中国边民消灭。更何况左宗棠是一个善于用兵、谋略优长，坚决主张抗俄的爱国官员，而且正在全力备战，准备打仗。面对这些事实，沙俄不能不有清醒的估计而有所戒惧。

那时在伊犁地区，中俄双方兵力配置比例是2.5∶1左右，中国有可能取胜。可见，尽管沙皇想通过战争将清军打败而永久霸占伊犁，但由于财力兵力所限，并不敢贸然发动战争。

左宗棠之所以主战，正是因为他看清了俄国色厉内荏、内外交困的实底，知道俄国也是外强中干、国力疲惫，国内矛盾重重，故而，第一，“先之以议论”，争取运用外交手段收回伊犁，但外交谈判必须以军事实力为后盾；第二，“继之以兵威”，若是谈判破裂，外交途径行不通，则不惜一战，用武力坚决收回伊犁。后来的事实表明，左宗棠绝不退让的强硬态度和积极备战的实际行动的确成为曾纪泽在谈判桌上与俄国人全力周旋的坚强后盾，原来轻视中国的西方列强也心生畏惧。

2. 清廷出尔反尔

光绪六年二月（1880年3、4月间），左宗棠精心地制订了一个兵分三路，收复伊犁的周密军事计划。这三路是：东路，派伊犁将军金顺所部万人，驻防精河一带，严防俄军自伊犁向东窜犯；并调金运昌的“卓胜军”2000马步协助。中路派“嵩武军”统领、广东陆路提督张曜率5000步骑（步兵4500人，马队500余骑）出阿克苏，越过冰岭向东进行，沿特克斯河进军，直接进军伊犁。西路则由湘军总统刘锦棠率15营步兵，万余人（步兵约8570人，马队1500骑）分驻在喀什噶尔以西边境。这一路取道乌什，越过冰岭向西行进，经布鲁特游牧地进攻伊犁。

边塞生活的艰苦和军务的繁忙，令年事已高的左宗棠身体状况越来越差。光绪五年（1879年）夏天，在肃州大营他患上了风湿疹子，骚痒难忍，难以入眠。

这年冬天，伊犁局势越来越紧张。他运筹帷幄，调兵遣将，没有时间休息，终于病倒了。为了就近指挥这场重要的军事斗争，左宗棠顾不得炎热、路途遥远和一身重病，于光绪六年四月十八日（1880 年 5 月 26 日）亲自统领六大哨、一千多人离开肃州，出了嘉峪关向哈密进发（先头部队四哨步兵和炮队已出关），行军一千五百里，在哈密城郊的凤凰台设下指挥部，誓与沙俄决战。为了表达自己的抗俄决心，在快要出发时他让亲军抬着一口黑漆棺材，庄重地告诉部将：不成功，即成仁，黑漆棺材就是成仁的归宿地。以激励将士誓死捍卫祖国主权和领土的豪情壮志。

光绪六年四月二十一日（1880 年 5 月 29 日），左宗棠领兵到达玉门。从古到今，玉门差不多是人们西行的极限，墨客文人更给玉门一种凄凉之感。而为了保卫祖国，打击侵略者，左宗棠一扫凄凉低沉的情调，他豪迈地吟道，“壮士长歌，不复以出塞为苦”，“虽知壮不如人，而孤愤填膺诚有不知耄之已及者”。二十五日，左宗棠到达安西州，沿途所过之地都是人烟绝迹，草木稀疏的沙漠。走出星星峡，于五月初八日（6 月 15 日）到达哈密，当地百姓扶老携幼，前往迎接。左宗棠顾不得旅途劳顿、肝病复发，才到达哈密就开始部署，一面加强古城、巴里坤、安西等重要据点的防务，在古城以西加拨马队一营一旗，古城加拨一营步队，巴里坤加拨一营步队，巴、古之间的木垒河加拨三营马步，安西附近加拨二营；一面派古城局委员刘思谦在附近增设三个驿站，与科布多西南八站相连接，若有紧急军情就连夜送达。这个时候，换防各军也纷纷从内地赶赴新疆前线。

可惜，当时在清廷统治集团中没有几人真正了解这种复杂的国际风云变幻。在沙俄屯兵边境、耀威辽海的军事讹诈和英、法等帝国主义列强的政治胁迫面前，他们惊恐万分，在与俄国是战与和的问题上逐渐软弱和妥协。首先，近代中国发生的一切，都会受到列强们的干预和关注。那时候，扩大矛盾、挑拨离间、煽动战争者，大有人在，就像德国；同德国的态度相反，法、英两国则力图让俄和平解决伊犁问题。法国不愿自己的盟友俄国由于对华战争而被削弱，反复逼迫清政府接受俄国的条件。而英国由于在对华贸易中占有统治地位，所以它也不希望中俄之间发生战争。

可俄国在中亚地区疯狂扩张，已经与英国在同一地区的殖民政策产生了矛盾。因此，在伊犁问题上，英国既力主中俄双方和谈解决，又欲将俄国的疯狂气焰加以压制。光绪六年五月（1880 年 6 月），受清政府之聘，曾任“洋枪队”头目的英国人戈登（当时正在印度），到北京“调停”伊犁问题。戈登于六月先到天津，第二天，同极力主张妥协的李鸿章密谈。为对清政府施压，六月十九日（7月25日），戈登前往北京，受到了光绪帝的生父醇亲王奕谡的接待，并有其他的军机大臣参加。戈登再次向他们叙述自己的观点。他说，要是中俄开战，必须要答允他一个条件，就是将北京的郊区摧毁，迁移皇帝和朝廷到安全的地方去。狡猾的戈登，清楚要清政府迁都，就是等于覆灭清朝。而他向清政府提出迁都问题，正中清廷的要害，也是胁迫清廷的要着，对清廷对俄决策影响最大。其次，则是俄国利用军事力量进行恫吓。

光绪六年五月（1880年6月），在外国列强的压力下，清政府宣布免去崇厚的“斩监候”罪，但沙俄不仅未停止对中国的军事威胁，反而变本加厉，派遣海军上将列索夫斯基率23艘军舰来华，并增兵东北边境，宣称要联合日本，封锁辽海，进攻北京。清廷最高统治集团感到战争一触即发，而并无取胜的把握。在他们看来，新疆战场，清军应该能击败俄国；可是，在蒙古、黑龙江等地，则可能失败。前一地区距京师万里，胜负对北京的安全没有多大影响；而后两地离京城距离有限，一旦失败，情形难测。清军要是战败，将会对清廷的统治宝座构成直接威胁。另外，长期军事对峙，会使清廷背上沉重的军费负担。

所以，清政府开始一门心思争取和谈，并急于寻找对俄妥协的“转圜地步”，便逐步降低修改条约的要求。和谈前，清廷给曾纪泽的训令是：“自以全收伊犁为是，否则，仅议条约，酌予通融，倘能就绪尚为中策。若俄不能全交伊犁，且执与崇厚所议约章专条妄事争辩，或于崇厚所议外横生枝节，不得就我范围，则惟有随时随事，请旨遵行。宽其时日，缓以图之。”后来，又训令：“曾纪泽资俄事日逼，能照前旨争重让轻固妙，否则就彼‘不强中国概允’一语，力争几条，即为转寰地步。总以在俄定义为要。”

对于朝廷对俄逐步妥协和朝内妥协派的活动，左宗棠愤慨万分。他反复给总理衙门写信，分析中俄双方的形势，指出俄舰东来仅仅是虚张声势，如果朝廷坚定决心，作好战守准备，就能打败沙俄侵略者。所以，我国主战，从道理和形势上都有利，在谈判时曾纪泽不能妥协退让，也不能轻信外国出面调停。

可是，这时软弱的清朝统治者已对左宗棠的正确意见充耳不闻了。正当左宗棠集中精力整军备战、开发新疆，为讨还伊犁的改约谈判充当后盾的关键时刻，光绪六年七月初六日（1880年8月11日），清廷将左宗棠急召回京，一是为应付俄人从东北和沿海方面对京畿可能发动的进攻，二是为了防备左宗棠出兵伊犁，挑起战端，妨碍对俄妥协，称得上是一举两得。接到这道谕旨，左宗棠深受刺激，壮志未酬，万分痛若。11 月 14 日，在同继任督办刘锦棠会商新疆的布置事宜、移交饷事军务之后，左宗棠离开哈密向东进发。为了加强京畿防务，左宗棠命令他的亲军一千四百余步兵和六百余马队在王诗正等的率领下随后入关，前往凉州、宁夏，自张家口，听候调遣。后来又加派刘璈、王德榜各选一营旧部同行。12 月 22 日，左宗棠到达兰州，办理督篆移交事宜，次年 2 月 28 日，进抵北京。

五、支持曾纪泽谈判

1. 曾纪泽针锋相对

从光绪六年七月十八日（1880 年 8 月 23 日）到光绪七年正月二十六日（1881 年 2 月 24 日），曾纪泽与沙俄谈判长达半年之久。在这六个月中，沙俄看出了清朝急欲求降，所以俄方代表对曾纪泽处处紧逼、百般威胁，施加压力。

在这场艰难的外交斗争中曾纪泽与俄方进行了坚决的斗争，充分显示了他的机敏与才干。比如，毕佐夫无理地说：“要是这样拖延时间，还不如进行一场战争！”曾纪泽针锋相对地应答：“中国不愿进行战争。可是若是无可奈何，中国百姓也不怕与俄一战。中国人坚忍耐劳，即使无法取得最后的胜利，可是中国幅员辽阔，也能支持几十年，想贵国也不可能毫无损伤。”他还注意利用外交惯例、国际公法和各种资料与对方辩驳，使若米尼非常恼火地说，“我坚信不能再抱任何幻想于这些中国老爷们。他们十分傲慢，并且对世界政治非常熟悉”，“他们已经参加了世界政治活动，而且在这方面他们特有的狡猾就会淋漓尽致表现出来”。

迫于形势，沙俄只得同意改约。曾纪泽坚持收回伊犁，并在别的方面作出让步。这样，在光绪七年正月二十六日（1881 年 2 月 24 日），清廷终于与沙俄签订了《中俄伊犁条约》（也就是《中俄改订条约》）和《陆路通商章程》。其主要内容包括：“中国将伊犁九城、特克斯河谷（约 2 万多平方公里）和通往南疆的穆扎尔山口收回。塔尔巴哈台、科布多所属斋桑湖以东地区的中俄边界，改为在

《里瓦几亚条约》所定界线与《中俄勘分西北界约记》所定界线之间的“勘定”；割让霍尔果斯河以西地区（1万多平方公里）给俄国；赔款由原来的500万卢布增加到900万卢布（约合509万两白银）；俄国则放弃了俄国货物由嘉峪关运进内地的要求，经过新疆的中俄陆路通商路线以嘉峪关为终点，可俄商在天山南、北两路贸易免税，并增开从新疆到嘉峪关的陆路贸易通道；俄国在中国西北设立领事的地点，由七处减为两处，只批准沙俄在嘉峪关、吐鲁番设立领事；取消俄人在松花江行船至伯都讷贸易的专条。条约还规定，斋桑湖以东的边界，若有不妥之处，由两国特派大臣会同勘改。

显而易见，《改订条约》还是沙俄强加于中国的一个不平等条约。可是，曾纪泽在面前沙俄帝国主义时，不畏强暴、据理力争，还是为祖国争回了一些界务、商务等方面的权益。面对左宗棠令敌闻风丧胆的名声和其他国际势力的压力，沙俄政府最终同意归还伊犁。光绪八年（1882年）二月十七日，塔尔巴哈台参赞大臣升泰前往伊犁，与俄方代表商议收交办法。三月二十二日，双方换文，移交手续完成了，伊犁将军金顺领军进驻伊犁。到此时，中国政府最终完全恢复了对新疆的统治。

2. 失败的胜利者

伊犁问题尽管未能获得圆满解决，可还称得上是左宗棠所谓的“败局中之胜著”。而取得这个“胜著”，左宗棠居功至伟。

首先，左宗棠的坚定决心和备战行动使沙俄的侵略气焰遭到沉重打击。在伊犁交涉过程中，沙俄反复以战争恫吓清朝政府。而实际上沙俄本身正处于财政竭蹶、内外交困的境地，并没有力量发动侵华战争。左宗棠看清了沙俄外强中干、虚声恫吓的真面目，积极备战，迫使敌人认真考虑：对华战争困难重重，虚声恫吓又成效不大，从而不得不暂时抑制一下自己的侵略胃口，以防失去在华的全部侵略权益。

当左宗棠奉召回京时，沙皇政府并不清楚清廷的真实意图，以为中国准备发动战争，清廷要与左宗棠布置全国的反击，因此惊恐不安。中俄重开谈判后，沙俄代表曾多次向曾纪泽探询左宗棠赴京的意图，害怕左宗棠进京后将不利俄国，连沙皇都亲自过问，催促吉尔斯务必及早议定中俄条约免生枝节。左宗棠到达北京后，更令一些外国使节惊慌，甚至连忙移送家眷到上海和天津，以避不测之变。由此可见，左宗棠的主战态度和前线的进攻态势确使沙俄颇为顾忌，积极推动了修改崇约，迫使沙俄放弃《里瓦几亚条约》中所攫取的部分权益，追回沙俄已经吞下的二万多平方公里的中国领土。

其次，左宗棠的主战言行在一定程度上限制了朝内妥协派的投降活动。从崇厚签约到《伊犁条约》订立，清朝政府中始终存在对外妥协派，而且愈演愈烈。可总的看，在伊犁交涉过程中受到妥协派颇大牵制。尤其是在前期，抵抗派明显处于上风。这在很大程度上是左宗棠"清流派"的功劳。

此外，左宗棠积极进行战前准备为曾纪泽对俄进行外交谈判提供了坚强后盾。曾纪泽本来深受李鸿章、郭嵩焘影响。在接受赴俄使命的初期，他对于改约态度较为消极，也甚为不满左宗棠和"清流派"的主战言行。但后来在彼得堡谈判中，他以比较坚定的态度，在收回特克斯河流域、拒绝出让松花江航行通道、拒绝为俄商开辟嘉峪关至西安及汉口的贸易路线等问题上，与俄方进行了殊死的斗争。曾纪泽的这一变化，与左宗棠和"清流派"的言行对其外交斗争的有力支持和鞭策关系很大。同时还应当看到，在谈判桌上曾纪泽之所以能够同沙俄坚决斗争，仗义执言，敢于在沙俄代表的战争恫吓之下，讲出"中国可让者，我不难冲口说出，断不为先争后让之术；其不能让者，不论贵国有若干兵船，中国定不答应"这样铿锵有力的言词，不但是由于他的才能和胆识，更是由于左宗棠等人在国内的积极备战为他的外交活动提供了一定的实力保障。

第八章　经营新疆

新疆收复后，百废待举。左宗棠以其卓越的才能和政治眼光，既发展新疆经济，又力倡新疆建省，为新疆的振兴和发展书写了不可磨灭的一页。

一、发展新疆经济

左宗棠作为钦差大臣，在新疆督办军务五年，不仅保卫祖国的锦绣河山，而且不顾体弱多病，于戎马倥偬之际，克服种种困难，切实地为开发新疆作出了巨大的贡献。

1. 发展工商业

左宗棠认为，为了恢复新疆的农业生产，必须发展手工业生产，制造大量农具。乌鲁木齐原有铁厂早已关闭，开采铁矿和筹建铁工厂是当务之急。后来他又指出：听说该厂铸造农器，一月只能造出数十具铧、犁，数目太少，没有大的效用。开采铁沙，设立铁厂，最好招派商人办理，才能取得收效。若是由官府来办，就利少而弊多，产品质量不高，而花费甚巨。甘肃文牲口前八百里的地方发现金矿，地方官准备派人开采，左宗棠批示：开办矿务应由官府开头，然后让商人承办，官府只从中抽利，因由官办的弊端，防不胜防，又不像由商人办理，耗费少而获利多。

他认为，要兴办手工业，就得开发新疆的资源，保证能源供应。新疆有相当丰富的资源，如吐鲁番的棉花、和田的玉、库车的金铜铅铁及其药材皮张等等，均应想办法加以开发，可是也不宜均由官方办理。在左宗棠的大力支持下，新疆的手工业进展很大。

地处内陆的新疆，通商贸易对社会经济的发展更为重要。左宗棠采取了鼓励自由贸易、推进商业发展的政策。在招募百姓屯垦土地之余，还到处吸引商人……刘锦棠首先治理邮驿亭障，保证道路的畅通。于是出现了清军收复新疆，汉商亦踊跃追随的景象。这使得商人致富，公家免去了运输的烦恼，税收也增加了，可谓公私两利。

多年变乱使新疆的货币制度十分混乱，令商旅往来和人民生活非常不便。为改变这一状况，左宗棠于光绪四年命张曜在阿克苏钱局依乾隆制钱型，统一铸造制钱，钱面用汉文铸“乾隆通宝”字样，背面用汉字和满文铸阿克苏地名，以消除缠回疑虑，便利流通。每枚重一钱二分，按照这一标准，不准加以增减，不然会使有些人私自铸造，或擅自熔毁。重二钱的乾隆制钱，准许民间作两钱使用。另外，窃据南疆期间，阿古柏曾铸过天罡银元，为了从中渔利，随意降低银元的分量、成色，百姓受害很深。左宗棠发现后，马上下令改铸银元。新银元质量很高，左宗棠亲自审核后，试行推广，商贾缠民都称便于使用，十分欢迎。这样，统一了货币，市价日趋平稳，使新疆通商贸易的发展有了良好的环境。

2. 重视农业

（一）屯田垦荒

清代对新疆屯田非常重视，有民屯、旗屯、回屯、犯屯、兵屯等名目。在继承前人屯田经验的基础上，左宗棠进一步揭示了屯田的内涵。他认为，以前诸军屯田根本不知屯田的办法，不懂得屯田的意义，目的不在于恤民、济民，而只顾眼前利益，大肆搜刮。农民若是预借了种子，秋收后得四倍归还，使得百姓不堪重负，弃田而走。所以名为屯田开荒，反而令田库更加荒芜。同治十三年至光绪二年（1874－1876 年）间，张曜率十余营“嵩武军”在哈密垦荒屯田时，左宗棠指示他说，办理垦荒屯田，必须军屯与民屯一同进行，了解实情，选好负责屯务的人员，制定屯田章程，实行奖惩制度。办理民屯须注意：不允许兵士对屯田农户进行骚扰，不许私自克扣用于屯田的银两；贫苦者应先发赈粮，能耕地的耕丁，借给种子、牛力、农器；所借种子，收获后按照成本收回；提供贷金，调拨淘汰的军马。平民百姓垦荒所得粮食，按照时价现银收买，不许在收购时故意压价。办理军屯，收成依照市价收购作为军粮，由勇丁均分所得银两，令他们有利可图；开屯首先必须整治水利，疏浚坎儿井、河渠等，工程巨大，耗费银钱，应由军队承担。并指出，军屯与民屯并没有绝对界限，待到新疆军事行动结束后，应将兵屯开荒成熟的土地归还于民，使他们安心于农业。他还规定，免除新屯田地在近几年内的赋税。以后左宗棠又总结和全面推广张曜的屯田经验，在乌鲁木齐、吐鲁番、绥来、巴里坤、古城、喀喇沙尔等地，都民屯与军屯并举。在牧区，则自军饷中拨出部分现银，由善后局官员购买赈粮、种羊等发给牧民。有的地区还发放无息贷款，农、牧民不用交息，只在三年之后还本。由于左宗棠十分重视屯田，恰当处理了军屯与民屯的关系，所以令进军南八城过程中拨救出来的大批难民资遣回籍后，迅速地安家复业，使农民屯田的积极性大大提高了，解决了军队急用军粮的困难。到光绪四年（1878 年），仅南路八城就征粮 23.8 万多石，比从前征粮的 13 万石，多出一倍。

在陕甘地区，他不仅命令部队闲时兴修水利，开荒种地，而且还将四处前来的难民聚集在一起，鼓励他们开荒种地，并将缴获的马匹散给贫苦农民，以帮助他们开垦耕地。他还注意农业生产技术的推广，倡导以改良土壤，增加产量为目的的“区田”耕种法。

（二）兴修水利

水利，是农业的命脉，尤其是在西北干旱地区，水的问题不解决，就根本无法进行农业生产，在新疆更是这样。这里雨量稀少，一般多依靠地下水和雪水灌溉，所以左宗棠认为治理西北，应先治理水利。而兴修水利，应先清流沟渠。他对开渠凿田，兴修水利非常重视，也倾注了很大心血。如在河州，他支持王德榜引抹邦河灌溉田亩；在宁夏，拨款修复了汉渠；在西宁，命令地方官筹集材料、人口，以备开工修复荒废渠道；在河西走廊，他也要求地方官和驻军加紧修复渠道。光绪三年（1877 年），西北大旱，左宗棠又在陕甘力推凿井灌田，为鼓励民间掘井，他指示陕西巡抚谭钟麟用“以工代赈”的办法，在赈粮外，还加给银钱。他表示，如果很难筹得经费的话，他将亲自以解决。在新疆，张曜率“嵩武军”进驻哈密，进行屯田，发现引水的石城子渠，还是从前道光朝杨遇春西征所修建的，尽管已破坏，加以整理后，仍然还可利用。只是由于那里的土多是砂质的，水大多都流失了，当初为防止渗漏，曾用毡 10 万条铺底。因知军费艰难，张曜报告左宗棠，希望只提供 6 万毡条。为免日后短缺，左宗棠决定备足 10 万条。因为一时难于筹集，便运用政治力量，从宁夏、河州和西宁生产，普遍搜购，节节搬运出关。在左宗棠的大力支持下，石城子渠被修竣，开垦荒田 2 万亩，一年可收获数千石粮食。但用毡条铺渠底，费用太高，实在无力承继。石城子渠东，又有五道沟一渠和榆树沟一渠，同时被张曜修竣完成，灌新庄子地 5000 亩。

西征大军将天山南北两路收复后，在左宗棠的支持和鼓励下，分别采用防营独力、官方贷款、兵民合力、人民自力等方式，挖掘或兴修各地渠井。长达十年的动荡局势，造成河流泛滥成灾，玉河决口五处，河床淤塞 300 多里，造成土地荒废，城堡坍塌，房舍漂没，低洼处竟成泽国，治水工程非常艰巨。于是兵民合力，分别堵筑挑浚，使河流重归故道，又一面修复沿河各渠，一面添开支渠。在玛喇巴什新挖的大小水渠纵横相连，变害为利，成为南疆的重要垦区。乌兰乌苏河由于兵灾，年久失修，经兵民堵塞决口，开挖新河，横截洪流，喀什人民借其水的便利得以大兴耕作。龙口渠桥整修完善，产生很大收效。左宗棠的继任者，贯彻了他兴修水利的措施，为新疆建省一开始农业生产的复苏创造了良好的条件。

（三）改革税制

在内地清政府实行地丁合一的“摊丁入亩”，按田亩征收税收，而在新疆地区则依旧制实行“按丁索赋”，就是赋役分摊到每个人头上，这样就造成了富户人口少赋役较轻，贫户人口多赋役反而较重的畸轻畸重现象。而且各级伯克有权免除赋役，沉重的负担则被转嫁到一般纳税人“民户”身上，“民户”是指伯克以外的地主和农民。另外，衙役胥吏、营员兵丁经常骚扰拉差，百姓差徭负担沉重。看到这种情况，左宗棠认为十分不公，应该马上加以改变。于是将内地已实行很久的地丁合一的赋税制度在新疆推行，规定粮随田起，摊丁入亩，按亩征赋，并将税率减为十取其一。他下令通行清丈地亩，按照地亩肥瘠、水分，分上、中、下三等征税，具体做法是：以两亩地作一亩算，上地征八升；中地征五升五合，下地征三升；先征六成，缓征四成，以吸引移民；不得任意增减征收田赋的回目，否则必加严惩。这一改革措施表面上似乎有损地主阶级的利益，实际上由于消除了新疆原有田赋制度的弊端，使国家的财源有了保障，赋税比战前增加一倍并无拖欠。

根据西北各省地广人稀、路途遥远、往返艰难的具体情况，左宗棠认为差役制度无法废除。问题是平民百姓苦于兵丁、胥役的无穷骚扰，不行贿就无法避免，形成了官府欲取一，丁役则加倍索取，而承办人及乡里又层层累加的弊政，所以革除州县衙门的“内弊”，整饬军纪才是关键，去一弊即兴一利。为此，他规定役从田起，徭役根据百姓交纳的钱粮数目来定。赋税差役制度的大胆改革，使维吾尔族农民沉重的赋役负担大大减轻了，促进了生产的恢复和发展，也增加了新疆的田赋收入。据统计，光南路田赋收入就增加了10.6万余石。

（四）发展畜牧、蚕桑业

左宗棠也十分重视新疆畜牧业生产，他指令镇迪道在水草丰盛之地散发羊种，不收利息，所需成本分三年归还；严格制止破坏畜牧的行为。如曾有人建议在罗布海尔一带牧区开垦荒田，左宗棠马上指出，罗布海尔既可打渔又可放牧，用不着开荒种田就可养足百姓。西北地区，应以畜牧为主，而畜牧又以牧羊为更佳，何必非要进行耕种养植蚕桑？擅长体恤百姓的官吏应因其所利而利之，那么讲求畜牧业，应多多发展牧羊。开荒种田的建议，暂时搁置。左宗棠坚持因其“所利而利之”，不强制推行汉族农业经济，客观上对民族团结有利，能够充分、合理地利用新疆的资源。

根据西北地区的自然条件，左宗棠还提倡栽培经济作物，提倡多种经营。在陕甘，除推广种水稻以外，还劝谕农民种植棉花，设立局所专门教百姓纺织技术。他于同治十三年正月（1874年春），刊刻《种棉十要》、《棉书》，在陕甘两省颁发，谆谆教诲官吏士民，要切实经理。在左宗棠的大力倡导下，陕甘一带农民开始争相种棉。

收复新疆后，左宗棠了解到新疆桑树很多，他认为有桑树就可以养蚕、缫丝、织绸。但新疆养蚕缫丝业比较落后，而当时俄国及别的邻国对丝有很大的需求，由于在新疆收买不够，他们不惜跑到四川去收购。所以左宗棠认为在新疆发展蚕桑业，与俄国贸易，大有可为，决定大力扶植。他先从湖州觅雇60名熟悉蚕桑事务的工人，带着蚕具，后又在湖州觅雇两名蚕织工匠，带着394张蚕种，来到新疆，教人民栽桑、压条、接枝、种葚、饲蚕、浴蚕、煮茧、缀丝、织造等技术。从吐鲁番、哈密、库车，到阿克苏，都在当地设立蚕织总局传授。这是新疆设立专业蚕织机构的开始。在左宗棠的大力推广下，新疆各地养蚕业很快兴盛起来。光绪六年（1880 年），据各属禀报，共计已经种活或接枝 80 多万株桑树。光绪七年（1881 年），他在北京看到了阿克苏蚕丝局织出的绸缎，十分欣慰，去信嘱托甘、陕、新疆的部属说：以前我在西北，对植棉、种树、修路、讲求水利等事切实经理，投入很大的心血，到现在还十分牵挂。希望你们对这些政事不要等闲视之。后来由于蚕桑局将收购价格压低并禁止民间买卖蚕茧与蚕丝，农民难以从该项副业中获利，于是都不敢再养蚕了。光绪三十三年（1907 年），有戎员赵贵华，前往和田等地访求当日流落当地的技工及“学艺精能”的维吾尔族徒工各四人，再次推广蚕桑技艺，令皮山县的桑株、木吉等村“比户业蚕，桑荫遍野”，蚕丝产量由 30 万斤增至 70 万斤。维吾尔等各族人民耕田丝织互相依助，从而使富裕百姓的理想得到了部分实现。

3. 恢复交通

新疆的交通也很不便利，左宗棠对其进行了治理、修复。

从甘肃的嘉峪关，经过安西，到新疆的哈密、乌鲁木齐或吐鲁番到喀什噶尔，是关内外的交通动脉，亦为军行大道。从哈密到巴里坤，不过三百余里，但必须翻过三十二盘的天山之脊，悬崖峭壁，道路险峻，使得军粮运输困难异常。奉左宗棠之命，张曜督军凿平险阻，减低坡路，装设扶拦，回绕 36 盘，路宽一丈五六尺，能够通行骡车。

从哈密到吐鲁番，其中自瞭墩到七格腾木，有南北两道。南路尽管是官道，可是必须经过三间房和十二间房，若是大风刮起，顿时飞沙走石，常把人马卷得下落不明，是《汉书》所描绘的“风灾鬼难之国”。北路途径七角井、一碗泉和西盐池等地，尽管是小路，但能够避开风灾，所惜一路没有店铺，行人无处栖身。于是，西征军便移南路驿站到北路，并且新建房屋，设立官店，准备柴草、器具等日用物件，积储饮水，方便了来往旅客。托克逊到喀喇沙尔，必须经过苏巴什山口，有一百七十里长的曲折山路，这是南疆八城通往乌鲁木齐，通往关内的交通要道。西征军在这里修凿险峻，使隘道变成通途。

在喀喇沙尔，有清水河，河西有五六里险滩，泥淖纵横，很多人马都在此陷没。喀喇沙尔善后局官员与驿军一道，开渠泄水，在碱滩上横排巨木，接着加上树枝，平铺泥土山石，使行人如履平地，再无陷没之苦。在古称轮台的布古尔东面四五里的地方，从北面山峡流下的一条河上有一座大桥，是西人新疆的唯一要津，这时也修筑完善。新疆特别是南疆，城市之间相距很远，遭阿古柏匪帮破坏后，沿途房屋、柴草、水泉缺乏，行旅视为畏途。左宗棠命令张曜责成各地驻军在南疆大道上设立驿站，以递传文报，另外，在驿站旁边构筑房屋，设下官店，为过往商人提供歇宿。

此外，在刘锦棠的管理下，南疆从玛纳尔巴什到爱吉特虎，修筑530里道路，20多座大小桥梁；从玉带里克到龙口桥，修筑中间全部道路和桥梁；在七克逝地方，修筑2座桥梁；从喀什噶尔城以南，修筑数百里道路，30多座桥梁。

至此，新疆南、北路的交通要道统统得以恢复，有利于政治的统一、军队的调动、各族人民文化的交往，促进了商业的发展、物资的交流。

安西是塞外要隘。左宗棠命令驻军招募民夫，将城东、城西城根积沙挖去，并修建城墙，开挖外护城河，引水入河，又深又宽。嘉峪关历来是兵家必争之地，林则徐曾作诗抒："谁道淆幽千古险，回看只见一丸泥。"但兵灾破坏后的嘉峪关，倒坍败落。左宗棠命令军队修葺关楼，整修关墙，他还亲自挥毫题字："天下第一雄关"，使嘉峪关焕然一新，再现雄姿。对此，曾任甘肃布政使的何福堃赋诗一首：

> 左候昔日受降归，洒酒临关对落晖。
> 额书六字神飞动，想见如椽大笔挥。

最为艰巨的工程，是修建喀喇沙尔和库车的城墙。库车原有汉城非常小，早就已经倾塌，回城在汉城的东面，已遭破坏，但局势开阔，驻军会同善后局官员修筑汉城东北、东南城墙，与回城接连，城周1334弓，墙高1丈8尺，宽1丈4.5尺。四面修建炮台，炮台纵横4丈4尺，四城门楼高达4丈8尺。在当时近代化武器还不是十分发达的情况下，建筑坚固的城墙，很大地增强了军事防御能力。喀喇沙尔地处要冲，从城西北经大、小著勒土斯山直达伊犁，只有半月的路程。驻军利用阿古柏匪帮修筑的新城，加以扩建，城周三里。

经过修筑城墙、驿道，将各城联结，在从嘉峪关至喀什噶尔的整个地区，形成了一个纵深广阔的防御网，使西北边防得到巩固，为新疆人民重建家园提供了一个安定便利的环境。

为了加强交通，在陕甘、新疆，左宗棠十分注意造桥修路。他严令楚军在会宁属境修建用砖石和木头修造的 19 座大小桥梁；安定属境修建 8 座木石桥；金县修建 3 座木石桥；泾州修建 9 座大小木石桥；平凉修建 29 座大小木石桥；固原修建 10 座大小木石桥；隆德修建 6 座大小木石桥；六盘山上下车路 20 余里。在甘南狄道城外，还修建了一座长 20 丈、宽 8 尺、高 1 丈的“永宁桥”。楚军不但修桥，还筑路，他们在固原的蒿店、三关口、瓦亭附近，修筑 40 余里石路；会宁县城至翟家所修 43 里车路；狄道州岚关坪到白林口修路 160 里；大通县境修路 300 余里；碾伯县老鸦堡到响镗修路 240 余里等等。左宗棠派楚军造桥修路，推动了商品经济的发展。

他还一面进军，一面叫士兵筑路，在路旁种植柳榆等树木，规定部队前进到哪里，马路就修到哪里，柳树也种到哪里。这样，形成了一条由潼关到嘉峪关 3700 里长的绿色干线。马路宽约 4 丈、8 丈不等，驴车、马车都能够对驶，种植三四排柳树，严禁攀折，违者重罚。

据隆元誉所著《西笑日觚》记载：“左恪靖命自泾州以西至玉门夹道种柳，连绵数千里，绿如帷幄。”这就是有名的“左公柳”。光绪五年（1879 年），杨昌浚应左宗棠之约西行，看到道旁绿树，曾有“新栽杨柳三千里，引得春风度玉关”的诗句，对西征将士收复新疆的伟大功绩进行了热情的歌颂，也极高地赞扬了领导这一壮举的统帅左宗棠。

4. 赈灾禁烟

在西北地区，左宗棠还举办赈务，禁绝鸦片，做了许多有益于救济灾民和净化社会的工作。

在封建官吏中，左宗棠是较为关心民间疾苦的，所以一向非常关心赈济灾荒。青年时代，他就曾“罄仓谷煮粥俵食，病者药之”；作官后，湖南家乡闹水灾，他一次捐出养廉银上万两，也没有上奏。任浙江巡抚时，一次就转养廉银 8000 两给赈局。光绪三年（1877 年），华北、西北地区遭遇 300 年未有的大旱。正在肃州主持军务的左宗棠，一面从西征军费中调拨白银 10 万两用于赈荒，一面带头认捐白银1.3万两。

为了筹集救灾款，左宗棠用“劝捐”“勒捐”的方式令陕西富豪帮助赈灾。为了不至饿死灾民，左宗棠派属僚立即到外省采购粮食。发放赈粮时，他强调“宁滥勿刻”，使广大饥民得受实惠；他认为只要粮食发到百姓的手中，而没有落入官吏和丁兵的口袋，就很幸运了！他要求办赈人员要心怀恻隐之心，告诫他们，一念之差就关系无数人的生死，一定要小心行事！除了发放赈粮外，左宗棠还强调生产救荒，派出军队消灭蝗虫。

当时陕甘一带大量种植罂粟并制成鸦片，很多人吸食，一方面严重损害了人们的身体健康，另一方面占去了大量田地，严重影响粮食生产。左宗棠决定禁种罂粟，他采取了很多有力措施：“先之以文告，继之以履验，责之以乡约，督之以防营。”并严密盘查重点地区，如宁夏一带，经查实后，就命宁夏镇派兵将罂粟统统拔除，并将地亩充公，还把一些地方官员革职或撤任。如此这般雷厉风行地禁烟，从林则徐以后，十分鲜见。

5. 振兴文教

到达新疆后，左宗棠非常重视教育，集中力量发展文教事业。

长期以来，新疆各族人民杂居相处，风俗习惯和语言文字有很大差别，人民没有什么机会读书，严重影响思想文化交流。左宗棠认为这是致使新疆地区政教分离、官民难合乃至长期动荡不安的一个重要原因。为此，在西征过程中，左宗棠一再督令各地兴办义学。收复新疆后，他又马上与南北两路在事诸员筹商，命令各善后局和防营大兴义学，先后设立三十七处义学。新兴的义塾以《百家姓》《三字经》《千字文》等为教材，教授汉回子弟读书识字，并以楷书仿本教他们写字。左宗棠十分关心义塾，用重金聘请塾师，多者每月达六七十两；并优待蒙童笔墨书籍的供应。

为了弥补经费的不足，他准备在各处修建一、二所店铺，将每年收取的租息充作经费，并准备拨出公田，令各学童分派代耕，将收入的十分之一作为人工、牛马消耗的费用，剩下的都拨归各义塾。

左宗棠还采取刊发书籍的措施振兴文化教育。新疆地处西北边远地区，再加上战乱不断，书籍十分匮乏。仅有的一些自内地贩来的书，也是错误连篇，十分不利于新疆文教的普及和质量的提高。在收复新疆后，左宗棠决定在新疆开设书局，自行刊发的书籍，大部分都是蒙童和士人所需要的，如《三字经》《千字文》《百家姓》《四字韵语》和日用《杂字》等书，并刊印楷书仿本。同时，采用汉回一体、平等相待的教育，使回民儿童也能与汉族儿童一样，毫无区别地入学。

左宗棠发展新疆文教的措施，积极推动了汉族先进文化的传播，增强了民族团结，减轻了新疆开发的阻力，加快了新疆开发的进程。

总之，在西征过程中，左宗棠从工业、农业、教育等各个方面着手，使新疆人民的生产在战乱后得以很快恢复和发展，给新疆带来了一时的繁荣。同时他也得到了新疆人民发自内心的肯定。

二、力倡新疆建省

1. 新疆行政制度

收复新疆后，新疆的现状迫使统治者思考怎样才能尽快恢复统治秩序。左宗棠作为一个有远见的政治家，清醒地看到新疆仍然处于俄、英的威胁之下。所以，他精心规划，主要是发展那里的社会经济，加强那里的统治力量，以抵制俄、英两方的鲸吞和蚕食。为此，他力主改革新疆长久以来实行的、既影响边防又殃害人民的军府制度和腐朽的伯克制度，反复建议清政府在新疆建立行省。尽管主观上他是为了巩固清政府在这里的统治，可在客观上是顺应了历史发展的进步潮流。

新疆建省，有利于巩固西北边防，加强全国的统一和各民族间的团结，促进新疆地区的进一步开发，具有非常重要的历史意义。而左宗棠在新疆建省过程中亦有一定的历史功绩，他的远见卓识再一次得到体现。

乾隆二十四年（1759 年），清政府将大、小和卓叛乱平定，使西域全境统一，在这里建立了中央管辖下集中的封建政权。由于新疆地处西陲，又是少数民族聚居的地区，清政府在那里建立了一套特殊的军府制和伯克制统治系统。军府制是军事统治制度，特点是：只理军政，不管民事。民政事务则“因俗施治”，由各民族头目自行处理。

但到了后来，清政府各级驻新疆的官吏越来越腐败，各大臣衙门及其属员中饱私囊，甚至从民户中索取一切日常生活所需。而且出于对汉族官僚的猜忌和防范，清朝统治者用兵西陲均以旗员为主帅，历来不派汉族文武大僚担任边防要职，这已成了清王朝的祖制。这种狭隘的民族歧视、民族偏见政策，使得清廷在新疆推行的军府制度很快衰败。

伯克制度是清政府推行于新疆维吾尔族地区的一种行政制度。“伯克”，维吾尔语，原意为“首领”“头目”，在清政府将新疆统一后，成了当地民族中掌管行政事务人员的专门名称。伯克制度是建机处审批。伯克不但是拥有实权的朝廷命官，而且是新疆地区的各级封建领主。他们具有雄厚的经济、政治实力，也掌握着宗教的权力。清政府不给当地阿奇木伯克和伯克们发薪俸，而是定下一个制度，依据阿奇木伯克和伯克们的等级分配给他们一定的农奴和土地，供其任职期间使用。同时各级伯克不负担赋税。

新疆的行政制度很不统一。如在北疆蒙古族游牧地区实行扎萨克制度，分封世袭的王、公、台吉等世爵，在维吾尔族地区，还是遵从伯克制度，而哈密、吐鲁番两地首领，由于统一西域有功，也实行扎萨克制度。在巴里坤乌鲁木齐一带拥有众多回、汉族移民的地区，则设置州县，为镇迪道，隶属于甘肃省，由乌鲁木齐都统同时管辖；哈密则隶属于甘肃省的安肃道。这种不统一，对各族人民之间的相互学习、相互交往以及新疆经济的发展都十分不便，形成严重阻碍。同时，新疆多种行政体制的共存，也不利于巩固清政府在新疆的地位。

对本民族群众，各级伯克往往进行多种超经济的剥削，导致了广大劳动人民更加贫困，以致富庶的南疆地区饿民遍地，不堪入目。伯克们假官府之名进行横征暴敛，凡是征收索取，伯克都以官府的名义进行，这就使得百姓痛恨官府，而不是憎恶伯克自己。如此一来淡化和模糊了民族内部的阶级矛盾，使民族矛盾进一步加深了。另外，由于清朝统治者在新疆推行满、回分住，不许往来的民族隔离政策，民族矛盾愈加将阶级矛盾掩盖了。清政府在限制宗教势力的同时，也适当让步，保留了宗教上层的一些政治特权，鸦片战争后，英国、沙俄都欲侵占新疆，他们主要的手段就是对中国的民族关系进行挑拨。

为了维护祖国的统一和主权、领土的完整，为了祖国边疆的长治久安，为了恢复和发展生产，改善平民生活，必须将这种阻碍社会进步的军府制度和伯克制度予以废除，建立起统一的政治体制，这已经成为新疆历史发展的客观要求。早在嘉庆、道光年间，就有人主张在新疆建省。嘉庆二十五年（1820年），龚自珍写了一篇《西域置行省议》；道光五年（1825年），他又写了《安边绥远疏》。这两篇文章都认为必须革除阿奇木伯克掌握地方政权的旧制度，只有在新疆设置行省，迁移内地人民充实边疆，才能“以边安边”。可是，清政府非常保守，对龚自珍的建议毫不理会。

到了十九世纪中叶，将新疆的地方伯克制度废除，统一全省建制，已经是必要并且可能的了。

2. 建议新疆设省

左宗棠五次向清政府提出新疆设省问题。第一次是光绪元年受命督办新疆军务后，当清廷要他通盘筹划新疆事务时，他即于光绪三年六月十六日（1877年7月26日）上奏《遵旨统筹全局折》，对英国所谓代阿古柏乞降“立国”的阴谋予以坚决拒绝，正式提议新疆设省。

第二次是光绪三年十一月二十九日（1878年1月2日），西征军将新疆南路一举收复并将阿古柏匪帮摧毁以后，左宗棠用新的军事胜利增强了清政府在新疆建省的信心。清廷对新疆设省与否仍游移不定，于光绪四年正月四日（1878年2月5日）询问左宗棠，新疆改设郡县行省，应否简放原设的办事及领队大臣？在接到谕旨前，左宗棠于正月六日（2月7日）再次上疏，奏请在新疆开置行省。概括这两次奏疏的内容，其论点如下：其一，行政建置必须因时因地而变革。其二，从西北的战略形势上，他论述了保卫新疆的重要意义。其三，新疆建省是客观形势的要求。他说：“为新疆画长治久安之策，纾朝廷西顾之忧，则设行省，改郡县，事有不容已者。”从防俄爱国出发，左宗棠立论正大光明，高瞻远瞩，但新疆建省关系到清政府在新疆统治体制的重大改革，将会导致什么样的结果，清廷必须慎重考虑。于是清廷命左宗棠进献一个既可行又有退路的方案，并认为内外臣工不熟悉新疆地方情形，不一定能拿出定见，仍令左宗棠上奏，具体详陈将新疆何处设为省城，何处分立郡县，以及官兵制度和所需经费。针对朝廷的疑虑，左宗棠于十月二十二日（11月16

日）上奏《覆陈新疆情形折》，从巩固边疆和维护清廷统治利益的大局出发，论证了新疆建省的可能性、必要性和紧迫性，详陈了新疆建省的几点理由：第一，从新疆的情况看，社会和生产秩序基本恢复，建省条件已经具体。其中北疆受祸严重地区，农民差不多都已被安置在各地垦种。有七千农户报垦，是战乱前的三分之一，并不断增加。由于刘锦棠、张曜精心经理善后，清丈地亩，兴修水利，铸钱征厘，筑城设站，使原本物产富饶的南疆比北疆恢复更快。伯克主要管理民政事务，具有地方临时政府的作用，奠定了新疆建省的基础，所以南疆现有建省的天时、地利、人和之势，若是不抓住良机，实在可惜。第二，新疆改建行省有利于稳定西北边疆。过去新疆推行军府制使得治兵之官多，治民之官少。到了今天，只管军政不理民事的军府制已无法适应形势的需要了。南疆所有的民政、财政事务，都由本民族的王公伯克治理，这就使得官府与百姓缺乏直接联系，百姓畏惧伯克胜过畏惧官府。而伯克又假官府意旨欺压平民，于是百姓又怨恨官府而不知怨恨伯克。这就使得百姓对伯克恭顺万分，导致了严重的政治危机。所以，制度的确立要适应形势的需要，形势变化，制度也应相应改变。第三，新疆建省能更好地开发当地资源，节省国家财政开支。新疆每年由国家协饷五百余万，建省后，如果地方官善于经理，则能够广开财源。从节约国家开支来看，改设行省也是“利民裕国”之举。第四，新疆民族杂居，语言文字不通，阻碍了经济文化交流，诉讼、征收案件，通事时常颠倒是非，不能下情上达。所以，只有建立行省，发展新疆地区的文化教育事业，发展地方经济，才能克服这一弊端。

鉴于此奏，清政府终于同意新疆建省，不过上谕又说：“刻下伊犁未经收还，一切建置事宜尚难遽定。”

左宗棠第三次提出新疆设省是在光绪六年四月十八日（1880 年 5 月 26 日）。为了抗击沙俄拒不交还伊犁，左宗棠从肃州起程进驻哈密之日，经与新疆大员及陕甘总督等协商拟就《覆陈新疆宜开设行省请先简督抚臣以专责折》，再次提出了新疆设行省置郡县的具体方案，准备以乌鲁木齐为新疆总督治所，阿克苏为新疆巡抚治所，在天山南北两路设五道、四府、五州、二十一县。为了根据实际情况，制定诸种制度，他又派了解吏事的陈宝善到新疆各地考察，同时又保留“治外则军府立，而安攘有籍”，这是对满蒙贵族大员的退让之策。

清廷却仍举棋不定，犹豫不决，因为：第一，对于左宗棠新疆建省的主张，朝廷中既有支持者，也有反对者。如李鸿章多次表示：“新疆改设行省，财力实有未逮。三面切近强邻，恐亦寻常文吏所能制驭。左公老矣，贻累后人，未敢许为经国远谟。”以为此事头绪纷繁。曾为官新疆、号称八旗名士的李云麟，也写了《论新疆设省》一文，提出了八大不可建省的理由，并对左宗棠进行人身攻击。直到光绪八年八月五日（1882 年 9 月 16 日），翰林院编修刘海鳌仍上奏反对新疆建省，针对接替左宗棠主办新疆事务的刘锦棠、谭钟麟、张曜奏请新疆变通营制、官制各折，他提出新疆眼下最重要的是化兵为农，使苦寒之地变作千里良田，他的结论是郡县不能马上设立，屯田可以专办。这些反对建省的议论，无疑在一定程度上影响了清廷的决策。第二，满洲贵族对此也进行抵制。因为依据清代制度，实行军府制的各边疆地区，都由满洲贵族官僚担任将军、参赞、领队及办事大臣等缺，而不启用汉人。而建立行省的地区，则是满汉兼用，汉员还占多数。这使他们很担心而又无可奈何。

基于这些原因，清廷仍以还没有收回伊犁为由，再次搁置建省方案。

当《中俄伊犁条约》签订，伊犁被收回后，已调任两江总督的左宗棠继新任陕甘总督谭钟麟、新任督办新疆军务的湘军总统刘锦棠之后，第四次上奏朝廷，将新疆建省议题推进到实质性的讨论具体方案阶段。因为经过太平天国为代表的全国农民起义的高潮之后，由汉族地主官僚招募的湘军、楚军、淮军已经取代八旗、绿营兵成为清王朝的支撑军队。就算是在僻远的新疆，驱逐敌寇的也是从内地赶来的湘军、蜀军、豫军、楚军等等。新疆各城的光复，善后局的工作都由军中官员与幕僚主持，他们实际上掌握着新疆各地的统治权。这迫使清政府必须作出较为现实的决策。

对于新疆建省，左宗棠早已付诸行动。早在光绪六年九月（1880 年 10 月），左宗棠调离哈密到京供职，临行前便上奏请求将本由甘肃管辖的镇迪道划归督办新疆军务刘锦棠管辖。第二年，他又奏准将甘肃、新疆的协饷划分开来，六成归新疆，四成归甘肃。这令新疆在财政上独立，为新疆建省的政治经济奠定了基础。由此可见，在西征期间和西征后的更张后，新疆尽管还没有开置行省，实际上已经完全具备了建省的条件和规模。

光绪八年（1882 年）九月七日，左宗棠最后一次奏请新疆设省，他上奏

《新疆行省急宜议设防军难以遽裁折》，综述自己以往关于新疆设省的建议，朝廷曾谕以收回伊犁后再行筹办，伊犁已收回，经三年的实力筹办，天山南北已初见成效，这时百废待兴，若及时设省，分别设立郡县，妥善经营，前途更有所为。面对周围的强邻，如果新疆只设道员，由陕甘总督遥制，那么实在无法随机行事，趁此时机设立行省有五大便利：（一）“取我固有之地而自治之”，加强中央对新疆的管辖，使外敌断绝插足之念；（二）就近督抚处理中外交涉事件，可以未雨绸缪，防患于未然；（三）边防军队没有撤走，军中将士用命，能够壮大军威，加强新疆的防卫力量，巩固边防；（四）能够抓住时机筹划和处理当地的少数民族事务，加强教化；（五）可以改善吏治，“督抚见闻亲切，黜陟分明，乐事劝功，人知自奋”，对新疆的善后建设有利。他警告清廷，如果由于新疆建省有所劳费而拖延不办，会导致前功尽弃，内忧外患纷至。这就有力地声援了刘锦棠等人继续进行改省设郡县。

在左宗棠、刘锦棠等人的反复呼吁下，也由于新疆善后事宜进行顺利，在光绪十年九月三十日（1884年11月17日），清政府终于颁布上谕，明确宣布新疆建省。

新疆建省是巩固西北边防、开发新疆的重要战略措施。首先，新疆建省采用了与内地一致的郡县制，改变了过去以军府制为主体的多元化管理体制，加强了新疆内部与内地的统一，加强了中央对地方的直接控制，也使我国西北边疆抵御帝国主义侵略的力量增强，使西北边疆更加巩固，俄、英都不敢轻举妄动。其次，新疆建省削弱了王公、伯克势力，扫除了新疆开发的内部障碍。再次，新疆建省，变革了新疆数千年墨守的陋习，加强了新疆与内地的经济、文化交流和各民族间的团结，推动了新疆社会经济的发展。以屯田为例，从道光二十三至咸丰二年（1843－1852年）间，新疆垦地面积不过36.699万亩，建省之后，改设郡县，变革屯田旧制，垦地达到一千余万亩。可见，新疆建省对生产的恢复和发展起了非常大的促进作用。

在建省之前，新疆已有行省之实，左宗棠在新疆的政治建设，为以后清政府在新疆建立行省，奠定了政治基础。

为了适应建省的需要，在西征军收复各城后，左宗棠依照各地人口多寡，地形地势以及物产等情况，委任道员、知府、知县等，建立善后局，由善后局总揽财政、民政、司法等项工作，明令阿奇木伯克等仅负责催征赋税，严禁干预地方事务，违者严惩。善后局承担道、府、州、县等地方政府的职权。他对派往新疆的官员有着严格的要求，规定人选要能干廉洁，并撤销糊涂懦弱的官员。他认为，官员为政最重要的是要爱护百姓，而评价一个官员最首要的是他的品行，衙门的一切陋规都必须革除。当官不要钱固然好，可仅凭这个还不能被认为是好官，还必须能为地方兴利除弊，想方设法维护边疆的长治久安。他对新疆各城善后局能通盘考虑，全力举办安民、屯田、建筑城墙、兴修水利、兴办义塾、发展地方经济等项并取得成效的官员，本人廉洁、能干，关心民生的，一律嘉奖表扬，或者转迁升官。而对于豪强恶霸、贪官污吏，查清之后则严厉打击，决不姑息。如他发现镇迪道属下的金姓巡检勒罚私吞，马上下令勒缴职衔，听候处置。所以，对恢复社会安定和发展社会经济，善后局起了良好的作用，为新疆的建省改制铺平了道路。

总之，新疆建省既顺应了历史发展的必然趋势，也是在新疆各族人民支持之下，西征全体官兵浴血奋战的结果；同时，又是左宗棠等一批有才干、有远见的政治家努力奋斗、克服艰难险阻的结果。

第九章　宦海沉浮

一、入值军机

光绪七年（1881年），为了对左宗棠收复新疆的卓越战功进行表彰，清廷命他入京视事，并在左宗棠抵京后的第三天下诏，任命他为军机大臣并“在总理衙门上行走，管理兵部事务”，参与清朝权力中枢的政治、军事、外交诸多大政。

这个消息传出后，许多关心国事的人都十分振奋，称之为“最好消息”。一直以来，面对帝国主义的进逼和国家的积弱不振，朝野爱国人士深感忧愤，盼望中枢执政者能振奋精神、维护民族权益，改变曲意“和夷”的外交方针。

对于在外省从事军事活动将近三十年的左宗棠来说，能不能适应这种新局面，在这个封建政治中心有所作为，是他本人面临的严峻考验，同时也是各方朝野人士所关注的问题。

两江总督刘坤一说，当时人们都将左宗棠视作司马君实，相信左宗棠会继续发扬爱国精神，开创外交的新格局。左宗棠本人也准备劝说最高统治者重新振作，扫除以往的颓势。任职以后，他马上规划当前要政，给自己制定了施政纲领。在军政上，教练京师旗兵，在内政和对外交涉上，“河道必当修，洋药必当断，洋务必当振作”。

关于训练旗兵一项，由于满洲亲贵的反对，不允许左宗棠这类汉族大吏参与，所以很快作罢。其余几项，左宗棠都欲作出一番成绩。他要修的主要是京畿的永定河。因为他从新疆返京途中，看到山西、直隶境内水利失修非常严重，所以他进入军机后，就提议修整京畿水利。但直隶总督李鸿章阳奉阴违，左不得不派两千余亲军前往涿州一带修整永定河道，并于六月不顾酷暑前去视察永济桥工程。经过一个多月的努力，终于将河道疏浚。看到滚滚洪流，官吏百姓都高兴万分。

在此期间，左宗棠敢作敢为，时常直言上奏，不与朝中平庸之辈同流合污。那些混迹官场的权贵对他颇为畏惧。那个时候满族重臣庆亲王奕劻是军机首领大臣，位高权重，但对左宗棠却十分顾忌。甚至外国人对左宗棠也非常佩服和忌惮，慈禧太后曾对他说过："尔向来办事认真，外国怕尔声威。"

左宗棠要慢慢改变四十年来半殖民地的外交疲软状况，维护民族尊严和国家利益，所以，在外国侵略者看来，左宗棠是最可畏忌的对手。在进入总署之初，针对《伊犁条约》签订后的中俄关系，他写下说帖，主张严厉查禁俄国人提供军火粮食给叛匪，以保障边境安全。后来他多次在总署约见外国公使进行谈判，既不害怕外使的威胁，也不为其利诱所动，完全改变过去总署的卑恭旧习。与他一块工作过的翁同和记述左宗棠与威妥玛议事时，说其"谈次有风凌"，"差壮中朝之气"。局外人知道后，也赞扬左以气节震慑了洋人，显示了他的巨大作用。

左宗棠一直主张禁烟，可由于当时鸦片流毒已深，无法在短期内完全禁绝，所以先与外国（主要是英国）交涉，两次特召英使威妥玛来总理衙门谈判，将鸦片进口税率由原先的每百斤征四十多两提高到一百五十两，即先以"加价减瘾"，再慢慢想法禁绝。威妥玛断然拒绝。左宗棠不予理会，而是行使一个主权国家的职能，直接命令各海关和各督抚依据新定税则办理，后来每百斤实际征收税厘一百二十两。从商品倾销的全局利益考虑，英国最后只得同意按上述税率缴纳关税。左宗棠的这种举措是鸦片战争后四十年来从未有过的，令许多人大感解气。

中法战争时，他反对妥协、积极主战的坚定态度，大大地推动了抗法斗争。他屡次上书朝廷，认为只有用武力才能解除法国的侵略威胁，坚决反对李鸿章的退让妥协，是著名的主战派首领。当时的法国侵略者也视左宗棠为他们实现侵略阴谋的一大障碍。以后左宗棠受命前往福建督师后，法国政府以为左宗棠离开北京，正是与清廷议和的好时机，曾致电法国驻华公使巴德诺："中国主张战争的是左宗棠，现他已奉命前往福建，清政府的态度现在必定容易扭转。"由此可见左宗棠的声威之盛。

二、为官清廉

左宗棠作为清廷近代的“中兴名臣”，为清王朝作出了巨大贡献，而他深受儒家思想尤其是理学思想的熏陶，其清廉是非常有名的。

左宗棠之清廉，一是表现在除了俸银，别的钱一律不受。

任陕甘总督时，左宗棠长达十余年兼任茶马使一职。依惯例，历任陕甘总督都兼任茶马使，并且是有薪俸的。在任的十年中，这笔薪金尽管照例支取，但左宗棠从未使用，也没有查看过。当要离开兰州总督府时，他命人将存银的仓库打开，从第一天到最后那次支取，总共三十万两银子。他清点后，统统交给了继任总督杨昌浚，说道：“国家对我甚厚，我们已有一份正饷，便不应该领取另一份兼饷，这是我们为国家服务的最低条件。西北建设才开始，需要大量经费，到了急需银两的时候，可以动用此款。”后来督建兰州的黄河铁桥时，升允便是依靠这笔款子。台湾报纸将其称为“左氏基金”，称最早的兰州黄河铁桥为“左公桥”。

也是在左宗棠前往北京出任军机大臣之时，负责西征粮台的沈应奎等准备将西征粮台积存的陕甘捐输的一笔尾数款寄赠给他，他知道后，马上写信拒绝说：“近时于别敬，慨不敢受，至好新契之例赠者亦慨谢之，匪惟介节自将，人已本无二致，亦俸外不收果实，义有攸宜。至甘捐尾款，储为陇不时之需，以公济公，于事为合。”

左宗棠领军出征新疆期间，军费开支很大，一年大概要八百多万两，国库能拨的只有五百多万两。同时要支持海防，各省、关实解西征的协饷只有两百多万两。左宗棠不得不到处借债以充军费。由于是高利贷，就不能多借。这样，西北军营由于军饷缺乏，官兵经常忍饥挨饿。对此左宗棠在家书中写道：“饷欠四月有余，无法弥补，兼之军中疾疫繁兴，需用甚急，日以为忧。幸将士知我无它，不忍迫促，大家忍耐，不肯支领，然我因此更觉过意不去。”由此可见，将士忍饥挨饿，还能够谅解他，是由于相信他不会克扣军饷，而是与部下同甘共苦。

在西北时，左宗棠禁止当地种植鸦片，他的一个叫贺升运的亲戚牵连进“禁种罂粟失察案”内，考虑到贺与左的亲密关系，主察官准备放过此事，左宗棠却秉公办理，指出贺罪有应得，不用因私废公！最终贺被撤职。左宗棠手握西北军政大权十多年，始终禁止下属送礼，在进驻肃州后，为杜绝地方官进谒送礼，他发了一道通令：“其有专差呈送礼物者，尤干例禁，已早饬文武摈弃不收。”

左宗棠甚至还自己出钱修建了兰州城门。光绪三年（1877 年），左宗棠担任陕甘总督期间，在外城的西北隅创建一座贡院，在院外包筑了一段长 240 丈的外城。左宗棠又彻底修整原有的外城，城根宽一丈数尺，深 1 丈多，城身高 3 丈 3 尺，顶宽 8 尺多。更掘城壕深、宽各有 2、3 丈。尤其是修筑了气势不凡的西门城楼。这一工程，用工 170 多万，耗时 1 年，由 11 个防营合力建成，预计价值 10 多万两银子。由于军工用不着花钱，实际上只花了 3397 两银子用于购买箕斗、绳索、石灰、笈草、砖瓦。如此便宜的工程，上报之后，工部却将之驳回。修筑城坦必须要按他们规定的价格，规定的做法，工部才能报销。工部要求左宗棠删改单价，补开清册，也就是要他伪造一个报告。如果满足了工部的要求，无论多贵也能报销，但左宗棠不愿假造，便自己出了四千两，清政府批准后免于报销了案。

在晚清官场中，左宗棠这种清廉自律的为官风范实为罕见。左宗棠疾恶如仇，对他人也不放过，这一为官准则给他晚年的官场生活带来许多麻烦。光绪七年（1881 年），在新疆建下不朽功勋的左宗棠奉旨进京时，就被阻于崇文门之外。

北京崇文门是清朝百姓、官吏、货物进京缴纳税银的门关，门卫要收入门钱。只要是在地方任职期满后返京的高级官员，在城门口都要缴纳一笔银两，优差肥缺的外官有时甚至得交十多万两。依照左宗棠的情况，他要缴纳四万两银子，左宗棠不肯支付，并称他是奉旨前来北京，要是见皇帝也得付钱，那么这笔钱应由朝廷来出，他自己是绝不会给的。双方相持不下，左宗棠在城外滞留数日，才得奉准进城，最终没付门费。进城的第二天，他奉旨应召。正巧慈禧太后这天生病，由慈安太后召见。因过于激动，左宗棠流下了眼泪。慈安太后问他为何落泪，他说自己的眼睛原本就不怎么好，在旅途中又遭风沙的吹打。慈安问他可有办法防治，他说通常戴眼镜。慈安要他戴上眼镜，他从口袋里掏出眼镜，却掉到地上打碎了。慈安太后命太监将咸丰皇帝用过的一副眼镜取来，赐予左宗棠。他受此恩赏，一下子轰动朝廷，有羡慕的，有嫉妒的，也有趁机勒索的。一个太监趁机索要赏钱，而且左宗棠又入值军机，在总理各国事务衙门行走，管理兵部事务，在北京，这样的高级官员的任命照例是由太监来传旨，而接旨之人也要赏一大笔银钱给太监。当时左宗棠接到任命，赏了一百两银子给太监，太监嫌少，后来又继续赏了五十两。这次太监又询问到咸丰皇帝的眼镜，继续索要银两，左宗棠对此非常愤怒，没有给他。后来他和曾国藩的儿子曾纪泽谈到此事，曾纪泽说左宗棠此事处理得欠妥，银子还是要给的，可到底给多少？太监居然勒索十万两银子，至少也得一万两，后来由恭亲王出面说和调停，给了八千两银子了事。

左宗棠不但自己为官清廉，也严格教育后代不可沾染官场习气，讲少爷排场。光绪五年（1879 年）末，他闻听四子孝同要到西北省亲，就写信嘱咐儿子住在兰州总督府衙，只许用一个厨子、一个打杂、一个水火夫，除此之外就不要再多用人，要注意简朴节约，不要在外到处应酬。同治九年，周氏去世后，长子孝威身体很差，去西北探亲时，由次子孝宽当家，次年加盖了司马桥旧居后栋，左宗棠知道后，于同治十一年（1872 年）二月十一日进行了严厉的批评。左宗棠每年有两万两俸银，不算少，在“有田方为福”的封建社会，他却不愿用这些银两为儿孙以后的生活添置些田产。他认为子弟欲有所成就，必须经历磨炼，所以他将应得俸银都用于公益事业了。

左宗棠还具备封建社会末期多数官僚所缺乏的品质，就是不畏艰难、吃苦耐劳。他受命西征之时，已年近六旬，年老体衰，而且在浙江染上痢疾，七八年来一直未能根除，对西北高寒地区紧张的征战生活很难适应；加之此次征战财饷上、军事上十分困难，他在清廷统治集团中处境孤立，所以当时他的至亲好友十分为他担心。但他却为维护清廷统治而不畏艰难险阻，不计较个人得失。在家书中他多次提到：“西事艰阻万分，人人望而却步，我独一力承担。”又说：“西事败坏至极，我以一身承其敝，任其难，万无退避之理，尽其心力所能到者为之，近时颇多不谅者，然直道自在人心，听之而已。”后来他在家书中更慷慨说道：

我移督陕甘，有代为忧者，有快心者，有料其必了此事者，有怪其

> 迟久无功者，我概不介意。天下事总要人干。国家不可无陕甘，陕甘不可无总督。一介书生，数年任兼圻，岂可避难就易哉！

由于此行险阻横生，困难很大，他让家中作好最坏的打算，随时作好接受恶讯的准备。这在当时腐朽的统治集团中是非常罕见的，连一直对他非常妒忌的李鸿章也说："季帅倔强，洵是健者，弟真望而却步矣。"

在任陕甘总督期间，左宗棠始终坚持和士兵一样住营帐，不住公馆。虽然外边经常有大雨、大风、大雪，在黯淡的光线下，他仍然穿着布袍，在木板桌旁坐着，料理军务。兰州道蒋凝学见他年高体衰，劝他住到兰州总督衙门。左宗棠在批文中说："该道禀请移节省垣，自是体念衰躯之意。惟念前敌诸军冒雪覆冰，袒臂鏖战，本爵大臣运筹中阃，斗帐虽寒，犹愈于士卒之苦也。所请应作罢论。"以后两次到肃州，最后督师哈密，更是置身于冰雪、风沙、酷暑三种恶劣气候之中，他仍然在营帐中居住。尽管地方官吏屡屡坚劝进住公馆，他都没有听从。他的长子孝威来看望他，也得与他同住营帐，因此受寒，落下病根，却不敢向父亲说明，回家之后，就卧病不起。左宗棠知道缘由后，也只好徒挥老泪。

哈密与吐鲁番气温高达三十九摄氏度以上，中午十一点到下午五点之间更是酷热难当，被称为关外的"火炉"。左宗棠每天睡眠只有四五个小时，而办理公务却在十个时辰以上。左宗棠的中军大营就设在军营之中，他与众将士同甘共苦。

在分析左宗棠经营西北卓有成就的客观原因时，秦翰才作了一个概括：

> 文襄公是一个忠贞的人：可以托六尺之孤，可以寄百里之命。所以他既奉命西征，便自誓"与西中相始终"。文襄公是一个刚强的人：富贵不能淫，贫贱不能移，威武不能屈。所以他敢作敢为，排除了当地一帮骄兵悍将、贪官污吏、土豪劣坤乃至国外强邻所给予他的种种困难。文襄公是一个谨慎的人：临事而惧，好谋以成。所以虽说"每一出兵，须发为白"，到底算无遗策，战无不胜；而在政事上的一切措施，经他深思熟虑的，结果也决不闹乱子。文襄公又是一个清廉的人：一介不取，一尘不染。布衣素食，过着他淡泊的生活，所以虽经费支绌万分，

时闹饥荒，而仍能号召朋僚部属，收群策群力、一心一德之效。文襄公在西北的成就，是这一种吾国向来所贵重的士大夫的素养在起作用。

三、曲高和寡

1. 官场失意

左宗棠一直恃才傲物，清高自负，秦翰才的《左文襄公在西北》对他的这一性格有极为准确的概括：

> 文襄公志大言大，自小有夸大狂。每写成一篇文章，必自鸣得意，夸示同学。在他二十多岁，正是穷得不得了，居妻家时，还做了一副对联张挂起来，道是："身无半亩，心忧天下；读破万卷，神交古人。"这种狂态，现在吾信读他所作奏折、函札、诗文，仍可觉得不时流露在字里行间。文襄公早年夸大的趣事很多，后来做了父亲，要管教子女了，于是他的夫人常拿文襄公的笑话来羞他。他怪不好意思，只得掩着耳朵，装作听不见。真是俗话所说："江山易改，本性难移。"文襄公从陕甘回来，每和人家谈话，还是总要夸张他经营西北的功业。这一点很使人家不喜欢。相传文襄公新到军机处，恭亲王拿一个海防的折子请教他，文襄公每看一页，因海防而说到塞防，表白他在西北措施之妙，看了几天，还没有完。又有苏州一位引士见文襄公于两江总督任上，要谈公事，见了三次，没有谈成，因为一见面文襄公就自己谈他西北的事，使人无从插嘴。这又是文襄公晚年夸大的趣事，可惜夫人这时已死，没人再来羞他了。

据《左宗棠全集·奏稿》，左宗棠"每与友人书，自署今亮，以武侯自比。且曰今亮或胜古亮。刚厉介之操，自号曰'忠介先生'"。后来，左宗棠在西北军营中时和幕僚谈到诸葛亮，不禁以此自喻。一位幕僚冷言讥讽道："借东风、破曹操，此诸葛之所以为亮也；失街亭、斩马谡，此葛亮之所以为猪也（诸、猪谐音)。”又一花匠说:“诸葛虽是三国之人,然六出祁山,六次失败,其才有限。”左宗棠听后受到很大的刺激,自此致友人书信中再不用“小亮”落款。

左宗棠还喜欢率性而为,不计后果。例如“樊燮事件”,由于言行不慎,几乎招来杀头之祸。再如,左宗棠平定新疆后,入值军机处,当恭亲王介绍达官贵人给左宗棠时,第一批大臣中就有左宗棠的仇敌、前湖广总督满人官文,左宗棠在骆府时,官文曾多次称他为佐杂小吏。此时左宗棠见到官文,张口就说:“你肯定还没忘记我,我就是那个曾同骆秉章共事的佐杂人员。”官文顿时手足无措,哑口无言,非常尴尬。等在场要人介绍完毕后,左宗棠再找官文,发现他早已走了。还有就是刚进京时,断然拒绝宦官的勒索,在当时这都犯了官场大忌。

左宗棠这一偏颇自负的官场作风,在他外任疆臣时,由于手握重权,没有人敢反驳,所以还行得通。可到了京城官场之后,元老重臣众多,他这种孤傲性格便给他招来许多的麻烦。

早在清廷召回左宗棠时,一些官员就散布许多舆论,说左宗棠年老病弱,无法胜任这一重任。在总署,左宗棠刚提出“查禁俄人军火粮食资寇”的建议,奕䜣等同僚就加以反对,说是“恐多辖轇,且与成局有碍”。以后双方更是话不投机,矛盾日多,最接近奕䜣的宝鋆居然辱骂左宗棠为“一团茅草”。别的一些官僚“察恭亲王意亦不愿,遂群相侮弄之”。遇到有要事需磋商时,故意不送有关材料给左宗棠,致使左宗棠顾此失彼,毫无头绪。几个别有用心的满族贵族更奏劾左宗棠有很深的门户之见,等等。没过多久,礼部尚书满人延煦又因为万寿节(指皇帝寿辰)左宗棠没有按时到达,行礼失节,特地上疏参他,说他日益骄横放肆,乞请加以惩戒,想要藉此治左的罪。幸有慈禧太后和醇亲王为左宗棠说话,才令他得以解脱。

对官场的许多忌讳左宗棠也显然很不适应,令他更成为众矢之的。光绪七年三月,慈安太后突然去世。人们曾经听说慈禧身染重病,并疑心西太后还能不能痊愈。当慈安太后的死讯传出时,开始朝中人还怀疑是慈禧,确知死者是慈安时,都非常震惊。朝中有人怀疑是慈禧害死慈安的。左宗棠在慈安逝世的当天傍晚入宫,获悉消息后,竟然脱口而出:“今天上朝我看太后(指慈安)一如平常,言语有力,我相信肯定并非寿终天年。”在他毫无顾忌地说出自己的想法时,恭亲王竭力令他闭口,可是他的话已经被太监很快报告给了慈禧太后。在那之后慈禧对他便另眼相看了。

如此一来，在京城官场，左宗棠再也难以立足了。万般无奈之下，左宗棠不得不在七月初开始，接连称病告假，并上疏请求告老归湘，退出仕途。九月六日，清廷终于外放左宗棠为两江总督兼南洋通商大臣，左宗棠想在朝廷中枢机构大展鸿图的理想，也由此破灭了。

2. 用人上的弱点

左宗棠于用人之道，见解独到。例如，他说："天下之乱，由于吏治不修；吏治不修，由于人才不出；人才不出，由于人心不正，此则学术之不讲也。"又说："戡乱之道，在修军政，尤在饬吏事。军政者，弭乱之已形；吏事者，弭乱之未发也。用人之道，重才具，尤重心术。才具者，政事所由济也；心术者，习尚所由成也。"对于用人之道，左宗棠也有一番议论。他曾将用人比作做菜，他说："厨丁作食，肴果都是此种，而味之旨否分焉。解此，便可知用人之道。凡用人：用其朝气，用其所长；常令其喜悦；忠告善道，使知意向所在；勿穷以所短，迫以所不能，则得才之用矣。"左宗棠又曾将用人比作配药，他说："人各有才，才各有用。尝试譬之，草皆药也，能尝之试之而确知其性所宜，炮之炙之而各得其性之正，则专用杂用，均无不可。否则必之山而求榛，必之隰而求苓，乌乎可，且乌乎能也？非知人，不能善其任；非善任，不能谓之知人。非开诚心，布公道，不能得人之心；非奖其所长，护其所短，不能尽人之用。'仲叔圉治宾客，祝治宗庙，王孙贾治军旅，夫如奚其丧？'此圣人指示用人之法。"

在用人上，尽管左宗棠说得头头是道，可在具体实行上，他的部下却没有什么出类拔萃的人才。究其原因，当然与选材以武人为主、以勇敢朴实为主要标准，很难晋升到高级官职有关，可也与左宗棠自恃才识过人，太过自负，独断专行，事必亲躬，气度不大不无关系。因为真正有抱负、有作为的人，肯定不愿只是唯命是从，任人支配；但一旦其才识展现，与左宗棠就很容易发生矛盾。文士如施补华、吴观礼，都见机而作，借故离去。严咸是湖外人才，由于在左宗棠处郁郁不得志而自杀。李云麟是八旗名士，本已报效左宗棠，却离他而去。湘军名将蒋益沣帮了左宗棠一次忙，就再不肯随其左右了。另一清军名将鲍超也不愿意随同左宗棠西征。对此，《湘军志》的作者王闿运评价说："左宗棠能求人才而不容人才。"秦翰才则评价说："姑无论闿运的批评准确不准确，究竟能不能求要看心愿，能不能识要看眼光，能不能用要看本领，能不能容要看气度。……就大体说：文襄公有心愿来求人才，有眼光来识人才，有本领来用人才，就只是缺少气度来容人才。”

3. 人际关系种种

左宗棠很敏锐，容易找到别人的缺陷，看到就要说，而且无论大事小事，都太过认真，就使他不易容人也不能容人。不管是其同僚还是好友，一生没有发生过节、一直能同舟共济的没有几个。

胡林翼是左宗棠相交至深的好友，并在左宗棠一生的关键时刻鼎力举荐、相助、相救，但也由于湘鄂两省在“筹饷”方面的利害冲突，被左宗棠在书信中直斥为专搞权智之术，加以诋毁。对此，胡林翼曾致左宗棠书云：“奉书皆愤懑之词，不能以口舌与公争。”又在致郭嵩焘的信中说：“鄙人今春不欲与季丈抬杠，恐伤其气。实则应荐之事，应抬之杠，均俟之异日也。然横览七十二册，更无才出其右者。倘事经阅历，必能日进无疆。”

（一）左宗棠与郭嵩焘

郭嵩焘曾经救过左宗棠的命。咸丰九年（1859 年），左宗棠由于湖南永州镇总兵樊燮一案遭湖广总督官文弹劾，眼见人头不保。当时在京担任翰林的郭嵩焘通过侍读学士藩祖荫全力营救，最终令左宗棠躲过此劫。按理说，对郭嵩焘这样于自己有深恩的人，左宗棠应万分感激才对。可谁曾想，在后来的官场生涯中，由于左宗棠的率直、凌厉、不徇私情而使两人隔膜渐生，几乎成了仇敌。

同治四年（1865 年）六月，湘军攻破南京，太平军余部退往赣、粤、闽边境，清廷派左宗棠领军前去镇压。左宗棠上奏请求调江西鲍超部霍军人粤会剿，军饷由广东提供。当时担任广东巡抚的郭嵩焘认为霍军军纪败坏，担心其部反而侵扰广东，急忙与两广总督瑞麟会奏，说汪海洋部准备进攻湖南、江西，霍军必须严防本境，用不着南下。同时，他又向朝廷奏请准军杨鼎勋、郭松林部援粤。这自然令极难容人的左宗棠十分恼怒。于是左宗棠上奏朝廷，反对郭嵩焘。其后，清廷派左宗棠督师广东，闽粤赣三省会剿的所有各军都受其节制，并命郭嵩焘等协助作战。左宗棠两次上奏，弹劾广东督抚谎报军情，会剿不力。郭嵩焘因多次被左宗棠弹劾，又和总督瑞麟矛盾颇多，已无心继任原职。于是，他写信给左宗棠诉说了自己的难处和广东无饷无兵的困境。左宗棠最反感叫苦连天、软弱无能的人，在致郭嵩焘的信中，他屡次毫不留情地进行了批评，如称：“阁下开府二年，于粤、楚人才未甚留心，已难辞咎，而小处由推求打算如弗至，此其所以近于迂琐也”。“此时诉屈诉穷亦可不必，且大家计议将贼事了却何如。所急欲商都鲍军食米、潮州炮船两事。请以明恕之言决之。武人之不能谋饷，客军之不宜薄待，人之不可一日无食，其事易明，公若不知也者。天下事莫不败于异常琐屑之人，治国不可以小道理，天下事当放手做。是之言者，愿为明公诵之”。在指挥清军最终将人粤太平军余部击败后，左宗棠居然拒绝与郭会面，并在致郭的信中言过其实地夸耀自己的战功说：“度阁下览至此亦必服其勘定之敏，调度之周，又必疑其自诩之太过，所言之未必尽然也。”随后他又说：“粤东吏治军事玩愒粉饰，与同治三年之闽无以异，代为忧之。阁下力图振作，而才副其志，又不能得人为辅，于事前诿过，事后弥缝，何益之有。生平惟知曾侯李伯及胡文忠而已，以阿好之，故并欲侪我曾李之列，于不佞生平志行，若无所窥，而但以疆目之，何其不达之甚也。”最后提及自己时说：“平生好过虑，于密友前言无不尽，屡以此见忤。曾侯兹复以此犯严威，报知猛谬，然鄙怀如此，亦不敢有所隐匿。但使阁下稍垂察纳，早为区处，勿使吾言之伟而中，则所愿罕矣。因忠而愤，以直而亢，知我罪，我听之而已。”

实际上，郭嵩焘也是自视颇高、德才兼备之人，绝不能忍受左宗棠的妄加批评、任意羞辱。尤其是左宗棠后来又两次上奏朝廷，说广东督抚只有小计谋而乏大策略，难担重任，最后郭只得去职了此一职。所以，郭嵩焘对左宗棠怨恨日深。左宗棠在晚年回乡时，一日清晨，前去拜访郭嵩焘，郭想起前恨，很长时间才出来相见。左宗棠顿首，称其为老哥，述起往事，深感内疚，再三谢罪。郭嵩焘请他吃了一顿饭作别，却始终不肯接受他的谢罪。在日记中，郭嵩焘提到左宗棠这次来访时一再贬斥沈葆桢，说沈忘恩负义，而实际上在郭看来左之忘恩负义远甚于沈。

对左宗棠的去世，郭嵩焘写下一幅挽联：

世需才，才亦需世；
公负我，我不负公。

可谓一生都没有释怨。

（二）与曾国藩的矛盾

左宗棠为人十分自负，恃才傲物，自称“今亮”，这与曾国藩的顾全面子、稳重老成恰好相反。

在樊燮案件中，尽管曾国藩依照明哲保身的官场处事原则，未曾像骆秉章、胡林翼那样上奏营救，可在私下给左宗棠的信中，还是对左宗棠的处境非常关心。比如在他给左宗棠的信中说：“樊案本出意外，润帅焦灼急切，然窃闻外议，实无锄兰焚芝之意，何可夷然处之，以为何如?”后来在信中又说：“在雪堂时，得闻樊案又生波折，深恐台端悒自伤，适丁果臣一信，道所以处之之法甚精当，想润帅已抄送左右矣。”在左宗棠走投无路之际，曾国藩给予他很大的帮助，为左宗棠以后的飞黄腾达奠定了基础。后来由于曾国藩的大力支持和再三举荐，左宗棠在官场中的地位迅速提高，直至位极人臣。

曾国藩对左宗棠有大恩，按理说两人应该非常亲近，可是，实际情况并非如此，这在曾国藩给左宗棠的一些信中能够略见一二。如同治元年（1862年）九月，曾国荃的吉字营突发瘟疫，太平军又对其猛攻，情况万分危急，曾国藩到处求救，寻觅对策，也咨询左宗棠，可信中对左宗棠颇有怨言：“文忠死，希庵归，此间竟罕共谋大局之人。每有大调度，常以缄咨敬商被处，公每置之不论，岂其未足与语耶？抑自是而拒嘉谟耶?”

曾左之间出现这样矛盾重重的局面，很大程度上是由于他们两人在一些问题上的看法与做法上的分歧。如左宗棠认为曾氏兄弟的募兵方式弊端很大，并不高明。在营官的选用上，曾国藩的选材标准最重要的是能够治民，他弃用旧绿营兵将弁和普通武夫，各营都派文员领军，即使儒生领农民。这些封建士人一朝力量增强，就会如同左宗棠般自立门户。因为据清朝职官制度，文员积功提升，可由州县、道府、两司而至巡抚、总督，自行开府统管一省或数省军政，实际权位能够迅速比及甚至超过只有侍郎虚衔的曾国藩。曾国藩也曾叹息这些人不愿寄人篱下，不愿“在鄙人脚下盘旋”。吸取了曾国藩的教训，左宗棠在选任营官时以朴实勇敢为最重要的条件，多重用武人。在最初的营官中，除亲兵队长张声恒出身农村的三家村塾师外，别的如黄省春、罗近秋等都是湘勇丁出身，朱明亮出身地方团练小武官。他们多是以骁勇见长的武夫，论官职，最大的是副将，剩下的是游击、都司、千总等，后来由于战功而获提升，最高的担任提督，仍然受督抚节制，也就只能在左宗棠脚下盘旋。楚军将弁构成上的这个特点，能够避免由于部将自立门户而致使力量削弱。以后左宗棠南征北战，都能率所部征讨。可是，后来其部属很少能晋升高级官职，因此在湘淮系的派系争夺中，左宗棠一派的政治势力最小，使得他在统治集团内部斗争中常处于孤立无助的境地。

在用兵上左宗棠较为机敏，常常分兵三路，前后包抄，令敌人无法首尾相顾。左宗棠戎马一生，没有大的挫折和失误，故而他对曾国藩用兵比较呆板、容易错过战机，不善于打运动战等弱点看得比较清楚。曾国藩被围祁门，左宗棠更认为是他用兵呆滞所致。曾、左二人，一个小心谨慎，一个胆大心细，在战略思想上常不统一。后来左宗棠出任浙江巡抚后，在用兵思想上，两人仍然存在分歧。在致骆秉章的书信中，左宗棠提到："涤相于兵权，每苦钝滞，而筹饷亦非所长，近时议论，多有不合，只以大局所在，不能不勉为将顺，然亦难矣。"

后来，为江西、广东两地厘金问题，两人又多次发生争执。同治元年秋至同治二年（1862—1863 年）间，为了争夺财源，江西巡抚沈葆桢与曾国藩出现了矛盾。早在咸丰十一年（1861 年）江西巡抚毓科任内，曾国藩上奏获准将江西漕折拨给湘军粮台，厘金也由曾国藩派员到江西各城镇征收。《北京条约》订立后，同治元年（1862 年）春，九江开埠通商，九江关设立了，曾国藩又上奏将九江关税也拨给湘军粮台。同年四月，曾国藩将其门生李鸿章推荐为江苏巡抚，并使上海关税每月六十余万两收入全部归其使用。同年六月，湘军水师将江浦攻陷，从扬州到汉口，水路全线贯通，淮盐销引不再受阻，盐利成为湘军新辟的一大利源。曾国藩有了广泛的饷源，可仍没有使江西的负担减轻，使得沈葆桢十分不满。沈认为曾国藩待李鸿章与他厚薄不均，且江西军费越来越多，所以沈葆桢奏请停拨支援湘军的漕厘折，获清政府批准。曾国藩对此耿耿于怀。1863 年 7 月 13 日，沈又奏准将九江关税充作江西军饷。曾国藩当然不愿丧失此利源，上奏力争，沈葆桢愤而辞职。后来，二人的矛盾又发展到了沈葆桢不许曾国藩包揽江西厘税的地步。

当沈葆桢与曾国藩的矛盾激化时，左宗棠也认为曾国藩太过贪婪，不但损害了沈葆桢所辖江西的税收，也影响了自己的得奖。因为那时左宗棠也想在江西的广信、安徽的徽州行销浙盐，以便因这二地引进浙盐而片收盐厘。可由于曾国藩坚持原已提出的“只论辖地不论引地”的征税原则，使得曾国藩所辖的安徽、江苏、江西的盐厘全归其所有，并“引鄂湘之收淮厘证之”。所以左宗棠致函曾国藩，直接指出“鄂湘所抽之厘仍以川粤私盐多，而淮南北不过偶有其事”，且所谓两淮之盐中淮北之盐占了绝大部分，故而正好证明鄂湘所征收之税非征辖地而是征引地之盐厘。左宗棠还说：“如今安庆九伏洲等地已被平定，长江水路已畅通无阻，两淮只要整顿盐法，就能够保证军饱，何愁盐不足而销不广，淮南之盐引销淮南引地于义为正，江楚谁得罪之？鄂湘怎么能与公争？而你却仗恃是两江总督，仍然紧紧把持江西的盐厘。”左宗棠警告曾国藩：“公与弟均尚气好辩，彼此争论，更涉形迹，于大体多所窒碍。”这些话既表明了左宗棠与曾国藩在盐厘上争夺的矛盾，也对江西巡抚沈葆桢予以间接地支持。这令曾国藩更为恼怒。他干脆就凭借两江总督的职权将本已划归左军的河口、景德镇、东平、婺源等地的厘卡统统夺回，并且排挤左宗棠派往上海、湖南等地的办捐人员，令左宗棠十分气愤，慨叹：“天下之盗贼易除，人心之盗贼难去。”当曾沈左矛盾斗争之时，沈助左非曾形诸奏牍，左助沈非曾虽未形诸奏牍，但清王朝眼线甚众，对此也十分清楚。上述湘系魁首之间的斗争和矛盾，正合疑忌汉族官僚的满洲贵族的口味。为了牵制兵权过重、利权过广的曾国藩，慈禧就有心扶植左宗棠和沈葆桢，将左提升为闽浙总督，令其能够对抗曾国藩，借此牵制和削弱曾国藩的权力，进而抑制其势力的发展。

自同治三年（1864 年）六月湘军占领南京后，曾国藩与左宗棠的关系愈加恶化。从目前的资料看，自同治三年（1864 年）六月后，曾国藩仅写过一封信给左宗棠，以后二人便书信断绝。这封信是向左宗棠通报南京克复后的情况：

季翁仁兄大人阁下：

前接五月十八日复函，敬悉一切。

金陵复后，弟以六月二十五日至江宁，将士积劳过久，人人思归。城内自伪官逆府以及民房，悉付一炷。据伪忠王供，湖州、广德之贼均可不击自退，江西伪侍王一股，渠与订有成约，三、四、五、六等月皆在江西掳粮，以饱侍王之党，一至八月即回皖南，掳宁国各属之粮，内外力战，运济金陵。今金陵既破，侍逆等如何定计，忠亦不能知，但力劝官兵不宜专杀两广人，致粤贼心愈固结，军事仍无了日等语。俟各供取定，即当正法，仿陈玉成、石达开之例，传首各省。

江西兵逾七万，以剿现有之贼，当不甚难。再加湖州、广德二股，则贼势浩大，剿办尚无把握。研香之险诈与否，尚不深知，观其前后禀报，战守要非能手，而矜诩未免太过。厚庵就弟索取希庵旧部，除成大吉久回鄂省外，如萧、蒋、金、毛等部，弟概举以畀之，无所措。金观察之能否大有为，不敢知。此个，则皆难当大敌。成军于鄂省为巨擘，近日屡为捻匪围困，岌岌难以自存。此外，则更无一旅可恃。官、唐似均难振作，未知新任吴中丞复如耳。

弟精力日颓，说话逾二十句，辄蹇涩而气不能续。此间善后事宜，百绪繁兴，殊非孱躯所能胜任，如何！如何！即问台安。

那么，两人的关系怎么会更加恶化的呢？那是由于左宗棠因曾国藩在收复南京后向朝廷虚报功劳，所以向朝廷告状。早在同治三年（1864 年），左宗棠将杭州攻取后，就上奏清廷，说只有数千太平军由浙江入江西。这原是清军将帅虚夸战功的惯例，但曾国藩却抓住这一点，上奏清廷说由浙入赣的太平军多达十万人。这实际上是说左宗棠虚报战功，“驱贼”入赣，令左宗棠十分愤怒。同治三年（1864 年）六月十六日，曾国荃将金陵攻陷。为了表功避祸，曾国藩据部下所言，向清廷奏称尽歼城中悍贼，伪幼天王没有被火烧死，也必死于乱军之中。而左宗棠上奏：“伪幼主洪福填于六月二十一日由东坝逃至广德。六月二十六日堵逆黄文金迎入湖州府城，贼众发展到十余万名。”曾国藩认为左宗棠是乘人之危、落井下石，对左切齿痛恨，专门上奏诋毁他。而左宗棠也写了一份长达数千言、语气激昂的疏辩上奏朝廷，其中自然也对曾进行了诋毁。在这之后，曾时常攻击左，左则以牙还牙，只要接见都下诸将，必骂文正。

到曾国藩处理天津教案后，两人的关系又进一步恶化。当时曾国藩为了安抚洋人，大事化小，就杀了一批闹事的中国人，撤了几个地方官员。对此，总理衙门征询左宗棠的意见，左宗棠认为天津市民哄然起事，是由于受洋人压迫、义愤填膺所致，并不是造反的乱民，不应惩办无辜百姓及府县官吏，导致失却人心，而应该培养、爱护他们的爱国义举，令洋人不敢小视、侵扰中国。他力主爱护、扶植人民的爱国热情，并且建议清政府作好应付法国的军事挑衅的准备。但曾国藩却将此类言论视为不识内情的妄言，生怕外国人借机发动战争，坚持暂且委屈自己以保万全之策，使得最后津民十六人枉死刀下，对外赔款达数十万两白银。左宗棠事后指责曾国藩："曾侯相平日于夷事又少讲求，何能不为所撼……彼张皇夷情，挟以为重，与严索抵尝，重赔恤费者。独何心欲?"

可是，左曾两人在晚年也有团结一心、互相提携的时候。比如在湘军镇压太平天国结束后，左宗棠前往陕甘镇压西进的捻军及回民起义，为其提供后勤保障的主要是曾国藩。因为两人长期不和，左宗棠对此非常担心，曾经对人说："我既与曾国藩不和，今彼总督两江，扼我饷源，败我功也。"但是，曾国藩并未倚借自己的权力报复左宗棠。对此，曾国藩的机要幕僚薛福成较为客观、公正地说过："文正为西征军筹饷，始终不遗余力，士马实赖以饷腾。又选部下最悍将最健者遗忠壮公松山一军西征，文襄之肃清陕甘及新疆倚此军力，是则文襄之功，文正实助成之。"

曾国藩为左宗棠筹备军饷并派得力部将，一方面也许是为了回报左宗棠在湖南助成湘军之功，但主要是由于他们在西征问题上的共同立场，尤其是大敌当前，朝廷和曾国藩必须倚重左宗棠的才干。例如左宗棠西征之前，曾国藩曾问侍读吕庭芷说："你对左宗棠怎么看？平心论之。"吕回答："他处事之精详，律身之艰苦，体国之公忠，窃谓左公之所为，今日朝廷无两矣。"这时曾国藩拍案说道："诚然！此时西陲之任，倘左君一旦舍去，无论我不能为之继，即起胡文忠于九原恐亦不能为之继之。君谓为朝端无两，我以为天下第一耳。"左宗棠闻听，自然不会无动于衷，而且他在镇压西北回民起义时，曾国藩所派湘军悍将刘松山立功甚多，所以在奏折中他专门这样表白："臣与曾国藩议论时有不合，至于拔识刘松山于凡众中，信任最专。其谋国之忠，知人之明，非臣所及。"

左宗棠晚年曾对官场盛传"曾左交恶"愤愤不平，因为"曾左"始终是把曾国藩放在第一位，而把他放在第二位。在他心中，"左曾交恶"令他更舒服些。关于此事，他曾询问他身边的幕僚。幕僚们毫无准备，一时间竟都不知如何回答，均非常尴尬。就在这时，一个年轻人回答道："这是因为曾国藩心中时时有左公，而左公心中没有曾国藩。"对这一回答左宗棠好像十分赞赏。

正是由于曾左之间这种特殊的恩怨，文人们便编了两人间种种明争暗斗的故事。据说，一次曾国藩前去拜会左宗棠，见左宗棠正在给如夫人洗脚，曾国藩便随口说道："给如夫人洗脚。"左宗棠马上反唇相讥："赐同进士出身。"赐同进士是曾国藩一生难以释怀的遗憾，左宗棠恰好戳到了他的痛处。又有一次，左宗棠、曾国藩等几个朋友一起闲聊，曾国藩说话很少，可不论曾国藩说什么，左宗棠必定要进行反驳，无可奈何的曾国藩说了一联："季子才高，与吾意见常相左。"内含"左高"二字。左宗棠不甘下风，立刻对了下联："藩侯当国，问他经济又何曾。"也隐含"曾国藩"三字，并讽刺他不懂经济。这些官场笑话从某种角度反映出两人矛盾之深。

直到曾国藩去世后，曾左之间的这种矛盾才被"打破"。曾国藩死后，他生前的好朋友都送来挽联，左宗棠也写来一联：

谋国之忠，知人之明，自愧不如元辅；

同心若金，攻错若石，相期无负平生。

左宗棠的这副挽联应该算是客观地反映了两人一生的关系，也在一定程度上反映了左宗棠对曾国藩的敬佩和悔意。可惜的是，曾国藩已不可能知道了。

左宗棠死后谥文襄，而曾国藩死后谥文正，在朝廷的心目中，显然曾国藩的地位要比左宗棠高。对此，左宗棠的后裔左焕奎看法不同，在《左宗棠传略》一书中，他对两人的地位作了这样的比较：

曾、左同为晚清名臣，但是，旧时史书，在宣传力度上，往往曾大于左。笔者认为：全面评价历史人物，在曾、左齐名的前提下，应是曾不如左，左高于曾。因为从外事斗争、经济建设、人才培养和诗文著述这四个方面来比较，曾国藩除著述较多（有识之士，仅以大儒视之）外，其他三方面的文治武功和对国家的贡献皆不及左宗棠。

从经济建设而言，左公所办马尾船政、兰州织呢厂和兵器厂，新疆的屯垦，陕西的植棉，到处兴办水利等工程，见识卓越，成绩斐然，而曾公却不见有多少功在国计民生之事。

从外事斗争而言，两人有别。左宗棠是清代可与林则徐齐名的民族英雄和功勋卓著的爱国名将，俄、英、法等帝国主义者无不惧其军威。史家曾以唐之李靖、宋之岳飞、明之徐达比之，是当之无愧的。

李、岳、徐、左其英雄浩气相通，但功业成败有别。李、徐、左是成功的英雄，岳飞则是在“誓扫黄龙”前夜死于昏君奸相之手，未成其志，长令后世英雄叹息。有人说：“左宗棠是唐太宗以后对中国疆域功劳最大的一人。”尤其是晚清之世，外敌不断入侵，列强企图以“船坚炮利”瓜分中国，在那“鹰眼四集，圜向吾化”的危急时刻，对待列强入侵，朝中人士多是一味割地赔款，屈辱投降。即使间或有林则徐、邓世昌等忠良之士坚主抗战，但因奸人掣肘而屡战屡败。唯有左宗棠不一味愚忠，敢于挺身而出，力排众议，毅然率部西征。收复新疆之役，功垂千古！

（三）与李鸿章的争斗

在评价左宗棠与李鸿章时，梁启超曾这样说道：“李鸿章与左宗棠，左李齐名于时，然左以发扬胜，李以忍耐胜。语其器量，则李殆非左所能及也。湘人之虚骄者，尝欲奉左为守旧党魁，以与李抗。其实，两人洋务之见识，不相上下。左固非能守旧，李亦非能维新也。左文襄幸早逝十余年，故得保其时俗之名，而以此后之艰巨谤诟，尽附于李之一身。文襄福命，亦云高矣。”尽管此评语并不全面，但视角非常独特。

左宗棠与李鸿章的关系非常特殊。李鸿章比左宗棠小 12 岁，而且曾拜曾国藩为师。而曾左同辈，按理说左宗棠也算得上李鸿章的长辈。可左宗棠在仕途上的发展却偏偏不及李鸿章。左宗棠不过是个举人时，李鸿章已进士及第；两人尽管都当过曾国藩的幕僚，可曾左交恶，曾李则有师生关系，自然左宗棠非常孤立；晚年为官，尽管都官拜总督，但显然李鸿章的地位在左宗棠之上。

还在镇压太平天国时，左李相互间已存在争端。那是同治二年（1863 年）正月，在进攻太仓时，李鸿章中了太平军守将蔡元隆的诈降计，结果淮军损失惨重。所以，攻破太仓后，李鸿章对太平军将士进行了疯狂屠杀，并上报朝廷，称蔡元隆已被擒获裂尸。而实际上蔡元隆没有死，他于城陷后逃脱，并在这年的十二月在浙江海宁投降左宗棠。依照左宗棠的残忍禀性，如果顾全李鸿章的面子，左宗棠应处死蔡元隆。可左宗棠却不仅将其收纳，并且让他统带 8 个营，以此戳穿在太仓克复时李鸿章奏报将蔡元隆擒获裂尸的谎言。这样就埋下了左李不和的种子。

同治七年（1868 年），西捻军进入河北。其时李鸿章消灭东捻时间不长，非常希望能有机会好好休整一下，但左宗棠却未能在黄河西岸将西捻军阻住而使西捻进入李鸿章防守之地。对此，李鸿章在给曾国藩的信中大发牢骚："省三、子美、琴轩谆求三月假；仲良、幼弟请卸勇，皆来济宁聚讼不休。论军情必须稍为息养，论大局则又义无可辞。左帅自请赴直，又有官老及各抚帅都统，事权不一。粮饱难济，乱源方长，往替师门承办东捻，谓事竣当可告饶，变故环生，竟无止境！终必溃败决裂而后已。"发完牢骚后，他更是直言怪罪左宗棠："左公放贼出山，殃及鄙人！"此话当然只是一时的气话。当朝廷命他北上进剿西捻时，他还是立马就去了。同时，他也清楚此次剿捻一定得与左宗棠共同作战，因此，搞好与左宗棠的关系是取胜的关键。所以，他决心不计前嫌。在给曾国藩写信时，他说："鸿章此行，迫于大义，吃苦受气，是分内事。拟再与左公议和，但勿相犯，决不失敬。"

在追剿西捻军的过程中，左李两人的势力此消彼长。剿灭西捻，原本是左宗棠自己的任务，可西捻进入河北，就是他们两人的事了。开始，左被任命为钦差大臣总统直隶境内前敌追剿各军，李被任命为钦差大臣总统山东境内前敌追剿各军。可过不久，考虑到应将左李的攻剿界线划清，清政府命左负责指挥西路，驻在彰德府；命李负责东路，先让他驻在大名府，后驻于开州、东昌府，又移驻于德州。到同治七年（1868 年），剿西捻的主力已经是淮军。为统一事权，清廷于四月十四日命李鸿章总统直隶境内各军，追剿部队全部归他指挥。左宗棠只在运河以西地区扼扎，本由他调遣的张曜、程文炳、宋庆、喜昌等部队都归李鸿章指挥。在进攻西捻军的最后阶段，居于主要地位的是李鸿章。

可是，在如何剿灭西捻的问题上，左李的意见又出现了非常严重的分歧。鉴于剿灭东捻的成功经验，李鸿章主张仍然采用运河长围的圈制办法。左宗棠则觉得此法太过保守，应采用进攻的积极办法。可是西捻军机动灵活，左宗棠的办法屡屡失败。于是，自从五月上旬运水陡然上涨以后，看到"圈制"有了地利保障，左宗棠就转而表示赞同，他致函李鸿章解释说："圈制一策，实制捻良图，惟从前减河未注水时，地段太长，需时又久，弟不能无疑。现在捷地闸开，工程既省，自兴济以南东岸居民均移西岸，正可用民力筑堤自保，而以官军协守，腾出各军剿贼。"可是，在同意"圈制"的同时，向来自负的左宗棠仍然主张分出一定的兵力用于“追剿”，并提出“依照西捻的动向，由将领自行商议，随机应变，分兵三路，拦头、尾追、横截进行追剿”的方案。5 月 23 日，李鸿章反对他时说道：“惟贼之盘旋飘忽，见兵即走，瞬息变幻，往往不能如人意所欲出，悬拟此着，相机为之，仍是分路排进之局。但军行迟速后先，难得划一；又每晚依村住宿，须趁大庄，即同行同止亦有参差，理也，势也。”他指出左宗棠分兵进击的办法太过理想化，无法将西捻剿灭。

采用李鸿章的策略，清军最终剿灭西捻。清廷论剿捻功，李鸿章立下首功，赏加太子太保衔，并荣升协办大学士。左宗棠本来由于剿捻之功赏加太子太保衔，并交部照，一等军功议处。但他对李鸿章十分忌恨，对淮军歼灭西捻不以为然，反而多加挑剔，既为从陕西进援京畿的部将刘松山争功，抬高陕军而贬抑淮军，又对李鸿章关于张宗禹投水自杀的说法深表怀疑，派兵到处搜捕。左宗棠的作为令李鸿章非常恼怒，双方关系再度恶化。李鸿章致函曾国藩，公然影射左宗棠为所谓的奸臣曹操，说：“此次张捻之灭，天时地利人和实兼有之。抵一左公龋龁目的到底。……阿瞒本色，于此毕露，不知胡文忠当日何以如许推重也。”

就左李这一时期的矛盾来看，主要是由于左宗棠气量太小，心胸狭窄，做事不留余地。

光绪刚即位的那几年，清廷中枢又出现了“扬左抑李”的事件。光绪六年(1860 年)，清流派主要成员御史邓承修上呈《时局艰危请饬调辅臣入赞枢密折》，斥责以奕䜣为首的军机大臣未能尽忠职守，建议调遣远在新疆的左宗棠进京，令其执掌军国大权，在内勤修内政，在外统带兵权。奕䜣也认为左比李强。在奕䜣和清流派看来，作为湘系的一个领袖，左宗棠同淮系首领李鸿章积嫌甚深，而且手握重兵，将其召入京城，既对应付由于伊犁交涉而激化了的中俄矛盾有利，又能凭借他来牵制或代替奕䜣和李鸿章。因此秦翰才在《左宗棠逸事汇编》中说：“至持清议诸臣以外交事素不惬鸿章所为，知宗棠持议与鸿章左，益扬左以抑李。左之入京，明代沈相，暗倾恭邸，其势其焰，几于桓温。”这样，左宗棠光绪七年正月（1881 年 2 月）被任命为军机大臣、总理衙门大臣，管理兵部事务。走马上任的左宗棠决心说服清廷重新振奋，扫除以前积弱之颓势。他提出了“河道必当修、洋药必当断、洋务必当振作”的施政纲领，并全力将之付诸实施。可是，左宗棠的主张受到奕䜣和李鸿章的限制。最为接近奕䜣的宝鋆辱骂左宗棠为“一团茅草”。别的一些官僚也依照奕䜣意旨，群起侮弄左宗棠。考虑到左氏入值枢垣、总署，很多事件彼此需商议，李鸿章于是强作笑颜，主动写信叙谈，并多次晤谈，表面上装出一副与之同心辅政的样子，而在暗地里却贬斥有加。他说左氏内召，“中朝赞襄未必有益”，“左相精力甚健，于枢廷政务、各省情形不甚了澈，所建练旗兵、像洋债、兴畿辅水利、加洋药税厘诸议，似属救时要政，却近老生常谈，恐有格于时势不能尽行之处”。他还攻击左宗棠“近名而多意气，政府同事，靡不深知”；“左相威望才略，自以外任为宜。近因年高，精神似稍散漫”。由于在军国大政上左宗棠没有什么经验，而且为人傲慢，令本来十分推崇左氏的奕譞和一些清流要员也非常失望。奕譞“见其衰惫，不免爽然”。张之洞、张佩纶则指责左宗棠言辞浮夸，行为粗率，十分随意。发觉自己陷入困境，左宗棠致函友人说：“前之集矢合肥者，今又以弟为众射之的矣。”他清醒地认识到难以在中枢立足，所以多次上疏请求去职。光绪七年（1881 年 10 月 28 日），清廷诏授左宗棠两江总督兼南洋大臣。

这样，直到光绪十一年（1885 年）左宗棠离开人世，李鸿章始终在朝中掌握重权，最后的赢家当然是李鸿章。可是，就像梁启超所说，由于左宗棠比李鸿章早十几年去世，令他免遭了后来中国在中日战争失败后的屈辱，这也称得上是“塞翁失马，焉知非福”了。

关于左宗棠的性格，正如秦翰才在《左文襄公在西北》中所说：

一般说来，湖南人的个性特别强吧！文襄公也不能例外，而且格外刚直矫激。心上一不以为然，就可以和人家决裂；并且由于他的夸大狂，也就可以说得人家格外坏。因此一方不易容于人，又一方也不能容人。有些总角之交、患难之交，都弄得凶终隙末。像他和曾国藩的故事，那是大家知道的了。其次则像他和郭嵩焘（字筠仙，湖南湘阴人）、和沈葆桢，虽不至决绝，到底感情上总存着不可弥缝的裂痕。他和李鸿章（字少荃，安徽合肥人）始终是话不投机的，却还勉强维持着同寅之谊。就是他最所亲信的老友刘典（字克庵，湖南宁乡人），在陕西的当儿，也弄成一个督抚不和的局面，虽经吴大延（字桐云，湖南无陵人）调解，不至于闹翻，但是刘典不久就告归，文襄公也允许他告归，或许仍不免有芥蒂于心吧。至于刘典后来又到兰州帮忙，已隔三五年，那时大家又心平气和了。再就是他所倚重的健将刘锦棠（字毅斋，湖南湘乡人），在新疆的当儿，也有一度几至分手。又再像文襄公和吴可读（字柳堂，甘肃皋兰人），忽合忽离，是何原因，终成疑案。但只要文襄公以为是好人时，他便可以始终认定是好人，又是发挥他的夸大狂，必说得过分的好。例如他对于骆秉章和王鑫（字璞山，湖南湘乡人）的推崇，这两人实在都不是十分了不起的人物。不过骆秉章能重用文襄公，相处得这样好，却是一个意外的奇迹。

四、外放两江

由于左宗棠的曲高和寡与北京的政治格局格格不入，致使他居京期间从政时间不过半年，便被调离军机处。光绪七年，清政府将左宗棠外放两江，授与两江总督头衔。

左宗棠接受谕旨到达南京后，看到满目疮痍、民气凋残的萧条破败景象，非常忧虑。当时外国殖民主义者也正在日益加剧对中国的军事侵略与经济掠夺。为此，他采取了一些重大措施。

1. 兴修水利

左宗棠认为，依照江苏的经济与地理特点，首先要整治水利。在江苏治水，先抓治淮，这是由于淮河为害江苏地区最烈。光绪八年（1882 年）春，他刚一上任，就切身体会到了淮河水道地势和治淮的困难，然后上奏清廷，提出治淮的“分别续修缓办，次第图功，一面筹措经费，务期精益求精，收济运溉田实效”的实施计划与战略目标。在左宗棠看来，治淮最根本的是恢复淮河从云梯关人海的故道。

他经过反复思索，决定治淮先治标。因为这项工程非常浩大，需要较长时间与大量经费，而当时左宗棠才就任江苏，百废待兴，经费困难，秋季农业生产更是亟待解决。经过约一年时间的施工，六安闸、周家庄、铁牛湾、八堡等处的堤工完成了，随后又接着兴筑汜水、宝应、高邮、永安、甘江、五汛东西堤。到光绪九年（1883 年）五月，全部修完扬州府辖地的运河堤工。左宗棠又下令在邵伯湖一带增设巡船，以保护堤坝，掌握水情。在近两年的修理整治后，治淮防洪取得了初步成效。于是左宗棠制定了从根本上治理淮河、彻底改变苏北经济面貌的重要水利工程计划，准备在此基础上彻底根治淮河——意欲疏浚旧黄河故道，让淮河再度从云梯关入海，将自北宋黄河夺淮以来的苏北水患一举解决。

光绪九年十二月底（1884 年初），左宗棠在病势加剧，就要交卸两江总督职务时，看到了清廷转发的安徽学政徐郙提出的关于"复淮"工程的奏折，奏折中提到要恢复淮河故道人海，首先要将淮河故道以北的泗、沂等河治理好。左宗棠十分重视徐郙的这一建议，经过反复的实地考察，最后左宗棠对"大举复淮"水利工程作了战略性的决定与规划：首先，在清江设立复淮局，选派得力人员前往主持，作为复淮工程的指挥机关；同时，派人对工程进度进行估算，制订分年进行的复淮计划。但可惜的是，不久左宗棠就由于身体原因离开了江苏，复淮工程也就被废弃了。

在着重治淮的同时，左宗棠也积极认真地治理江苏地区的其他河道水害，并且成效显著。其中主要有：其一，增建海滩潮墩。为防止海潮侵袭苏北沿海各盐场，在光绪八年至光绪九年（1882－1883 年）初，修建了九十二座通泰场潮墩，修复了自如皋、泰州直达通州的苏北沿海的范公堤。其二，江宁县西北的朱家山工程。调集三十营军队，耗时两年，开辟朱家山河分洪入江，从而消除滁河对六合及浦口地区的危害，根治了江宁县西北西接安徽来安、全椒、滁州等诸多地方长期为祸的大水患，令数十万顷圩田免受威胁。其三，句容县赤山湖水利工程。为治理镇江、南京一带的江南水害，左宗棠派出湘淮兵丁十三营，在句容县修筑赤山湖圩坝，疏浚河道，挑挖湖底积淤，并在江宁通济门外，三汊河入江处修建大闸，控制水量。另外，在南京秦淮河上建闸建桥，沿江修建圩堤；再丈量南京城内荒地，遍植数百万株桑、柏、松、杉。

总之，左宗棠在兴修水利方面取得了相当可观的成绩。就在光绪九年（1883 年），新修的江苏水利工程经受住了洪水的严峻考验，起到了良好的作用。正是因为左宗棠大力整治水利，促使江苏的农业经济在一定程度上得到了恢复。

2. 发展电讯业

在世界资本主义潮流的猛烈冲击下和外国资本日益扩张的经济侵略面前，左宗棠坚决斗争和积极地回应。以新的经济思想萌芽和敏锐的目光，他逐渐意识到，要长期有效地对外国资本对华的经济扩张进行抵制，就一定要抓住时机发展本民族的近代交通工矿电讯业，于是他勇敢地打破了儒家“罕言利”的思想禁锢，主张人们通过合理的手段去追求利益。19 世纪 70 年代到 80 年代，西方各国争先恐后在中国内陆与沿海夺取电报线路权。光绪九年（1883 年），英国人东电报公司以丹商曾在上海架设电线为由，要求增设自香港到上海的海线。左宗棠写信令邵友廉等人一面与丹商论辩，一面阻止英商再行添设，双方争论不休，代表都口干唇焦，最后决定全部买回丹麦已设吴淞至上海的陆线，以保全中国的自主权，而英商就再没什么意见了。此后，洋商又意欲添设沿长江至汉口水线，左宗棠马上上奏朝廷，“洋商既有添设长江水线之议，应由中国先行设立陆线，杜其狡谋。所有一切经费，仍由华商自筹，并不动支正款”，也就是支持商办。随后，左宗棠就派江苏候补道龚照瑗、王之春、郭道直和郑观应，和电报局总办盛宣怀一道，专门办理南京到武汉全长达一千六百里左右的长江线路架设，最后于光绪十年（1884 年）竣工。这是江苏地区继宁镇线、津沪线后的第三条重要电路，对江苏电讯联络与工商经济的发展有着重大的推动作用。

为了捍卫国家主权、保护民族经济，左宗棠对外国资本主义的经济扩张坚决予以抵制。光绪八年（1882 年），上海美商丰泰洋行经理魏特摩违背合约在沪擅自创办纺纱公司，股票已经开始发行，已收股金五十万两。左宗棠知道后，马上命上海道台邵友濂予以干涉，阻止该公司的成立，并将为该公司招引华商人股的买办王克明逮捕。魏特摩向美国驻华公使杨格求助，杨格马上向清廷总理各国事务衙门发出照令会，为魏特摩在沪设厂辩护，故意将中法《天津条约》中的在通商口岸允许外人“工作”二字曲解为可以在通商口岸设厂，还装腔作势地向中国“提出最强烈的抗议”，意欲为外资对华资本输出寻找条约依据。左宗棠致书总理衙门严厉驳斥杨格的谬论，理直气壮地指出：“约章原只说工作，不能将工作两字即指为改造之据。”他希望总署与美公使进行交涉。同时，左宗棠又下令将美商已擅自在上海设立的丝厂封闭，并要求上海华商停止使用上海外资电光公司的电灯。最后，美方情知无理，不得不宣布终止在沪办理纺纱公司。在左宗棠的坚决斗争下，外国大规模在华投资设厂推迟了十年左右。

3. 航运业和煤矿业

南京紧靠大江，水运便捷，可是自从中外轮船公司同治七年（1868 年）长江通航后，南京港却始终没有一座轮船码头，上下客时只用小船到江心接送。左宗棠获悉后，于光绪九年（1883 年）下令招商局从芜湖调一艘趸船在南京下关江边停泊，修建木栈桥，将趸船与江岸连接。这是南京港的第一座轮船码头。为方便旅客，左宗棠下令在趸船上设立栈房，为上下船的旅客提供免费的住宿休息。但仅对乘坐中国轮船招商局轮船者提供这种方便，而不提供给乘外商恰和、太古轮船者。左宗棠的措施为稳固中国航运业在与外商竞争中的地位起了积极的作用。

为发展江苏的近代经济，左宗棠认真调查研究江苏北部徐州附近的矿产地质资源：一方面命徐州道程国熙将《同治徐州府志》、山川建制、古迹各考和有关冶铁的部分分别摘录，又把苏轼一篇言利国监冶铁的文章一并抄录呈上，进行研究；另一方面又令候选知府胡恩燮聘请英籍矿师巴尔前往徐州利国驿一带入山探察矿苗，结果查明铜山境内煤的蕴藏量很大，利国驿的铁矿石量多质优。接着他命人将煤矿铁矿的标本运往英国化验，认为利国之铁是最适合冶铁的质量最佳的铁矿石，而铜山之煤的煤质也很好，从而确证煤铁都可进行开采。这样左宗棠果断地决定马上在徐州兴办机器开采的近代煤铁矿，上奏朝廷获准任命胡恩燮为徐州矿总办，其子胡碧澄担任“提调”，在旁协助，由胡组建纯私人性质的股份公司，以鼓励和支持发展私人投资的民族资本主义经济。胡氏父子于是到处筹集资金，著名的盐商李培松以及苏州、扬州一带许多商人都投资其中。左宗棠对胡恩燮拟定的《招集商股采煤炼铁章程十二条》亲自逐条进行审核，并令徐州地方官吏全力支持这一新式矿业。光绪八年八月二十四日（1882 年 1 月 25 日），徐州铜山县境内利国驿煤矿正式设局开采。它不但是徐州首家近代化煤矿，而且也是江苏地区（除上海）的首家近代化经济企业。

4. 体恤民生

左宗棠仍同以往一样，关注人民的生活和疾苦。他刚到江宁时，看到很多人由于穷困而被迫沦为盗贼，非常同情。他一方面清楚施政宽松会招致祸乱，另一方面又不忍心采取严厉的措施强行纠正，于是决定采用生养人民之策，对百姓推行赈济、体恤为主的仁政。苏北宿、邳、海、沭地区由于灾荒，大批灾民流落南下，左宗棠命扬州、清江、徐州三处就地设厂煮粥赈济，并调拨灾款、筹集银两以购买米薪、搭厂盖棚，解救燃眉之急。另外，还为产妇、病号、出天花的孩子专门建立三厂，给予特殊照顾。从 12 月初开始，共收四八千余难民。直到第二年春，才分别给予钱米，遣返还乡。在此期间，左宗棠带病工作，殚精竭虑，督促经办此事的官员认真经理，以安抚饥众。光绪八年（1882 年）夏，江水暴涨，狂风暴雨，通宵达旦。他清楚，这场大雨肯定会导致洪灾。于是，在下属府州县上报灾情之前，他就召集同僚筹商赈务，决定先拨库银万余两，派人带到下游沿江以及苏北各灾区，与地方官根据需要进行分派。他认为，若是等到各州县禀报时才开始准备赈务，那么就太晚了。

左宗棠不但细致认真地做好传统的赈灾恤民工作，而且还能按照 19 世纪中国社会变化的需要，发展商品经济，创建近代企业，对帝国主义经济侵略进行抵制，这就为传统的恤民政策注入新的时代内容，与传统的恤民思想相比有了很大的进步。他在这方面提出三个重要思想：

其一，“教民兴利”、“不与民争利”。光绪十一年（1885 年），他在上奏请求试办福州机制糖厂的奏折中说，福建田少山多，沿海各处的田地沙多土少，只适合甘蔗生产，滨海十分之七八的农民都种植甘蔗。创办机制糖厂，不仅能提高质量，产量比土法熬煎也会增加许多，使百姓获利甚多，现在准备从公款中拨款数万两，派员赴美参观，先采购小型机器，并雇用洋匠来华，试制食糖，有了效果后再加以扩充。不仅内地可以照着去做，台湾蔗糖很多，也应仿照办理。为支持商办近代企业，他采取了一系列保护工商的措施。

其二，对外国殖民主义经济侵略进行抵制，阻止洋商“尽夺华民谋生之路”，而与洋商争利。他把发展民族资本主义经济、兴办近代企业作为国家开源厚生，挽回国家利权，抵制外国经济扩张的手段。光绪八年（1882 年），左宗棠看到进口的洋油在沿海各省到处销售，“夺民间日用之利”，就命两江辖境各府州县劝民间广为种植乌桕树，用树籽榨油点灯，而停止购买洋油，以堵塞白银外流。在为利国驿煤铁厂请求酌减税银折中，他强调说，煤、铁为南北洋筹办轮船、防务等局以及造炮等必需之物，胡恩燮刚开始创办该矿，如果不酌情减免税银，那么成本就更高，而更难与外国的煤炭进行竞争了。这种防止利权外溢、抵制洋煤入口、保护民族工业的思想是十分明确的。

其三，主张因地制宜地发展商品经济、发展多种经济。产糖的大力发展机器制糖，产盐的大力发展盐业，适宜蚕桑的鼓励栽桑养蚕，产煤铁的支持发展近代采矿业，等等。这些主张在一定程度上、一定范围内加速了落后的封建自然经济的解体，发展了近代商品经济，减轻了当地人民的绝对贫困化。

左宗棠发展近代经济和创办近代企业的主张和实践，充分体现了在新的形势下中华民族自强自立、积极进取的精神风貌，既适应了当时历史发展的客观趋势，又积极推动了这一客观趋势。

第十章　晚年抗法

左宗棠接任两江总督后不久，法军就攻占了越南河内。一年后，法军又将越南旧都顺化攻陷，强行将越南封建政权置于它的“保护”之下，随后又步步进逼中国西南。第二次组阁的茹费里要求议会增拨军费五百五十万法郎，他叫嚣道：“必须将那个巨大的中华帝国征服，那是不成问题的……而我们必须站在那个富庶区域的通路之上。”这样，中国西南边疆战云密布，中法之战已不可避免。

一、中法战争前

面对法国的疯狂进犯，越南政府曾数次请求清政府共同抗法。在援越抗法问题上，清政府却犹豫不决。清廷内部出现了求和派和主战派。以李鸿章为首的求和派，主张用妥协、退让换取“和平”，他们的基调是：“不可与欧洲列强轻言战事。”说什么如今所面对的是在普法战争失败后，养精蓄锐十余年，一心想找一个“孱小”的国家来炫耀力量和劫夺利权的法国，中国这时兵少饷乏，水军又尚未练成，所以是无力“与欧洲强国轻言战争”的，就算暂时能打胜几仗，也无法一直都在各地打胜仗，战事拖的时间越长，法国侵略者的胃口也就越大，中国则越疲弱，最后还是得议和，故而倒不如开始就“和让”，以免“全局动摇”。而以左宗棠、曾纪泽、张之洞、李鸿藻为代表的部分官僚则全力主战。左宗棠认为，只有用武力才能解除法国的侵略威胁。退让妥协不会带来安宁与和平，对早有预谋的侵略者，只有用武力粉碎其阴谋。他给总理衙门写信说：“外人反复无常，得步进步，是其惯伎，仍非示武不足以杜彼蚕食之谋，而纾吾剥肤之急。”“惟主战于正义合，而地事势攸宜，即中外人情，亦无不顺。”为了反抗侵略，左宗棠可谓耗尽了心血。

1. 海防、江防部署

左宗棠很早就注意“海防”问题。法国对越南的侵略，并由此对我国西南边疆的窥视，更使他备加关注此事。光绪九年三月三十日（1883 年 5 月 6 日），在一份筹办海防的奏稿中他写道：“窃谓和局可暂不可常，其不得已而出于战，乃意中必有之事。”他对鸦片战争以来列强入侵的惨痛教训进行了回顾和总结，强调吸取历史教训，团结一致，一致对外，不可重蹈鸦片战争的覆辙。为了阻止法国的武装进攻，他在军事上努力从事“江防”“海防”建设，为反侵略战争作好准备。

（一）整顿陆海军

首先，增强陆海军的实力，整军经武，增添船械。他反复进言清廷：“防军难以遽裁”。并全力以赴地严格整顿、训练与充实驻防江苏的陆、海军。光绪八年（1882 年）初，他任两江总督还不到一月，就出省阅兵，亲自检阅驻防江苏的湘淮水陆各军，从南京开始，然后转向苏北的瓜州、高邮、扬州、清江等地，接着过江南下，校阅江南的部队，历经镇江、苏州、常州等地，最后在吴淞口乘船阅视了南洋水师，观看舰队射击和布阵，以及外海六营、内洋五营水操。第二年也就是光绪九年（1883 年），他又亲自乘船沿江而上，逐处勘察警备情况和形势。以后，左宗棠又屡次对江苏各地炮台要塞与军营战地进行视察。左宗棠在调查研究的基础上，重新规划了南洋海军。不但决定增购十艘小火轮，而且指示向德国与福州船政局订购多艘快艇。光绪九年至光绪十年（1883—1884 年），2400 马力的“开济”号与 2800 马力的“南瑞”号、“南琛”号加入南洋舰队编制，令江苏海军的实力大大加强了。

其次，赏罚严明，训练和提高官兵素质。为了激励士气，他制定了非常严明的赏罚章程，对从士兵到提、镇直至总督的军事职责进行了明确的规定。他郑重申明：“遇有外国兵轮闯入海口不服查禁者，开炮测准轰击得力获效者，照军功例从优给奖；其夺获船只者，副将以下至外额，均加三级，请保提、镇请给世职，勇丁按名赏银 50 两，仍录功核保”；“其督队不严、临阵退缩，甘心失律以至误事者，提、镇请旨正法，副、参、游以下至外额，届时由臣察实手刃以徇。”左宗棠不但要求部下英勇抗敌，而且自己也立下誓言：“一旦敌军来犯，总督应亲临前敌督战”，表达了誓与阵地、守军共存亡的决心。每视察一地，他都要检查将士的演习操练，注重人才提拔。他选拔了一批作战经验丰富的将领管带，为熟悉海道，招募海上各岛上强壮的海户男子为勇丁。对驻江苏地区的陆军各部队，左宗棠也注意整顿营务，严加训练。还亲自过问各炮台的火力配备，大炮的射程、炮火的射击训练、火药的质量等具体问题。经过左宗棠的严格训练和大力整顿，江苏地区的陆海军战斗力得到很大提高。

（二）加强江防

左宗棠对长江人海口的重要战略意义非常清楚。随着越南战争的紧张，左宗棠更是竭尽全力部署长江防务，对海口的布置更是颇费心血。

首先，严守长江门户，增设江防要塞。经过多次视察海口江防设施，他发现了历来长江防务中的一个大漏洞，即以往江防只注重吴淞口，却忽视了左翼的崇明岛与南通之间的戒备。在亲自观察之后，他决定增设福、狼二山的炮台炮位，作为长江以外的头道防线，重点设防。并添置小兵轮十只，快船五只，增强长江海口的防卫能力，将吴淞口作为第二道防线。吴淞口是江防前敌重要关口，在吴淞炮台左宗棠设十八尊巨炮，炮台对面还驻泊军舰。同时，调六营陆军进行策应。接着，增设白茅沙为第三道关口，由于这是深入长江总的门户。这一带江面虽然开阔，但密布暗沙，他便在南岸较近的地方设水炮台和泊蚊船。蚊船后面驻扎外海水师，外海水师后面是大型军舰。内江船队则驻泊南岸沙脚；还在江面遍布鱼网、水雷等阻障物。由白茅沙西上，则是后路江防。江阴是后路江防的门户，左宗棠就以江阴要塞为第四道防线。他在南北两岸炮台设置 49 尊巨炮，如有警报，则命长江水师提督李成谋亲率兵舰前往增援。自江阴溯江西上，如圌山关、焦山、象山、乌龙山直到下关，都层层设防，是为后劲。在吴淞口外，东南的大黑塔、小红塔、铜沙等浅沙处本设有灯船、浮箭等标记。长江口外北面的余山、东南的白节山、大七山，正东的花鸟山，全都建有灯塔，以防夜行船只触礁。左宗棠下令：如果外国兵船闯入，就将各处灯船、浮箭、灯竿全部去除，令敌舰水路不明，难以行动。要是敌舰侵入长江，一方面“以船列炮守住正泓，一定要有把握，除开炮击其汤锅气管烟筒外，再挑选勇锐水勇，习熟纵跳，遇有机会，即跳上彼船，轰其机器，拆其锋牙，则彼船可夺也。”在左宗棠的精心筹划下，长江的布防十分周密。

其次，对江防设施的薄弱环节采取应急措施。比如：从前沿江所建炮台，都修建在岗阜之上，凭高踞守，以便俯击。可要是敌船突入驶近，船身贴在水面，进入射击死角，炮台无法调节，就难以命中目标了。为改变这种状况，他建议紧靠岸边修建船坞，用木柘在上铺设水面炮台，在上摆放大炮，以为高台支援。如此一来，高下结合，形成严密的炮火网，令敌船无机可乘。他还发现兵轮炮台的弹药缺乏，实弹射击很少演习。所以，马上改善管理制度。为加强火器配备，还决定向德国购取两千多枝后膛枪，以及鱼雷、水雷等多种武器，等等。他善于观察时势，在法国入侵的现实威胁下，认为只要将海防建设立足在“战”上，才能有所依靠，不会任人摆布。

同时，他还采取沿长江层层设防、纵深设防的战略。根据敌我力量的对比，在战略布署上以守为攻。左宗棠非常清楚，作为一个半殖民地半封建国家的中国，军事力量远逊于法国和其他帝国主义国家，尤其是海上力量，更是难与帝国主义抗衡。如果与外国发生海战，没有什么取胜的把握。基于这个情势，他认为，中国要与帝国主义的军事侵略抗衡，在战略上就应当立位于守，以守为战。首先要有足够的海防力量，然后才能以武力与侵略者抗争；能够与侵略者作武力抗争，才能议和，双方互相妥协，只有先能守，后才能战；而只有能战，后才能求和。而具体到当时的江苏地区，那就应集中扼守关口，“不争大洋冲突，只专海口严防”。“有海防无海战”。他提出购置十艘快船，在沿海沿江凭险据守，以主为客，以逸待劳，挫敌凶锋，守我疆土。所以，他从过去偏重吴淞的防守方法，采取沿长江纵深设防、层层设防的战略。他相信，只要这样再加上将士们卫国的决心，既有地利，又得人心，定能克敌制胜。

（三）设立沿海渔团

左宗棠继承了林则徐“民心可用”的进步思想，就是借助人民力量，进行反侵略斗争。他认为渔民水手很有胆略，其中很多人也很有智谋，他们熟悉地势江海水情，勇敢善战，是一支可供倚重的力量。左宗棠下令在江苏沿海沿江的二十二个厅、州、县各自设立团练局，从每百名壮实渔民中选取三十名，在一万数千名渔民水手中共挑出四五千名精壮作团丁，组建团练局，每月初一、十六两日到局集中军训，操练演习。每天每人发给一百文口粮。另外在吴淞口设立渔团总局，由苏淞太道负责，苏淞镇总兵为会办，统辖全省各县渔团。如果外敌入侵，渔团就可以补充正规军队，配合其作战。这种军民联防的威力，令外国侵略者颇为震慑。各地渔团成立后，光绪九年九月至十年十一月（1883年10月至1884年12月），左宗棠两次到靖江、崇明、通州等地渔团进行检阅。左宗棠这样亲往校阅、严明赏罚，各渔团都受到鼓舞，无不争先恐后。通过一年多的训练，到第二年十月各渔团在他再次视察时，打靶放炮，攻夺防守，阵容井然，技术熟练，成为一支不脱产却又很有战斗力的海防武装，配合军队严密防守海口及沿江。但因为太过劳累，左宗棠却在巡视途中病倒。

由于左宗棠正确的战略部署，加之江苏地区的海防江防与军备得到了进一步的整顿，使得后来中法战争中侵略者的舰队一直没有敢进犯长江。

2. 协助“黑旗军”

左宗棠十分重视战斗在抗法最前线的黑旗军。黑旗军首领是刘永福（1837—1917年），由于起义军的战旗是七星黑旗，所以称为黑旗军。黑旗军本来是太平天国时期在广西边境活动的一支多民族的农民起义军，有两千多人。太平天国被镇压后，黑旗军退到中越边境的保胜，在越南政府的邀请下，开赴越南，与越南军民共同抗法，在红河三角洲和北圻多次击败法军。同治十二年十月（1873年12月），将法军统帅安邺击毙，并歼灭数百法军，将河内收复，使法军被迫退出红河。光绪九年四月（1883年5月），在河内城西纸桥再次将法军打得大败，并击毙其统兵李维业，打乱了法军的北侵计划。左宗棠获悉黑旗军纸桥大捷的消息后，非常兴奋，在写给云贵总督岑毓英的信中说：“越之所以苟延者，赖有黑旗勇。此战之力，足寒贼胆而快人心。果能再接再励，则法人凶锋频挫，何能越红河而上窥滇、粤边境乎！”同年六月（1883年7月），左宗棠致函总理衙门，高度评价刘永福，他说：“刘永福以一健卒为越捍边，力挫虐焰，似亦人所难能”；“是刘永福在中国本非乱民，而在越南则义士也。”李鸿章非常嫉妒刘永福援越抗法的辉煌战绩，他十分害怕得罪法国，严令禁止前敌各军和滇、桂两省接济刘永福军火和物资。而左宗棠为了有效地打击法国侵略者，从江宁军火库中拨出二十具水雷（电线俱全），百枝火箭，并选派操作熟练的人运往前线。他再次叮嘱岑毓英：“用这些武器暗中帮助刘永福，使其有所倚恃，不致被法军击败，那么越南安定，云南、广东边境也就安定了！”

3. “恪靖定边军”

“恪靖定边军”是左宗棠组建的一支援越部队。这支部队开往越、桂前线后，参与取得了镇南关大捷。

光绪九年四月（1883 年 5 月），由于李鸿章拒不前往广东督办越南事宜，也不肯调淮军前往越南前线。左宗棠马上表示要亲自统领军队前往越南抗法，以保西南安定，以尽大南洋大臣之职责，即使杀身成仁，也再所不惜。可是，清政府害怕战争再度扩大，急于妥协，断然拒绝了左宗棠亲赴前线抗法的请求。五月初，清政府派李鸿章与法国代表脱利古在上海谈判。九月，谈判改到天津。

在此之前，左宗棠请战以后，即命参与过西征战事的部将王德榜借回湘省墓之机，挑募数营勇猛乡兵，并前往刘永福处察看军情地势，打听中越边境战况，并命他在湘粤交界地区募勇数营，以为前往越桂前线作战作好准备。王德榜为人英锐，颇有胆识，能够独当一面。七月初一日（8 月 3 日），乘船自江宁启程，沿长江西上，随带 24 具水雷，1000 磅棉花火药，100 磅棉花信子火药，100 枝洋火箭，10 尊两磅熟铁后膛过山炮，600 个开花炮弹，1.7 万枝铜管拉火，200 杆“马梯尼”步枪，20 万颗子弹，200 杆“温者斯得”17 响洋枪和 20 万颗子弹，200 万颗大铜火，3.5 万磅细洋枪药，5000 杆“燕非”来福洋枪和 1 万斤铅子，250 杆六门手洋枪和 19176 颗弹子，6 尊四门神机炮和 2 万颗自来火子，2 英里七条铁线包麻电线，2 英里铜丝包胶电线。以上各件都配齐架具及修理枪炮等各项器具转运广西省城储存。

此外，还由金陵机器局调派六名演放火箭、木雷及修理枪炮的技师，随同王德榜同往广西，并发给 3000 两湘平银充作运输费、旅程费。这一年秋天至冬天，法军逼进广西边境，清政府只得批准左宗棠的请求，命令王德榜即刻在湘南招募 8 营军队（还准备在广东招 2 营），左宗棠又调派作战经验丰富的将领提督张春发、陈广顺、杨文彪、副将谭家振，总兵吴体全、游击杨肇俊、龙定太等前往王营，听候其调遣，他还从亲军差官、大旗中挑选三四十勇敢且善战的军事骨干，派往军前效力，并解去 10.3 万两饷银。这支新成立的援越部队，就是“恪靖定边军”。

二、力主抗法

光绪九年十一月十二日（1883 年 12 月 11 日），在孤拔指挥下，法军大举向越南山西的中国驻军进攻，中法战争正式爆发。第二年二月十五日（1884 年 3 月 12 日），法军又进犯北宁，太原、兴化等城接连失守。就在前线战局日益恶化时，左宗棠由于病情日益加重，难以处理繁重的公务，获准休假四个月，曾国荃代理两江总督。越北战事失利的噩耗相继传到两江，左宗棠万分焦愤，马上上奏："兹值时局方殷，宵旰忧勤倍切，若以衰病稍耽安逸，抚衷循省，实觉寝食难安。"所以假未满就复出视事，并要求旧部提督黄少春在湖南挑选五营兵马赶往镇南关外，策应王德榜。清政府没有接受左宗棠增兵前线的建议，却派李鸿章于光绪十年四月十七日（1884 年 5 月 11 日）在天津与法国代表福禄诺订了一纸《中法简明条约》五款，规定中国军队立刻从越南撤出，中国"尊重"法国强迫越南签订的所有奴役性条约，也就是任由法国吞并越南，而且允许法国商品由广西、云南自由输入中国内地。当时，正奉清廷之命从江宁启程北上的左宗棠，在途中获悉签约消息，立刻写了一份《时务说帖》递送总理衙门，剖析《中法简明条约》的无穷祸患，进陈援越抗法的重要意义，认为要是对法国的侵略予以妥协，中国就有被列强马上瓜分的严重危机，还对前线战事失利的教训进行了总结，指出云南、广东的军队失利辱国并不是实力不济，而是由于过于轻敌所致。他对法国外强中干的本质进行了剖析，认为目前"法人欺弱畏强，夸大喜功，实躁急而畏难"，我们完全有可能击败法国侵略者。

他还陈述了当时沿海的设防情况，认为能够一战，于是他再一次吁请坚决与法国战斗。此时，左宗棠尽管已年届古稀，又体弱多病，却反复主动请求去前线督师抗法，并立下军令状：要是无法遏阻凶锋，则请清廷治重罪以谢天下。但清廷一意孤行，谕令左宗棠停止募军，并将其召回京城，硬将他调离两江，不让他插手抗法军事。

光绪十年五月（1884 年 6 月），上谕左宗棠在军机大臣上行走，不用天天入朝值守，只是在有紧急要务时，准备接受传问。事实上是剥夺他的实权，让他进京养老，因为左宗棠这年已七十三岁高龄。此时，他对屈辱求和仍坚决反对。五月二十五日（6 月 22 日），在与工部尚书翁同和长谈时，仍然坚决主战，认为王德榜、李成谋、杨明镫都可以解决越南战事。第二天就发生了“观音桥事变”。其过程是这样的：

清政府在全国舆论谴责和统治阶级内部主战派的反对下，尽管批准了《中法简明条约》，却也反复严令负责北越军事的将领督令各军，仍然在原处驻扎，前进或是撤退，听候谕旨。按简约规定，此约签订三个月后，双方派代表签订详细条款。所以，中国按约应在三个月之后，从越南撤兵。但福禄诺离天津之前，即六月十七日，却要求中国军队于六月间就开始撤退。李鸿章对福禄诺的要求既没有明确反对，也没有明确表示同意，仅口头上答应给滇、桂督抚去信商议。可是此事他并没有奏报清廷。闰五月初一日（6 月 23 日）下午，度日业率领七百多法军逼近谅山观音桥。这时淮系将领、广西巡抚潘鼎新已接到清政府严禁后退的命令，为了避免冲突，派代表与法军交涉，解释说并未接到上级的撤退命令，请暂停进军。可法国侵略者却十分蛮横：“和与不和，三日之内定要谅山”，并向清军阵地开炮，中国守军被迫自卫还击，在五月初一日、初二日两次战斗中击败法军。这次事件称为“北黎冲突”或“观音桥事变”。法军失败后，法国当局竟反而诬赖中国破坏了《中法简明条约》，再次令海军中将孤拔率领舰队北上，准备将战火扩大。这时清廷仍心存保持和局的幻想，欲图谈判解决“观音桥事件”。

“观音桥事件”后，法国为扩大侵略要求，准备直接军事威胁中国本土。法国将在北越和中国的舰队合编为远东舰队，以海军中将孤拔为统帅，于闰五月二十三日（7 月 15 日）以游历之名，闯入福建水师基地马尾军港，积极备战，却禁止中国兵舰移动，声称动则开炮，战争一触即发。广大福建水师爱国官兵强烈要求备战自卫，可福州船政大臣何如璋等执行李鸿章的投降妥协践线，生怕妨碍“和谈”，不但隆重欢迎入侵的法国舰队，给孤拔以最友好的接待，希望借此缓和局势，而且将舰上的炮弹收缴。六月五日（8 月 5 日），法国海军进犯台湾基隆，被守军击退。二十九日（8 月 19 日），借口“基隆事件”，法国驻华代理公使谢满禄向清廷发出最后通谍，总理衙门电令沿海备战。但福州船政大臣何如璋等却不遵电令。七月初三日（8 月 23 日），法国驻福州领事向闽浙总督何璟下了宣战书，何璟急忙通知何如璋和会办福建海疆事宜大臣张佩纶，三人派代表向法军要求改期开战，被拒绝后才慌忙发给各舰炮弹，但为时已晚。当天下午一时三刻，停泊在马尾军港的法国海军发炮轰击福建水师，在条件非常不利的情况下，福建水师爱国官兵仍然英勇抵抗，但是因为仓促应战，难以抗敌，致使福建水师损失惨重。第二天，马尾造船厂又被法军用重炮轰毁。

马尾海战的惨败，完全是因为清廷推行投降妥协政策，完全寄希望于和谈上，不作战争准备所致。它激起全国人民和爱国人士的愤慨，朝野舆论又掀起声讨投降派的浪潮，要求对福建水师当局负责人予以严惩，并追究李鸿章的责任，上海报刊接连发表《论中国今日当明与法人示战》、《论今日之势惟有速战》、《论目下战务愈不宜迟》等评论。浙江、广东、贵州、云南、香港一些地方的群众掀起反法斗争的怒潮，清政府被迫于光绪十年七月初六日（1884 年 8 月 26 日）对法宣战。

三、临危受命

1. 开赴福州

此时恰逢中法战争相当关键的时候，左宗棠对就此卸任心有不甘，在民族国家危难之时，他要是能尽些微薄之力，也能够安心了，于是他反复上奏请求朝廷将他派往东南前线。

“观音桥事件”以后，左宗棠上奏折，分析法军动向，指出：“是法人请和之不足信，而缓兵之伎俩毕露矣！且自天津和议条款一出，天下臣民莫不共愤，而痛憾狡虏之欺侮朝廷也。兹又衅自彼开，无可置辨，惟有请旨敕下滇、粤督抚臣严饬防军稳扎稳打，痛予剿办。”他重申以前的请求，准备派黄少春带一营旧部，再招募四营开赴前线。清政府对法宣战后，左宗棠又去找醇亲王奕譞请求统兵出征，奕譞后来回忆此次会见时的情景说：“左相晌晦来谈，仍是伏波据案之概，其志甚坚，其行甚急。已嘱其稍安勿躁，十八日代为请旨，始去。”

在这年的七月十九日（9 月 8 日），朝廷终于任命他为钦差大臣，主管福建军务，派他前往东南支撑危局。其时，在东南海面法国军舰不可一世，耀武扬威。马尾军港遭法军完全摧毁。形势对于中国非常不利。接受任命后，左宗棠面对的就是这种对中国极为不利的形势，但他仍然非常兴奋。他七月十九日（9月7日）接到任命，七月二十六日（9月15日）就离开京城，八月二十六日（10月14日）赶到南京，在南京筹粮办饷，征调五千旧部随同出征。同时马上给驻扎在中越边境的王德榜写信，告诫他："此次坐派援越，任事不及从前，切勿有初鲜终，负我期望。现在朝命主战，务要尽心竭力，有机即图，不可畏难，不可轻率。倘真不如前出力，贻举者羞，不待他人列参，我先劾之。"

十月二十七日（12月14日），左宗棠到达福州，民众对其热烈欢迎。据目击者说："当左宗棠领军入城时，威风凛凛，前面飘扬着书有'恪靖侯左'的旗帜，中间的队伍排成两行，士卒们肩扛洋枪，步伐整齐，其后是骑着肥马，手拿长鞭，头戴双眼花翎，身穿黄马褂，相貌堂堂、斯文有若羊叔子的主将左宗棠。再其后是不计其数头戴青蓝顶、亮红顶的武士。所经过的街道，百姓都摆设香案进行迎接。那时正是榕树被风吹动有若鹤泣的秋天，在这种情景下，见到左宗棠都以为是天神下凡，所以这样礼敬。"甚至有人贴出了这样的楹联："数千里篟节复临，水复山重，半壁东南资保障；亿万姓嗬轺车争拥，风清霜肃，十闽上下仰声威。"

左宗棠到达福州后，马上切实地采取军事措施，准备抵抗法军入侵。为防止敌军再次内犯福州，左宗棠派福建按察使裴阴森、道员刘倬云等在闽江口琅崎岛的入口要隘昼夜督工，在此立下铁柱，中间以铁索相连，设下机器，随时可以起落，清军船只能够出人，而敌舰到来，就升起铁索加以阻拦。又在距省城三十里的林浦、魁岐及闽安右路出海的梅花江，垒石填塞江面，仅容小舟出入。还在以上几处修建炮台，安放大炮，并派兵驻守，借以抵抗敌人冲击。左宗棠还与闽浙总督杨昌浚、福州将军穆图善会商，将海口水道标识马上撤去，并督令水雷教习装齐水雷火药，布满水港。同时尽快修复金牌、长门各炮台的大炮，分拨兵勇驻守金牌、长门、连江、东岱等各闽江要隘。由福州将军穆图善坐镇长门，督领众将日夜巡守，将被法舰击毁的闽安南北岸各炮台同时修复。光绪十一年十二月二十六日、二十七日（1885年2月10日、11日），左宗棠和杨昌浚自福州出发，到林浦、南台、马江、闽安南北岸检验巡视，正月十四日（28日），到达闽江口，校阅长门、金牌防军，各营将士都站队试枪，军容整肃，各炮台能够使用的水炮都演放数过。

福建沿海各地，港湾密布，渔户船只很多。左宗棠又派出得力人员分别前往福宁、福州、泉州、兴化四府各海口，与当地士绅和地方官一道筹办渔团，选择渔户中骁勇善水者担任团长，以步伐、资财、功名、利害来加以吸引、威慑。

经过整顿，大大地加强了福州前线防务。快到春节，忽然传闻法舰又要前来，人心又再度恐慌，探知法舰大批集结马祖澳，将在除夕趁我不备，发动进攻。那时杨昌浚才巡视了沿海营垒，左宗棠又顶风冒雨，乘舟直驱金牌、长门，严明军纪，封塞海口，严切御敌。后来敌舰到达，左下令开炮迎击，敌人听到炮声，知道清军早有准备，很快就离去了。福州恢复平静。

2. 誓死援台

台湾问题一直受到左宗棠的重视。抵达福州后，他更为台湾的处境焦灼。

可是，左宗棠这时已七十多岁高龄，接连数十天冒着酷暑赶路出征，加上到达福建后水土不服和操劳过度，令本来就较差的健康状况极度恶化，经常头晕眼花，一天到晚睡卧时多，坐起时少，以致饮食都难以自理，需人喂养。可是，为支援处境艰难的台湾军民，他欲不顾一切，下令调集沿海帆船，准备亲自领兵渡海，以解台湾危急。将领们苦劝不得，只好利用其“耄昏”，白天将他送上船，晚上又用船将他载回，好几天都无法到达，称是逆风船无法靠岸，左宗棠才再度登岸。同时，当地乡绅耆老、士民百姓都反复挽留，请他坐镇福州城，清廷也没有批准他前往台湾，左宗棠才在福州留守了下来，调度指挥前线的所有事务。

在援台期间发生了一件事情，即左宗棠因为派系之见作祟，听信谗言，对在台湾英勇抗法的刘铭传进行错误地弹劾，在当时造成了不良影响。左宗棠怎么会这样仇恨刘铭传？第一，在怎样抵御侵略的问题上，按照在反侵略战争中，左宗棠一贯坚持的国家领土，尺寸不能让人的原则，对一城一地的得失过于看重，所以在他看来，弃地不守就是卖国行为。再加上“隔海臆度”，没有台北全局防御观念；第二，在此问题上，他太过信任刘璈而有欠慎重。刘璈曾长期担任左宗棠幕僚，参与军机大事，为人强悍精明，功勋累累。左宗棠于光绪七年（1881 年）推荐其为台湾道道员，政绩斐然。可刘璈对刘铭传存在派系成见，碰到事情从不与刘铭传商议，而直接联系左宗棠。由于法军严密封锁，台北饷银奇缺，刘铭传函调台南府银库一百五十万两存银中的三分之一，以解目前棘手问题，刘璈却予以拒绝。刘铭传不得不宣布台北守军暂发六成饷银，剩余的以后补发。但刘璈却宣布只要是湘军官兵则发全饷，并加足夫价。此举差点激起台北守军的哗变。第三，左宗棠之所以没有进一步调查此事，也带有一丝报复的成份。早在同治六年（1867 年）正月，在湖北湘淮两军曾为围攻东捻军激烈争吵。同治十年（1871年），刘铭传密奏左宗棠在剿回时虚报大捷，为左获知，乃将刘铭传视为仇敌。因此，左宗棠到达福州后才两天，便按照旧部、台湾道刘璈的私呈，对淮系名将刘铭传及其“亲信”李彤恩进行了参劾，认为刘铭传被李彤恩八月十三日（10月 1 日）晚三次飞书告急所动，于是冒然率领大部队援救沪尾，以致基隆丢失，是有罪的，并请即行革除李彤恩之职，递解回籍，不准在台湾逗留，以严肃军政。清廷予以批准。这样李彤恩成为丢失基隆的罪人。左宗棠参劾李彤恩是为了搬倒刘铭传。前人有言：“撼李就是为了撼刘”。他认为刘铭传放弃基隆是犯了“失地辱国”“坐失机宜”“不图进取”等罪，可是左参劾李彤恩和刘铭传的奏折，被清廷传旨申饬，并原折掷还。而实际上，李彤恩是冤枉的。因为：基隆城依山滨海，正处在法军炮火威胁之下，并且离台北较远，而法军远涉重洋，正欲速战，于是刘铭传制定了守御扼要和险要之处，作持久防御战的战略战术，而不在乎一地一邑的得失。当沪尾和基隆都遭敌进攻时，“撤基援沪”就成为刘铭传的既定方针。李彤恩在中法战争期间，提议用船石填塞沪尾口门。英国驻沪尾领事予以干涉，李彤恩据理与英领事争辩交涉，令其不允许阻止。他还招募一营张李成士勇，沪尾大战中，在孙开华部溃不成军时，奇袭敌军，立下“沪尾大捷”首功。法军封锁期间，凭借他在台湾商界中的信誉，李彤恩募得 20 万银票，解决了饷银困乏，军心不稳的难题。所以李彤恩是功臣，而不是罪人。

尽管这件事在当时造成的影响极坏，可是总的来看，在中法战争中左宗棠的全部活动，瑕不掩瑜，还是应当充分肯定他救援台湾的历史功绩。为了援救台湾，左宗棠尽了自己最大的努力。他积极筹划，重金雇民船、外轮载饷械兵员援台。湘系将领沈应奎就是用兵船偷渡到台湾，并迅速募捐、查获匿税数十万，及时接济前方，稳定了台湾军心。没过不久，左宗棠又通过民船、外轮给台湾运去5 万两饷银，以及李鸿章、张之洞、曾国荃相托的 2400 余淮勇，3 万两饷银，1000 杆黎意枪和火药军械若干。他紧急调道员王诗正前来福建，派其率军冒险东渡，由于没有海军护送，左宗棠就声东击西，先命南洋援闽兵船“放洋”，作出径薄台北之势，再令王诗正率三营恪靖亲军自泉州府蚶江一带乘坐渔船，扮作渔人，黑夜偷渡。历尽千辛万苦，恪靖军终于成功渡过台湾海峡，于光绪十一年正月（1885 年 3 月）初到达台北，四日就奉命开赴前线，进驻要口，令台湾的防卫力量大大增强。刘铭传、王诗正等指挥在台各军和台湾民间武装互相配合，挫败强敌，最终保住了台湾。

3. 镇南关大捷

在马尾海战后，法军气焰愈发嚣张，在台湾和北圻两个战场接连发动大规模进攻。光绪十年六月二十日（1884 年 8 月 10 日），法国军舰频繁发炮进攻台湾基隆、沪尾等，都被督办台湾军务大臣刘铭传率领台湾军民英勇击退，侵占台北的计划也破灭了。光绪十一年正月（1885 年 3 月），孤拔率舰队转而进攻浙江镇海海口，浙江前线官兵三次将法舰的进攻打退。在中国沿海军民的沉重打击下，法国侵略军屡屡受挫，为了挽回战局，加紧进攻北圻战场东路清军。光绪十一年十一月十八日（1885 年 1 月 3 日），法军主力进犯丰谷，王德榜督率恪靖定边军顽强抗击敌军一日一夜，伤亡近千人。苏元春军却违命未到，在军火缺乏，军势孤单的情况下，王德榜率军突围，转进板峒，接着退到东里。广西巡抚潘鼎新命王德榜火速援救谅山。十二月二十九日（2 月 13 日），王德榜将军火辎重转移到禄州屯放后，全军就火速赶往谅山。就在这天，法军猛攻谅山，潘鼎新部兵败如山倒，一路溃退到镇南关，敌军跟踪追击。正月九日（23 日），潘鼎新部在镇南关不战而逃，侵占镇南关后，法军发现孤军深入，于是将镇南关炸毁，退驻关外三十里的文渊城。后来潘鼎新被革职，两广总督张之洞上奏获准请出年近七十的爱国老将冯子材帮办广西军务，出任前敌主帅。冯子材领兵挺进关内十里的关前隘，筑垒掘壕以便固守，与坚守山隘的王德榜相互呼应。正月十七日（3 月 3 日），法军猛攻前隘。在冯军一再失利的关键时刻，王德榜挥师出击，分兵为二，将法军屯积的全部军火悉数缴获。进犯关前隘的法军发现后路被断，军火被截，士气涣散，军心动摇。法军将领意欲以攻占关前隘的胜利来稳定军心，扳回败局。二月八日（24 日），冯子材在战斗最激烈的时刻，手持长矛，冲出长墙，奋力杀进敌阵。诸军深受感染，齐齐涌出，拼死冲锋肉搏。王德榜领兵自后夹击，把法军逼离长墙，压到山谷之下。又经过“七上七下”的血搏，终于将失去的炮台夺回，于是用重炮轰击逃敌。九日（25 日），冯子材发起总攻，法军大败，四处逃窜。冯、王等抓紧战机，乘胜追击。十一日（27 日）收复文渊，直捣敌军——老巢驱驴。十三日（29 日），联合苏元春军，攻取驱驴。是夜，各军一道攻占谅山。这就是威震中外的镇南关大捷。

四、抱憾终生

1. 无力回天

镇南关大捷令清廷在战争中占据了主动。可软弱的清廷害怕法国疯狂地进行报复，就施行“见好就收”的策略，竟在抗法斗争即将取得全面胜利之时，于光绪十一年二月二十二日（1885 年 4 月 7 日）命令前线正在追击逃敌的各军停战并撤兵回国。当时全国人民和大部分中下级官员，抗法情绪高涨，坚决反对妥协求和。这时，左宗棠成为主战派最后的希望。

获悉清廷在大胜后下令停战的消息，左宗棠非常震惊，马上于三月初四日（4 月 18 日）上奏折，直陈“要盟宜慎，防兵难撤”。尖锐而深刻地对法国侵略者的侵略手法进行了揭露，抨击了李鸿章等求降误国，指责了清政府在抗法问题上犹豫不决，行事草率。但清政府害怕战争长期僵持从而威胁自己的统治，故而决意乘胜求和。清政府于光绪十一年二月十九日（1885 年 4 月 4 日），授权金登干和法国签订了《巴黎停战协定》。四月二十七日（6 月 9 日），慈禧太后命李鸿章在天津与法国驻华公使巴德诺签订了丧权辱国的《中法会订越南条约十款》，主要内容包括：承认法国对越南的“保护”；在广西、云南、广东三省的中越边界开埠通商；降低法国货物进出桂、滇两省的税率。中法两国派员共同勘定中国和北圻的边界，今后中国修建铁路时应向法国“商办”。从此法国势力侵入我国的广西和云南，使我国西南边疆的危机进一步加深。在战败的情况下，法国完全达到了发动这场侵略战争的主要罪恶目的，而清廷以军事上的胜利换取了不平等的条约，使得“法国不胜而胜”。接连获悉停战撤兵和接受《天津条约》的消息，左宗棠不禁悲愤万分，病情急剧恶化。在弥留之际，左宗棠不时忧愤地喊道：

"娃子们，出队!""我要打仗!"临终前，他口授遗嘱："此次越南和战，实中国强弱一大关键，臣督师南下，遂未大张挞伐，张我口威，遗恨平生，不能瞑目。"抱憾终生，死不瞑目，这应该说是左宗棠的最后一口刚烈爱国之气。

2. 临终献策

在同治二年（1863 年）当闽浙总督时，左宗棠就指出台湾的重要战略地位。后来，在同治五年十月初五日（1866 年 11 月 11 日）的奏折中，他又强调台湾吏事、兵事，都应早作打算，并进而指出："近自洋人入驻要口以来，游历内山，习知形势。设我弃而人取之，尤于事体非宜。"中法战争期间，当左宗棠尚在赶赴福建途中，因为清军取得"沪尾大捷"，法军对台湾的攻势被迫停顿，就转而采取封锁海上的策略，使得台湾接济阻绝，兵饷匮乏，文报不通，互市停息，物价猛涨。左宗棠知道后，意识到事态的严重性，向清廷请求调派南北洋水师各四五艘兵轮以运载兵员、粮饷、武器装备支援台湾，并缜密研究，制定出上海——澎湖乾仔港——台湾鹿港的可行航线，清廷采纳了他的建议，令李鸿章、曾国荃遵照办理。李鸿章借故拒不发轮。曾国荃也反复拖延，后在清廷的严旨下勉强派出三轮，又以法军封锁甚严为由在浙海之港滞留，直到中法战争结束仍然没有成行。轮船招商局的轮船也改挂美国旗帜，不肯参加台湾海峡的运输；福建军民无舟可以渡海，左宗棠焦灼万分，每夜梦中都连呼欲杀孤拔！他在病危期间仍对奏请将孤悬海外的台湾改建行省念念不忘。他说："现今天下局势，海防是第一要务，而福建筹备海防，台湾是一重地。"其在请旨改福建巡抚为台湾巡抚折中，陈述了台岛建省的三个可能性：其一，疆域广大，足可建省。其二，经济实力，足可建省。其三，台湾"抚番之政"如果能切实推行，自然之利，采以利用，就能成为海外一大都会，其开发潜力巨大，足以有条件建省。总理各国事务大臣、清廷命军机大臣、六部九卿与各省督抚一起复议此折后于光绪十一年九月初五日（1885 年 10 月 21 日）颁旨：改福建巡抚为台湾巡抚，台湾开置行省。从此台湾成为祖国的一个省份。但可惜的是左宗棠未能等到这一天。

临终前左宗棠还设计了一幅海防蓝图。于六月十八日（7 月 29 日）向清廷口授了一份《请专设海防大臣》的奏折，进行了全盘规划，提出了统一领导，加强海防建设的七条意见：（一）师船宜备造；（二）营制宜参酌；（三）巡守操练宜定例；（四）各局宜合并；（五）经费宜通筹；（六）铁路宜分造；（七）士气宜培养。在此奏折中，左宗棠对中法战争中各省督抚互不支持、各自为政的教训进行了总结，建议清廷设立“海防全政大臣”，驻扎长江一线，南面控制福建、浙江，北面拱卫京畿；另外选择副臣，居则赞襄庶务，出则留守督工，各有专职，责无旁贷。而南、北洋水师兵轮各自成军，共设十八军，都归海防大臣统辖，每军设立一名统领，与提督同级。各疆臣只节制守口陆军，不到万不得已，不得调遣海军兵船。海防全政大臣还节制船、炮、厂、矿、军火，以统一事权。这是他最后一次为清廷献计献策了。

五、谥号“文襄”

光绪十一年七月二十七日（1885年9月5日），左宗棠病逝于福州皇华馆，享年七十三岁。

左宗棠之死对朝廷震动很大，清廷决定隆重表彰他的功绩。可是，对于给左宗棠定怎样的谥号，朝廷却颇费脑筋。拟认谥大臣认为，左宗棠无法与曾国藩相同谥作“文正”，可和胡林翼、林则徐、文祥一样谥“文忠”，算不上滥邀恩典。所以，由大学士额勒和布、协办大学士恩承、阎敬铭会同选定的四个字就包括“忠”字。但慈禧太后看后，觉得“忠”字难以完全概括左宗棠的生平，便垂询军机，是否还有别的表彰左宗棠平定西陲的好字眼。礼亲王世铎哑口无言，便看了看说：“请皇太后询问许庚身，他知道很多掌故。”“许庚身!”慈禧太后便问道：“你看呢?”“依照谥法左宗棠可谥‘襄’字，襄赞的‘襄’，乾隆年间福康安就因为武功谥‘文襄’，但是咸丰三年大学士卓秉恬曾奉先帝面谕：文武大臣或军营积劳病故或阵亡而武功未成者都不得拟用‘襄’字，故而内阁不敢轻易拟就。左宗棠可否谥‘文襄’，请皇太后圣裁。”“本朝有什么人谥文襄?”慈禧问道。“我只记得靳辅与洪承畴。”“靳辅有武功吗?”“圣祖亲政后，以三藩、漕运、河务为三大事，特意写下来贴在乾清宫柱子上，时时警记，无时所忘，靳辅是治河名臣，从康熙十六年担任河督，一直到四十六年于任上病故，操劳河务三十余年，襄赞圣功，可与开疆辟土相提并论，故而特谥‘文襄’。”慈禧曰：“要说开疆辟土，左宗棠也算得上，就谥‘文襄’吧！”

左宗棠谥“文襄”，应该说是较为恰当的。因为据清典：“辟地有德曰襄，甲胄有劳曰襄，因事有功曰襄。”这三条，左宗棠都达到了。说到这儿，我们不妨来看看官文的谥号。为什么要提到官文呢？因为官文是左宗棠的冤家对头，咸丰十年（1860年）前，左宗棠担任湖南巡抚骆秉章的幕僚时，官文已是湖广总督，而且还几乎要了左宗棠的命。对此左宗棠一直铭记在心，就在他人值军机时，官文也担任军机大臣，此时左宗棠的声名早已远远超过官文，左宗棠重提旧事，令年官文非常尴尬。这对冤家对头死后的褒奖也非常有意思：官文追赠太保；左宗棠追赠太傅；官文入祀贤良祠；左宗棠入祀昭忠祠、贤良祠。并允许在左的原籍及立功省份建立专祠。谥法差别就更大了。官文谥“文恭”，这个“恭”字不过是谨饬驯顺的大臣用的，算不上美谥，左宗棠则谥“文襄”。可见，既然一个人做了官，就应该努力去建功立业，否则，一辈子浑浑噩噩，得过且过，没有什么功业，实在是枉为官一遭。

左宗棠辞世后，朝廷在上谕中给了他很高的评价：

> 大学士左宗棠学问优长，经济闳远，秉性廉正，莅事忠诚。由举人兵部郎中带兵剿贼，叠著战功。蒙文宗显皇帝特达之知，擢升卿寺。同治年间，剿平发逆捻回各匪，懋建勋劳。穆宗毅皇帝深资倚任，畀以疆寄，洊陟兼圻，授为钦差大臣，督办陕甘军务。运筹决胜，克奏肤功，简任纶扉，优加异数。朕御极后，特命督师出关，肃清边围，底定回疆，厥功尤伟，加恩由一等伯晋为二等侯爵。宣召来京，管理兵部事务，在军机大臣上行走，并在总理各国事务衙门行走，竭诚赞画，悉协机宜。旋任两江总督，尽心民事，裨益地方，扬历中外，恪矢公忠，洵能始终如一。上年命往福建督办军务，劳瘁不辞。前因患病，吁恳开缺，叠经赏假，并准其交卸差使，回籍安心调理。方冀医治就痊，长承恩眷。讵意未及就道，遽尔溘逝。披阅遗疏，震悼良深。左宗棠着追赠太傅，照大学士例赐恤，赏银三千两治丧，由福建藩库给发。赐祭一坛，派古尼音布前往致祭。加恩予谥文襄。入祀京师昭忠祠、贤良祠，并于湖南原籍及立功省份，建立专桐。其生平政绩事实，宣付史馆。任

内一切处分，悉予开复。应得恤典，该衙门察例具奏。灵柩回籍时，着沿途地方官妥为照料。伊子主事左孝宽着赏给郎中，附贡生孝勋着赏给主事，均俟服阕后分部学习行走。廪贡生孝同着赏给举人，准其一体会试。其二等侯爵应以何人承袭，着杨昌浚迅速具奏用示笃念荩臣至意。钦此。

左宗棠的一生，是瑕瑜互见的一生，但瑕不掩玉，他对中国近代社会的影响是巨大的，他的功绩为世人瞩目，其立身行事、功过是非都将给后人以思考和感悟。